LE MARIAGE
ET LA MORALE

suivi de

POURQUOI
JE NE SUIS PAS CHRÉTIEN

le goût des idées

collection dirigée
par
Jean-Claude Zylberstein

Parus

BERTRAND RUSSELL

Le Mariage et la morale

suivi de

Pourquoi je ne suis pas chrétien

Traduit de l'anglais
par Gabriel Beauroy et Guy Le Clech
Avant-propos de Louis Rougier
et en appendice une étude de Paul Edwards

Paris
Les Belles Lettres
2014

Marriage and Morals
© 1985, The Bertrand Russell Peace Foundation limited
© Éditions Robert Laffont, 1970 pour la traduction française

Why I Am Not a Christian
© 1975, The Bertrand Russell Peace Foundation limited

En dépit de ses efforts,
l'éditeur n'a pu retrouver les ayants droit des traductions,
leurs droits sont réservés

www.lesbelleslettres.com

Retrouvez Les Belles Lettres sur Facebook et Twitter.

© 2014, Société d'édition Les Belles Lettres
95 bd Raspail 75006 Paris.
www.lesbelleslettres.com

ISBN : 978-2-251-20042-2
ISSN : 2111-5524

Note de l'éditeur

Libre penseur : l'expression peut sembler désuète, voire anachronique aujourd'hui. C'est qu'à vrai dire notre époque est surtout fertile en esprits forts. Ou qui du moins se prétendent tels. A la seule faveur, le plus souvent, d'une couverture dite médiatique à laquelle d'aucuns préféreront, on les comprend, un manteau de rêve.

Libre penseur, tel fut Bertrand Russell (1872-1970) et tel il nous manque en ces temps de pensée unique, cathodique et pseudo-bienséante. Aussi bien les marques de son génie n'ont-elles pas pris la moindre ride et les textes ici rassemblés, vieux d'un demi-siècle, ont-ils conservé tout leur mordant à propos de sujets — la morale et la religion — sur lesquels l'évolution des mentalités paraît bien lente comparée à celle des techniques.

La publication de l'essai fameux de Russell sur *le Mariage et la Morale* (1929) avec ceux contemporains, réunis sous le titre *Pourquoi je ne suis pas chrétien* par le professeur Paul Edwards en 1957, s'imposait, d'autant que l'ensemble fut produit comme pièces à conviction, dans l'espèce de procès en immoralité[1] qui fut diligenté contre Russell en 1940 pour lui interdire d'enseigner au Collège de la Ville de New York. On trouvera à la fin du présent volume le récit de cette querelle dans le texte de Paul Edwards, intitulé *Les démêlés de Bertrand Russell avec l'enseignement supérieur américain*.

Il faut espérer qu'aucun universitaire ne risquerait aujourd'hui d'être la cible d'une telle cabale. Mais combien sont-ils à même d'exposer leur libre pensée ?

Jean-Claude ZYLBERSTEIN

---

1. Ou, si l'on préfère, en non-conformisme.

Avant-propos[1]

Lord Bertrand Russell, prix Nobel de littérature en 1950, aura été, sans conteste, l'esprit le plus universel de la première moitié du XXᵉ siècle. On ne peut le comparer qu'à ce que fut Voltaire au XVIIIᵉ siècle et Ernest Renan au XIXᵉ siècle. Mathématicien, il a ramené les mathématiques à la logique ; logicien, il a renouvelé la logique classique en en corrigeant les erreurs et en édifiant la logique des relations qu'Aristote et l'École avaient ignorée ; philosophe, il a établi, à l'aide de sa méthode d'analyse logique, comment la plupart des problèmes métaphysiques sont dus à une mauvaise syntaxe du langage ; historien des idées, il a établi comment les philosophes, les moralistes, les économistes sont à la fois effets et causes : effets des circonstances sociales de leur époque, causes de nouvelles croyances qui façonnent la politique et les institutions des âges futurs ; éducateur, il a exalté les instincts créateurs qui conduisent à la joie et incitent à coopérer contre les instincts de possession qui conduisent à l'égoïsme et suscitent les antagonismes ; réformateur, il a préconisé une organisation sociale qui favorise les premiers en détruisant les seconds ; sociologue, il a cherché comment concilier le besoin d'organisation qu'impliquent les sociétés industrielles avec la sauvegarde de la liberté humaine, et comment accommoder les techniques scientifiques, qui risquent de conduire à des régimes totalitaires, avec le respect des valeurs humaines qui seules donnent un prix à l'existence. Avec une ironie acérée, avec un humour bien britannique, dans une prose claire, incisive et brillante, il s'est élevé

---

1. Ce texte a été écrit en 1957 par Louis Rougier pour la première édition en langue française de *Pourquoi je ne suis pas chrétien.*

contre toutes les formes de bigoterie, de superstition et de fanatisme qui entravent le progrès humain.

Comme logicien, philosophe, historien, moraliste, sociologue, éducateur, Bertrand Russell a rencontré le problème religieux et il l'a examiné sous ses divers aspects. Il l'a fait avec l'entière indépendance d'un esprit uniquement soucieux de la vérité et du bien-être de l'humanité. Ce faisant, il s'est heurté, à diverses époques de sa vie, à l'hostilité des hommes d'Église, à la bigoterie des puritains, au conformisme des bien-pensants. Après l'achèvement de son œuvre monumentale, écrite en collaboration avec Alfred North Whitehead, les Principia Mathematica *(1910-1913), Lord Russell, suivant l'exemple de son grand-père et de son père, songea à entrer au Parlement. Le British Selection Committee, ayant découvert qu'il était libre penseur, l'en écarta, heureusement pour lui. En 1916, pour avoir critiqué la condamnation d'un objecteur de conscience à deux ans de* hard labour, *le Conseil du Trinity College le priva de la chaire qu'il occupait depuis 1910. Il fut finalement condamné à six mois de prison en 1918 pour un article de journal considéré comme subversif. Il employa ses loisirs forcés à écrire son* Introduction à la philosophie des mathématiques *(1919), où il expose en langage vulgaire les résultats des* Principia Mathematica. *Ses idées sur la justice en temps de guerre (*Justice in War-Time, 1916*) devaient finalement triompher, puisque le Military Service Act britannique, depuis 1916, admet l'objection de conscience comme motif d'exemption du service militaire.*

La seconde guerre mondiale qu'il estima, à la différence de la première, totalement justifiée de la part des Alliés, le surprit à l'Université de Californie aux États-Unis. Nommé peu après au Collège de la Ville de New York, sa nomination fut annulée dans des conditions scandaleuses, à la suite de l'action en justice d'une mère de famille qui, ayant lu son livre le Mariage et la Morale, *l'accusait, comme Socrate, de corrompre la jeunesse. L'histoire en est contée dans l'appendice du présent ouvrage. Elle montre combien le fanatisme des gens d'Église, protestants ou catholiques, qui ne reculent devant aucun procédé déloyal, même au prétoire, est toujours prêt à renaître quand il n'est pas contenu par le pouvoir civil et la vigilance des esprits libres.*

Toutefois, l'avenir devait ménager à Bertrand Russell une belle revanche. Quelques années plus tard, le roi George VI lui conféra l'Ordre du Mérite. De retour aux États-Unis en 1950, il donna à l'Université de Columbia des conférences qui furent l'occasion d'une réception triomphale, semblable à celle que ménagea à Voltaire le peuple de Paris en 1784. La même année, le comité suédois lui décerna le prix Nobel de Littérature, en reconnaissance pour ses écrits divers et significatifs où il s'est fait le champion des idées humanitaires et de la liberté de pensée.

C'est au professeur Paul Edwards, qui enseigne la philosophie à l'Université de New York, que l'on doit l'heureuse initiative d'avoir rassemblé[2] *dans le présent volume divers essais de Bertrand Russell se rapportant au christianisme et à son impact sur la société, sur la moralité, sur l'éducation et l'instruction universitaire. Ce livre vient compléter d'autres écrits sur le même sujet, parus en français sous les titres suivants :* le Mysticisme et la Logique *(Payot, 1922),* Science et Religion *(Gallimard, 1957).*

Louis ROUGIER

---

2. *Why I Am Not a Christian*, Londres, 1957.

LE MARIAGE ET LA MORALE

Traduction de Gabriel Beauroy

À Francis Jourdain

Introduction

Pour définir les caractères d'une société, ancienne ou moderne, deux éléments, assez étroitement associés, sont essentiels. Ce sont : l'élément économique et l'élément familial. Deux écoles influentes prédominent aujourd'hui, dont l'une fait découler tous les faits sociaux d'une source économique, tandis que l'autre les ramène tous à une source familiale ou sexuelle ; la première est celle de Marx, la seconde celle de Freud. Je ne souscris, pour ma part, ni à l'une ni à l'autre de ces deux théories puisque, pour moi, l'interdépendance de l'ordre économique et de l'ordre sexuel ne révèle dans le déterminisme social aucune prépondérance bien nette en faveur de l'un ou de l'autre. S'il est indéniable, par exemple, que la révolution industrielle a exercé et exercera une profonde influence sur la morale sexuelle, réciproquement, il faut voir dans la chasteté puritaine un élément psychologique nécessaire et une des causes de cette révolution industrielle. Je ne suis donc nullement enclin à attribuer la prépondérance au facteur économique plutôt qu'au facteur sexuel. Il est, en réalité, impossible de les isoler, si peu que ce soit. L'Économique comprend tout ce qui est nourriture, mais il est bien rare qu'un homme cherche des aliments pour lui seul, la plupart du temps c'est pour sa famille et c'est pourquoi le système familial tout entier change en fonction des faits économiques eux-mêmes. Il est évident que non seulement l'assurance sur la vie, mais la plupart des formes de l'épargne privée disparaîtraient presque entièrement si les enfants étaient, comme dans la République de Platon, retirés à leurs parents pour être élevés par l'État, ce qui revient à dire que si l'État venait à assumer le rôle du père, nous le verrions devenir de ce fait le seul capitaliste. Des communistes ont souvent affirmé réciproquement que si l'État venait à être le seul capitaliste, la famille n'y survivrait pas. Admettant même que c'est pousser la déduction un peu loin, il est toutefois impossible de nier la relation étroite qui unit la propriété privée et la famille, relation qui comporte une réciproque, de sorte qu'il est impossible de distinguer laquelle, de la propriété privée ou de la famille, est l'effet ou la cause.

A l'analyse, la morale sexuelle de la communauté paraît formée d'une série de stratifications. Ce sont tout d'abord les institutions positives représentées par les lois. Comme la monogamie dans certains pays, la polygamie en d'autres ; ensuite on trouve une région non soumise à l'intervention des lois, mais où s'affirme l'opinion publique — et en dernier lieu, c'est le domaine abandonné en pratique, sinon en théorie, au jugement individuel. Il n'y a pas au monde de pays et d'époque dans l'histoire où l'éthique sexuelle et les institutions sexuelles aient été rationnellement édifiées, excepté en Russie soviétique. Je n'entends point par là que les institutions soviétiques russes soient parfaites à cet égard, je veux dire seulement qu'elles ne résultent pas, comme partout ailleurs et comme de tout temps, des superstitions et des traditions. Car le problème de la moralité sexuelle la plus propice au bonheur général est d'une extrême complexité et sa solution dépend nécessairement d'une foule de circonstances. Dans une société industrielle évoluée, cette solution est différente de celle qui s'impose dans une société primitive agricole. Elle varie avec l'état de la science et de l'hygiène qui permettent de réduire la mortalité ; elle a ses caractères propres dans les contrées où les fléaux et les épidémies emportent périodiquement des masses considérables de la population avant l'âge mûr et l'adolescence. Et une étude plus approfondie nous enseignera que la morale sexuelle la plus juste doit varier avec les climats, la nourriture, etc.

Les effets de l'éthique sexuelle sont des plus variés : ils sont individuels, familiaux, nationaux, internationaux. Il peut leur arriver d'être bienfaisants sous certains de ces rapports, tout en étant nuisibles à d'autres égards. Avant de se former une opinion définitive d'un système de morale sexuelle donné, ces divers points de vue doivent être tous pris en considération. Le domaine de l'individu pur est constitué par l'ensemble de faits étudiés par la psychanalyse. Il faut tenir compte, outre le comportement de l'individu adulte imbu des principes d'un code social, de la première éducation destinée à le dresser à l'obéissance à ce code, car l'on sait que dans ce domaine individuel l'effet des premiers tabous est parfois indirect et surprenant. Ici nous sommes sur le plan de l'intérêt individuel. Le problème offre un autre aspect quand l'on considère les rapports de l'homme et de la femme. Il est clair que certaines relations sexuelles ont plus de valeur que d'autres et beaucoup de gens admettent qu'un amour a d'autant plus de prix qu'il met en jeu un champ psychique plus étendu et qu'il est plus éloigné de la pure satisfaction physique. Cette conception, que la conscience des hommes et des femmes civilisés doit aux poètes, signifie en réalité que la valeur d'un amour croît à mesure que les amants y font entrer une part plus grande de leur personnalité. Cette valeur croît d'autant plus que l'amour est moins purement charnel. Les poètes nous ont aussi enseigné à apprécier l'amour d'après son intensité : ce dernier point est plus discutable. Beaucoup de contemporains s'accordent à penser que l'amour doit être un échange équitable et pour eux cette raison à elle seule, abstraction faite des autres, suffirait pour condamner la polygamie.

Nous aurons à examiner parallèlement la sexualité conjugale et extraconjugale, puisque celle-ci dépend de celle-là, quel que soit le système matrimonial en vigueur.

La question de la famille se pose ensuite. Il a existé à diverses époques et en divers pays des systèmes variés de groupements familiaux. Mais la famille patriarcale a pris de plus en plus le pas sur la famille polygamique.

Le facteur primordial de la morale sexuelle dans la civilisation occidentale depuis le préchristianisme a consisté dans la garantie du degré de vertu féminine indispensable à la famille patriarcale et à défaut duquel la paternité reste incertaine. L'importance que le christianisme attribue à la vertu masculine prend sa source psychologique dans l'ascétisme. Bien que tout récemment ce facteur se soit fortifié par la jalousie féminine, plus exigeante depuis l'émancipation des femmes, il est probablement transitoire, puisque, selon toute apparence, les femmes sont portées à préférer un état de liberté pour les deux sexes au système de contrainte dont elles ont souffert jusqu'ici.

Le système monogamique comprend d'ailleurs plusieurs variétés. Le mariage peut être décidé par les parties elles-mêmes ou par leurs parents ; quelquefois la femme est achetée ; ailleurs, par exemple en

France, c'est le mari. Toutes sortes de variations sont aussi possibles en ce qui concerne le divorce, depuis l'interdiction catégorique du catholicisme jusqu'aux lois de la vieille Chine, qui permettaient de répudier une femme parce qu'elle était trop bavarde. La fidélité ou une quasi-fidélité dans les relations sexuelles se présente chez les animaux comme chez les humains, toutes les fois que la collaboration du mâle est nécessaire à la conservation de l'espèce dans l'élevage des petits. Les oiseaux, par exemple, doivent couver leurs œufs sans interruption et en même temps passer de longues heures en quête de leur nourriture. Faire les deux est impossible à de nombreuses espèces, c'est pourquoi beaucoup d'oiseaux sont des modèles de vertu conjugale. Chez l'homme, la collaboration paternelle est un avantage biologique pour la progéniture, surtout aux époques troublées, et chez des populations turbulentes, mais avec les progrès de la civilisation, le rôle du père est assumé de plus en plus par l'État, et l'on a des raisons de croire qu'avant longtemps le père cessera d'être matériellement utile, du moins dans la classe des salariés. Dans ce cas, alors, nous assisterions au complet écroulement de la moralité traditionnelle, puisqu'il n'y aurait plus de raison pour la mère de désirer que la paternité de son enfant fût reconnue. Platon nous demanderait de faire un pas de plus et de substituer l'État non seulement au père, mais à la mère elle-même. Mon admiration pour les aptitudes de l'État et pour les orphelinats ne va pas jusqu'à m'enthousiasmer pour ce projet. Cependant, il n'est pas impossible que les forces économiques nous contraignent un jour à l'adopter.

La loi a deux manières de s'occuper de la sexualité : soit en sanctionnant toute éthique sexuelle adoptée par la communauté, soit en protégeant les droits communs des individus en matière de sexualité. Dans cette dernière fonction, la loi protège les femmes et les mineures contre la violence et l'exploitation et organise la lutte préventive contre les maladies vénériennes. Mais aucune de ces deux activités n'est aussi efficace qu'elle pourrait l'être. Tout d'abord, les tapageuses campagnes contre la traite des Blanches ont conduit à la création de lois qui sont facilement tournées par les malfaiteurs professionnels, tandis qu'elles offrent d'innombrables facilités de chantage contre d'inoffensifs particuliers. Et la notion, encore en honneur aujourd'hui, des maladies vénériennes considérées comme le juste châtiment du péché empêche l'adoption des mesures les plus efficaces au point de vue strictement médical. D'autre part, la croyance en l'ignominie des maladies vénériennes reste la cause d'une dissimulation qui fait obstacle à tout traitement rapide et efficace.

Vient ensuite la question de la population. Elle offre à elle seule un champ fort vaste à étudier de divers points de vue : santé des mères et des enfants, effets psychologiques de l'importance numérique des familles sur la personnalité de l'enfant. C'est ce qu'on pourrait appeler les aspects hygiéniques de la question. Les aspects économiques se présentent ensuite ; ils sont d'ordre individuel ou public. Question du degré de fortune des familles ou des collectivités, question de la natalité dans la collectivité et, en relation étroite avec ces points de vue, l'influence de la question démographique sur la politique internationale et la possibilité de la paix mondiale. Et, finalement, la question eugénique, qui a trait à l'amélioration et à la dégénérescence de la race, constatées sur les coefficients de natalité et de mortalité. Aucune morale sexuelle ne peut être valablement condamnée avant l'examen de tous les points de vue que l'on vient d'énumérer. Les réformateurs comme les traditionalistes ont coutume de n'en considérer qu'un seul, ou tout au plus deux. Il est particulièrement rare de rencontrer l'étude combinée du point de vue individuel et du point de vue politique. Il est, du reste, impossible de dire celui qui le cède en importance à l'autre, mais nous pouvons assurer *a priori* qu'un système avantageux au point de vue privé peut arriver à donner satisfaction au point de vue politique et vice versa.

Je suis convaincu, pour ma part, qu'à maintes époques et en divers pays, des forces psychologiques obscures ont amené les hommes à adopter des systèmes de morale sexuelle qui impliquaient sans aucune nécessité des règles fort cruelles. Cela reste encore vrai pour les races modernes les plus civilisées. Je pense aussi que le progrès de la médecine et de l'hygiène et, au surplus, le rôle grandissant de l'État dans l'éducation, qui rend le père moins indispensable qu'il ne l'a été jusqu'ici au cours de l'époque historique, ont rendu désirable une réforme individuelle aussi bien que sociale de la morale sexuelle.

Nous avons donc une double tâche dans la critique de la morale courante : cette critique nous impose, d'une part, l'élimination d'une foule de superstitions souvent inconscientes ; elle nous demande, d'autre part, de tenir compte des facteurs entièrement nouveaux qui font que la sagesse du passé est devenue l'erreur du présent. Afin d'obtenir une vue d'ensemble du système moral existant, il faut d'abord considérer l'histoire de divers peuples plus ou moins évolués, puis entreprendre la définition des caractères de la civilisation occidentale et en considérer les points susceptibles d'amélioration et les raisons qu'on peut avoir d'espérer un progrès.

1

Sociétés matrilinéaires

Les coutumes matrimoniales ont toujours résulté d'une combinaison de facteurs que l'on peut grossièrement diviser en trois groupes : instinctifs, économiques et religieux. Je ne veux pas dire qu'en matière sexuelle ces trois catégories de facteurs puissent être plus nettement délimitées qu'ailleurs. Par exemple, la fermeture des magasins le dimanche a une origine religieuse, mais elle est aujourd'hui un fait économique. Et il en est de même pour maintes lois et coutumes touchant la sexualité. Une coutume utile, dont l'origine est religieuse, survivra, à cause de son utilité même, après la disparition de ses bases cultuelles. La distinction que l'on pose entre l'instinctif et le religieux est également fort difficile à établir. Les religions qui ont un empire très puissant sur l'activité humaine ont généralement des bases profondes dans l'instinct. Mais ce qui les caractérise surtout, c'est l'importance qu'elles donnent aux traditions et la préférence qu'elles accordent à certains actes d'origine instinctive. Par exemple, l'amour et la jalousie sont tous deux des sentiments instinctifs, mais la religion a décrété que la jalousie est un sentiment vertueux auquel la collectivité doit prêter son appui, tandis que l'amour est à peine excusable.

L'élément instinctif dans les relations sexuelles est beaucoup moins important qu'on ne le suppose habituellement. Mon dessein ici est de ne faire appel à l'anthropologie que dans la mesure où l'exige l'élucidation des problèmes actuels. Mais cette science est à certains égards indispensable à l'étude de notre sujet. L'anthropologie nous apprend notamment que de nombreuses pratiques jugées contraires à l'instinct peuvent persister longtemps sans provoquer de conflits graves ou mêmes sensibles avec l'instinct. Il fut d'usage courant, non seulement chez les sauvages, mais parmi des races relativement civilisées, de faire déflorer les vierges publiquement et même officiellement par les prêtres. Dans les pays chrétiens, on a décidé que cette défloration devait être la prérogative du fiancé et la plupart des chrétiens jugent « instinctive » leur répugnance à cette coutume. L'usage de prêter sa femme à son hôte en signe d'hospitalité semble aussi répugner d'instinct à beaucoup d'Européens modernes ; il a pourtant été très répandu. La polyandrie est une autre coutume qu'un Blanc peu éclairé supposerait contraire à la nature humaine. L'infanticide pourrait le paraître encore plus ; les faits enseignent pourtant que l'homme y a recours très volontiers partout où il semble économiquement avantageux. La vérité est que l'instinct est extrêmement vague et facilement dévié de son cours naturel, aussi bien dans les collectivités sauvages que parmi les civilisées. En réalité, le mot instinct convient à peine à des processus aussi peu fixes que l'activité de l'homme en matière sexuelle. Le seul acte, dans tout ce domaine, qui puisse être dit instinctif au sens strictement psychologique est l'acte de téter du nouveau-né. Je ne sais pas trop ce qui a lieu pour les sauvages, mais les peuples civilisés doivent apprendre à accomplir l'acte sexuel. Il n'est pas rare que des médecins soient consultés sur les moyens de consommer l'acte sexuel par des couples mariés souvent depuis de longues années. L'acte sexuel n'est donc pas instinctif au sens strict du mot, malgré l'inclination naturelle qui y porte et un appétit qui est difficilement satisfait sans lui. En vérité, nous n'avons pas, quand il s'agit des hommes, les types de comportement que l'on trouve chez les autres animaux, et l'instinct, dans ce sens, est remplacé par quelque chose de différent. Ce que nous trouvons chez l'homme, c'est tout d'abord une insatisfaction qui le porte à des actes d'un caractère imparfait, improvisé, mais qui, graduellement, avec plus ou moins d'accidents, arrivent à procurer de la volupté et qui ainsi sont répétés. L'*instinct*, ici, n'est pas tellement dans l'activité finale que dans l'impulsion qui conduit à s'y initier, et souvent l'activité productrice de volupté n'est nullement prédéterminée, quoique en général l'activité normale biologique soit la plus avantageuse et procure le plus de plaisir, pourvu qu'elle soit pratiquée avant d'autres habitudes contre nature.

Étant donné que les civilisations modernes sont fondées sur la famille patriarcale et que toute la conception de la vertu féminine a été formée en vue de rendre possible ce type de famille, il est important de se demander quels mobiles naturels ont contribué à produire le sentiment de paternité. Cette question est loin d'être si simple que bien des gens pourraient le supposer. Le sentiment de la mère pour son enfant n'est nullement difficile à comprendre, car c'est un lien physique qui les unit, du moins jusqu'au sevrage, mais les rapports entre le père et l'enfant sont indirects, hypothétiques ; le sentiment paternel est lié à la croyance en la vertu de la mère, et il appartient déjà à une région trop intellectuelle pour être considéré comme proprement instinctif. Telle serait du moins l'apparence pour qui supposerait que le sentiment de paternité va nécessairement aux enfants que l'on a conçus. Or, ce n'est pas forcément le cas. A preuve les Mélanésiens, qui ne savent pas que l'on descend de son père. Chez eux, pourtant, les pères aiment leurs enfants aussi tendrement que s'ils connaissaient la filiation.

La psychologie de la paternité s'éclaire d'une lumière très vive depuis les ouvrages de Malinowski, qui sont tout à fait indispensables pour l'intelligence de ce sentiment complexe[1]. Il y a, en réalité, deux raisons distinctes capables d'amener un homme à s'intéresser à un enfant : soit parce qu'il croit que l'enfant vient de lui, soit parce qu'il pense que c'est l'enfant de sa femme. C'est la dernière de ces deux raisons qui seule agit lorsque le rôle du mâle dans la procréation n'est pas connu.

Malinowski a établi sans conteste que les indigènes des îles Trobriand ignorent que l'on descend de son père. Il a observé, par exemple, que lorsqu'un homme parti en voyage pendant un an ou plus trouve, à son retour, que sa femme a un nouvel enfant, il est ravi et est incapable de comprendre les allusions des Européens touchant la conduite de sa femme et, ce qui est peut-être encore plus convaincant, Malinowski a observé qu'un de ces Mélanésiens, possesseur d'une excellente race de porcs, en avait châtré tous les mâles, et ne pouvait comprendre que cela entraînait la destruction de la race de ces porcs.

---

1. *Sex and Repression in Savage Society. The Father in Primitive Psychology. The Sexual Life of Savages in North-West Melanesia.*

Ces indigènes pensent que ce sont les esprits qui apportent les enfants dans le sein de la mère. Ils savent pourtant que les vierges ne peuvent concevoir et l'expliquent par la conformation de l'hymen qui oppose une barrière au passage des esprits. Hommes et femmes non mariés mènent une existence de complète licence amoureuse, mais pour des raisons encore mal éclaircies, les filles non mariées ne conçoivent que fort rarement. Par une inconséquence assez curieuse, on considère que c'est alors une sorte de honte pour elles, en dépit de la philosophie indigène qui n'attribue pas leur grossesse à leurs amours. Tôt ou tard, les filles se lassent de la variété et se marient. La femme va alors vivre au village de son mari, mais elle et ses enfants sont censés appartenir au village d'où elle vient. Ces sauvages n'admettent pas une consanguinité entre le mari et les enfants, et la descendance est rapportée à la lignée maternelle seulement. Le genre d'autorité que le père exerce sur les enfants en d'autres pays est conférée à l'oncle maternel. C'est ici qu'une complication assez bizarre intervient. Le tabou de l'inceste est extrêmement sévère, à tel point qu'une fois nubiles, le frère et la sœur ne peuvent parler ensemble d'une question qui a trait, de si loin que ce soit, à la sexualité. Par conséquent, quoique l'oncle maternel exerce une autorité sur ses neveux, il les voit très peu car il est loin de leur mère et de la maison. Ce système admirable assure aux enfants une affection, exempte d'autorité, inconnue partout ailleurs. Leur père prend part à leurs jeux, est aimable pour eux sans avoir le droit de leur donner des ordres, tandis que leur oncle, qui a le droit de leur en donner, n'a pas le droit de se trouver près d'eux. Assez curieusement à l'encontre de cette méconnaissance des liens du sang entre le père et l'enfant, on suppose que les enfants ressemblent au mari de leur mère, et il est vraiment très impoli d'insinuer une ressemblance entre frère et sœur ou entre mère et enfant, et les ressemblances les plus frappantes sont franchement niées. Malinowski estime que l'affection du père pour les enfants est mieux stimulée par la croyance d'une ressemblance avec lui que par la croyance d'une ressemblance avec la mère, et il constate chez ces indigènes plus d'accord et plus d'affection dans les rapports du père et du fils qu'il n'en existe souvent chez les peuples civilisés ; comme on pouvait s'y attendre, il n'observera pas le moindre symptôme du complexe d'Œdipe.

Mais tous les efforts de Malinowski restèrent vains quand il voulut persuader ses amis des îles Trobriand de l'existence de la paternité. Ils n'y voyaient qu'une fable stupide inventée par les missionnaires. Le christianisme est une religion patriarcale et ne peut avoir un sens émotionnel ou intellectuel pour des populations qui méconnaissent la paternité. Au lieu de Dieu le père, il faudrait dire : Dieu l'oncle maternel ; mais ceci ne rend pas l'exacte nuance du sens puisque « paternité » implique à la fois amour et puissance, tandis qu'en Mélanésie c'est l'oncle maternel qui détient l'autorité, tandis que le père dispense l'amour à ses enfants. La croyance que les hommes sont les enfants de Dieu est incommunicable à ces indigènes, puisqu'ils ne croient pas qu'un enfant procède du mâle. C'est pourquoi les missionnaires sont obligés de s'engager dans des explications physiologiques avant d'entreprendre toute prédication et l'on devine par Malinowski qu'ils ont peu de succès dans l'enseignement de l'Évangile.

Malinowski soutient, et il a raison selon moi, que si un homme vit pendant la grossesse et l'accouchement à côté de sa femme, il naît en lui une tendance instinctive à aimer l'enfant qui vient, et notre auteur voit là le fondement de l'instinct paternel, « la paternité chez l'homme, qui paraît dès l'abord manquer de base biologique, peut révéler des preuves de son enracinement profond dans les faits et les besoins organiques ». Cet auteur croit cependant que si un homme est séparé de sa femme pendant la grossesse, il ne sentira pas aussitôt cette affection instinctive pour l'enfant. Mais comme la coutume et la morale du clan le portent à vivre en compagnie de la mère et de l'enfant, son affection pour celui-ci se développera comme s'il n'avait jamais cessé de vivre avec la mère. Dans tous les rapports importants entre les hommes il y a des actes socialement désirables à quoi nous portent des instincts insuffisamment puissants pour être toujours rigoureusement déterminants, mais que l'éthique sociale utilise. Tel est le cas chez ces indigènes. La coutume exige que le mari de la mère prenne soin des enfants et veille sur eux au bas âge, et il se trouve que cette coutume n'est pas difficile à appliquer puisque, en général, elle est dans le prolongement de l'instinct.

L'instinct que Malinowski évoque pour expliquer l'attitude du père mélanésien envers ses enfants est plus général qu'il ne semble résulter de son œuvre. Il y a, en tout homme ou en toute femme, une tendance à aimer l'enfant placé sous sa garde, même si la coutume, les conventions ou les salaires ont été les seuls motifs de cette tutelle, et dans la majorité des cas l'affection qui en résulte se développera. Ce sentiment n'est que fortifié lorsque l'enfant est celui d'une femme aimée. On conçoit donc que ces sauvages manifestent un entier dévouement aux enfants de leurs femmes, et il est certain que cet élément très important entre aussi dans l'affection que les civilisés portent à leurs enfants. Malinowski soutient, et l'on ne voit pas comment son opinion peut être réfutée, que toute l'humanité a dû passer par le stade que traversent maintenant les indigènes des Trobriand, puisqu'il a dû exister une période où la filiation n'était pas encore découverte. Les familles d'animaux supposent des bases analogues, car elles ne peuvent en avoir d'autres. C'est seulement après la découverte de la filiation que le sentiment de paternité a pu prendre, dans l'espèce humaine, les formes qui nous sont aujourd'hui familières.

2

Les sociétés patriarcales

Aussitôt découvert le phénomène physiologique de la paternité, un facteur entièrement nouveau intervient dans le sentiment paternel, qui a conduit presque partout à la constitution des sociétés patriarcales. Dès que le père a su que son fils, comme dit la Bible, procédait de sa propre semence, son sentiment pour l'enfant s'est fortifié par deux mobiles puissants : l'amour de l'autorité et le désir de résister à la mort.

Les succès de nos descendants sont en un sens les nôtres, et leur vie une continuation de la nôtre. Dès lors, la tombe n'est plus le terme de toute ambition, laquelle peut désormais s'étendre à l'infini sur toute la suite de notre postérité. Qu'on se rappelle, par exemple, la satisfaction d'Abraham apprenant que sa race possédera la Terre promise. Dans une société matrilinéaire, l'ambition de famille serait réservée aux femmes seulement, et comme celles-ci ne prennent pas part aux luttes sociales, l'ambition familiale aurait moins d'effet que celle de l'homme.

On doit donc supposer que la découverte de la filiation était capable de rendre les sociétés humaines plus combatives, et plus énergiques, plus dynamiques, et plus turbulentes que dans le stade matrilinéaire. En dehors de cette conséquence, hypothétique dans une certaine mesure, il existait une autre raison primordiale d'insister sur la vertu des femmes. L'élément purement instinctif de la jalousie n'est pas aussi fort que certains de nos contemporains le croient. La violence déchaînée de la jalousie dans les sociétés patriarcales vient de la crainte d'une confusion « de parts », d'une substitution frauduleuse dans la descendance. L'on peut s'en convaincre si l'on songe qu'un homme passionnément dévoué à sa maîtresse sera néanmoins plus jaloux des amants de sa femme que de ceux de sa maîtresse. L'enfant légitime est le prolongement du moi et l'affection paternelle une forme de l'égoïsme. Si le mari est tombé dans le piège, il prodigue ses soins et son affection à l'enfant adultérin qui n'a aucune parenté biologique avec lui. C'est ainsi que la découverte de la paternité a conduit à l'asservissement des femmes comme le seul moyen d'assurer leur vertu, à cette sujétion, tout d'abord physique puis intellectuelle, qui atteignit son apogée à l'époque victorienne. C'est à cause de cette servitude de la femme qu'aucune vraie camaraderie n'a existé entre la femme et l'homme dans la plupart des sociétés civilisées, leurs rapports ont été faits de condescendance d'un côté et de devoir de l'autre, toutes les pensées les plus sérieuses et les desseins les plus graves de l'homme, il les a gardés pour lui, puisque la vigueur de pensée chez sa femme pouvait inspirer à celle-ci l'idée de le tromper. Dans la plupart des communautés civilisées, les femmes se sont vu refuser toute expérience pratique du monde et des affaires ; elles étaient rendues artificiellement stupides pour être maintenues inoffensives. L'on reçoit des dialogues de Platon l'impression que le philosophe et ses amis regardaient les hommes comme les seuls objets dignes d'un amour sérieux. Il ne faut pas s'en étonner si l'on considère que tout ce qui intéressait les interlocuteurs du *Banquet* était complètement inaccessible aux femmes honorables d'Athènes. C'est exactement l'état de choses qui régnait en Chine jusqu'aux époques récentes, et en Perse à l'âge d'or de la poésie persane et à cent autres époques de l'histoire. L'amour entre les deux sexes a été ainsi détruit par le souci d'assurer la légitimité des enfants. Ce n'est pas l'amour seul qui en a pâti, c'est toute la contribution féminine à la civilisation qui s'est trouvée avortée de ce fait.

Le système économique a naturellement changé en même temps que le mode d'explication de la filiation. Dans une société matrilinéaire, un homme hérite de son oncle maternel ; dans une société patrilinéaire, il hérite de son père. Les liens qui attachent le père au fils sont, dans la société patrilinéaire, infiniment plus étroits que dans l'autre système. Les attributs paternels qui, dans le patriarcat, sont l'amour et la puissance, se partagent dans une famille matrilinéaire entre le père et l'oncle maternel. Il est donc évident que la famille patriarcale constitue un nœud bien plus serré que la famille plus primitive du stade matrilinéaire. Il semble ainsi que c'est à l'avènement du système patriarcal que les hommes en vinrent à désirer la virginité chez celles qu'ils épousaient. Dans les tribus matrilinéaires, les jeunes femmes jettent leur gourme aussi librement que les jeunes hommes, mais cette conduite ne pouvait être acceptée dès que se fit sentir l'intérêt capital qu'il y a à persuader aux femmes que toute relation en dehors du mariage est coupable.

Le père ayant découvert sa fonction propre commença à l'exploiter abusivement. L'histoire des époques civilisées n'est qu'une longue chronique du déclin progressif de la puissance paternelle, qui atteignit son apogée dans la plupart des pays civilisés immédiatement avant le commencement de l'âge historique. Le culte des ancêtres, qui a duré jusqu'à nos jours en Chine et au Japon, porte les caractères universels des premières civilisations. Un père a dans ces pays un pouvoir absolu sur ses enfants. Nulle existence indépendante n'est possible pour la femme, d'abord sujette de son père, puis de son mari. Mais il arrivait aussi que la femme vieillie au foyer exerçât un pouvoir presque despotique sur ses fils et leurs femmes qui vivaient sous le même toit qu'elle. Ses brus lui étaient complètement soumises. Aujourd'hui encore, il n'est pas rare que des jeunes femmes chinoises soient réduites au suicide par leurs belles-mères. Cette tyrannie de la matrone était autrefois générale dans les civilisations d'Europe et d'Asie. Lorsque le Christ dit qu'il est venu pour dresser le fils contre son père et la bru contre sa belle-mère, il fait précisément allusion à cet état de choses que l'on retrouve aujourd'hui dans les familles d'Orient et d'Extrême-Orient. Le pouvoir que le père devait tout d'abord à sa force physique, fut renforcé ensuite par la religion, que l'on peut définir dans la plupart de ses formes comme une croyance que les dieux sont du côté du gouvernement. Le culte des ancêtres ou quelque chose d'analogue a régné universellement. Il procède entièrement du système patriarcal. Les idées religieuses du christianisme, comme nous l'avons déjà vu, sont imprégnées de la majesté de la paternité. L'organisation des sociétés monarchiques et aristocratiques et le système de l'héritage sont partout fondés sur la puissance paternelle. On voit dans la Genèse comment les hommes ont ardemment souhaité une descendance et quel avantage ils en tiraient. La multiplication des enfants était aussi avantageuse que celle des troupeaux et du bétail. C'est pourquoi en ce temps-là, Iahvé commandait aux hommes de croître et de se multiplier.

Mais tandis que la civilisation progressait, les conditions économiques changeaient. Les préceptes religieux, autrefois encourageants pour l'égoïsme, commencèrent à devenir gênants. Après avoir conquis la prospérité et les richesses, les hommes cessèrent d'avoir de nombreuses familles et, au cours du dernier siècle de la grandeur romaine, les vieilles souches patriciennes dépérirent lentement, malgré les exhortations des moralistes, aussi inutiles en ces temps qu'elles le sont aujourd'hui. Le divorce devint facile et courant, les femmes des hautes classes acquirent une situation à peu près égale à celle des hommes et la puissance paternelle ne fit que décliner. Cette évolution fut à bien des égards pareille à celle dont nous sommes aujourd'hui les témoins. Mais elle était limitée aux classes privilégiées et ne portait ombrage qu'à ceux qui n'étaient pas assez riches pour en profiter. La civilisation antique, contrairement à la nôtre, souffrait d'être concentrée dans une très petite fraction de la population. C'est cette circonstance qui fut cause de son effondrement sous une vague de superstitions venues du peuple, du christianisme, de l'invasion barbare. La religion chrétienne et les invasions détruisirent le système idéologique gréco-romain, tandis qu'elles laissèrent subsister le système patriarcal et même le renforcèrent tout d'abord. Mais le patriarcat eut à s'accommoder d'un nouvel apport fourni par les conceptions chrétiennes de la sexualité et de l'individualisme telles qu'elles se dégagent du dogme du salut. Nulle collectivité humaine ne put se rapprocher de la nature biologique sexuelle d'aussi près que les anciennes civilisations de l'Extrême-Orient. Au surplus, l'individualisme des sociétés chrétiennes influença de plus en plus la politique des pays chrétiens tandis que la promesse de l'immortalité affaiblissait l'intérêt que les hommes avaient pris à la longévité de leur race. C'est ainsi que la société moderne, quoiqu'elle soit patrilinéaire et que la famille subsiste encore, attache bien moins d'importance à la paternité que les anciennes sociétés. Les espérances et les ambitions de l'homme sont aujourd'hui totalement différentes de celles des patriarches de la Genèse. L'homme préfère atteindre personnellement la grandeur par son rôle dans l'État plutôt que par le nombre de sa postérité. Ce changement est une des causes de l'affaiblissement des vieilles morales et des vieilles théologies. Néanmoins, il est lui-même impliqué dans la théologie chrétienne. Nous allons maintenant examiner comment il s'est produit, comment le christianisme a affecté la conception du mariage et de la famille.

3

Le culte phallique.
L'ascétisme et le péché

Du jour où la paternité fut découverte, la sexualité devint une question capitale pour la religion. L'on pouvait s'y attendre, puisque la religion s'occupe de toutes les forces mystérieuses et importantes. La fertilité des cultures, du bétail et des femmes était d'une importance considérable pour tous les peuples de l'ère pastorale et agricole. Les moissons n'étaient pas toujours abondantes et les rapports sexuels ne produisaient pas toujours la grossesse. On recourut à la religion et à la magie pour assurer le résultat désiré. Conformément aux vues habituelles de la magie sympathique, l'on pensa qu'en favorisant la fécondité des hommes, on encouragerait la fécondité du sol. La fécondité humaine désirée par tant de collectivités primitives était favorisée par diverses cérémonies religieuses et magiques. Dans l'Égypte antique, où l'agriculture était née avant l'époque matrilinéaire, l'objet du culte n'était pas le phallus, mais était en rapport avec les organes génitaux de la femme. C'était la conque de cauris, à qui l'on attribuait des pouvoirs magiques, et qui arriva par la suite à servir de monnaie. Ce culte fit place, dans l'Égypte moyenne et dans les civilisations antiques, au culte phallique. Une très bonne explication de cet état de choses est donnée par Robert Briffault dans un chapitre de son livre : *Sexualité et Civilisation*. Les fêtes champêtres, écrit-il, et, plus spécialement celles qui ont rapport aux semailles et à la moisson, présentent dans toutes les régions du monde et à toutes les époques les signes les plus évidents de licence lubrique. C'est le cas des Thesmophories athéniennes, des Saturnales qui ont passé dans la tradition de l'Europe méridionale avec le carnaval, c'est le cas des fêtes magiques du Siam et des tribus dahoméennes.

En beaucoup de lieux on a cru que la lune (à qui l'on attribuait le genre masculin) était le vrai père de tous les enfants. Cette conception se rattache naturellement au culte de la lune. Un grave conflit (qui ne se rapporte pas directement à notre sujet) exista entre les prêtres de la lune et ceux du soleil. Cette lutte s'est livrée autour du calendrier, et, en Égypte particulièrement, ce fut l'origine d'une guerre civile. Quoiqu'il soit imprudent de prêter une logique quelconque aux cultes primitifs, on peut supposer que la victoire des adorateurs du soleil vint de la découverte de l'influence solaire sur les récoltes.

La place considérable du culte phallique dans les religions antiques a fourni aux Pères de l'Église maintes armes dans leurs polémiques. Pourtant, de nombreux vestiges du culte phallique ont subsisté au Moyen Âge. C'est le protestantisme seul qui réussit à les anéantir.

Dans les Flandres et en France, les saints ithyphalliques furent nombreux. Saint Gilles, en Bretagne, saint Greluchon, à Bourges. Le plus populaire d'entre eux, saint Foutin, dans le midi de la France, avait été, croyait-on, le premier évêque de Lyon. Lorsque sa châsse fut brisée, à Embrun, par les huguenots, le phénoménal phallus du saint personnage sauvé de la destruction était rouge du vin que ses fidèles avaient coutume de répandre sur lui en abondantes libations et qu'ils recueillaient ensuite pour boire. On attribuait à ce breuvage des vertus contre la stérilité et l'impuissance.

La prostitution sacrée est une autre institution religieuse qui était répandue dans l'Antiquité. En certains lieux, des femmes honorables allaient à un temple et se livraient au prêtre ou à un étranger. Ailleurs, c'étaient les prêtresses elles-mêmes qui faisaient fonction de courtisanes sacrées.

Jusqu'à présent, nous avons considéré les éléments prosexuels de la religion. Mais des éléments antisexuels avaient subsisté de conserve avec ceux-là dès une époque très reculée et, partout où le christianisme et le bouddhisme triomphèrent, les tendances antisexuelles eurent raison des autres. Westermarck donne de nombreux exemples de « l'idée curieuse qu'il y a quelque chose d'impur et de pervers dans les rapports sexuels ». Dans les parties du monde les plus éloignées des influences bouddhiques ou chrétiennes, il a existé des ordres religieux et des prêtres voués au célibat (secte des Esséniens chez les Juifs). Cette tendance semble avoir gagné du terrain dans l'Antiquité et même dans les milieux les plus hostiles au christianisme ; une tendance générale à l'ascétisme se développa dans le monde antique. L'épicurisme était supplanté par le stoïcisme chez les Romains et les Grecs cultivés. De nombreux passages dans les Apocryphes impliquent une attitude presque monastique à l'égard des femmes, très différente de la robuste virilité des premiers livres de l'Ancien Testament. Les néo-platoniciens étaient presque aussi ascétiques que les chrétiens. C'est de Perse que la doctrine d'après laquelle la matière est le mal se répandit en Occident et apporta avec elle la croyance que toute relation sexuelle est impure. Elle présente, quoique sous une forme plus mesurée, la conception de l'Église. C'est donc l'évidence même qui nous enseigne que les hommes, en certaines circonstances, éprouvent une aversion spontanée pour la sexualité et cette horreur est une impulsion aussi naturelle que l'attrait plus habituel du sexe. Il faut en tenir compte et l'expliquer psychologiquement si nous voulons être à même de juger quel genre de système sexuel est le plus propre à satisfaire la nature humaine.

Disons sans plus tarder qu'il est inutile de rendre la religion responsable de cette attitude. Il faut tout d'abord un état d'âme particulier pour inspirer des croyances de cet ordre, et ce n'est qu'une fois formées que ces croyances entretiennent cet état d'âme ou du moins les actes qui y répondent, mais il n'est pas vraisemblable que des croyances puissent être les causes déterminantes d'une attitude antisexuelle qui provient de la jalousie et de la fatigue sexuelle. Dès que la jalousie paraît, si faible qu'elle soit, elle nous fait trouver répugnants l'acte sexuel et le désir même qui y pousse. L'homme purement instinctif voudrait que toutes les femmes l'aiment et n'aiment que lui seul. Toutes les faveurs qu'elles peuvent accorder à d'autres appellent à ses yeux une condamnation morale. C'est surtout le cas si cette femme est la sienne. On peut remarquer, par exemple, que les maris, dans Shakespeare, ne souhaitent pas que leurs épouses soient passionnées. La femme idéale, selon Shakespeare, se soumet aux désirs de son mari par devoir ; bien moins doit-elle songer à prendre un amant, puisque l'acte sexuel, en soi, lui est désagréable et qu'elle ne le subit que parce que la loi morale l'exige. L'homme impulsif qui découvre la trahison de sa femme est envahi d'un dégoût pour elle et pour son amant qui lui fait juger bestial l'acte sexuel en général. C'est surtout le cas lorsque les excès ou bien l'âge l'ont rendu impuissant. Comme les vieillards ont plus d'influence que les jeunes sur les sociétés, il est naturel que l'opinion reçue et officielle sur la question sexuelle ne soit pas celle d'une jeunesse aux trop folles ardeurs. La fatigue sexuelle est un phénomène engendré par la civilisation. Elle doit être à peu près inconnue chez les animaux et très rare chez les sauvages. Dans un mariage monogamique, il est peu vraisemblable qu'elle se produise en l'absence du stimulant de la nouveauté, qui incite aux excès. Elle n'a pas de chance de se présenter non plus là où les femmes sont libres de refuser leurs faveurs, car dans ce cas elles demanderont, comme les femelles de la plupart des espèces animales, une période de cour avant l'acte sexuel et n'accorderont leurs faveurs que lorsqu'elles sentiront les ardeurs du mâle suffisamment éveillées. Cette attitude et ce comportement purement instinctifs sont devenus rares sous l'influence de la civilisation. C'est le facteur économique qui a le plus contribué à les faire disparaître. Les femmes mariées et les prostituées gagnent leur vie par le trafic de leurs charmes sexuels et elles ne cèdent pas aux seules impulsions de l'instinct. C'est ainsi qu'a été considérablement réduit le rôle joué par la cour prénuptiale du mâle, sauvegarde naturelle contre la fatigue sexuelle et les excès sexuels, entraînant à la longue la fatigue et le dégoût qui préparent naturellement la voie à l'ascétisme.

Lorsque la jalousie et la fatigue sexuelle sévissent en même temps, comme c'est souvent le cas, la force des passions antisexuelles peut croître prodigieusement. C'est la raison maîtresse pour laquelle l'ascétisme tend à se développer dans toute société licencieuse.

Le célibat, en tant que phénomène historique, a cependant d'autres sources. Des causes plus obscures que celles examinées jusqu'ici expliquent en effet la vague d'ascétisme qui s'est déchaînée sur le monde antique déclinant. Il y a des époques où les hommes semblent las et désabusés de la vie et de ses joies ; ils se tournent alors vers les consolations spirituelles de la vie future pour combler le vide de ce monde sublunaire. Comparons le Salomon du Cantique des Cantiques à celui de l'Ecclésiaste. L'un représente le monde antique dans tout son viril épanouissement, l'autre le montre en pleine décadence. Quelle est la cause de cette différence ? Je ne prétends pas la connaître. Elle s'explique peut-être par un phénomène physiologique fort simple, tel que le changement de la vie active des champs pour la vie urbaine et sédentaire. Peut-être les stoïciens avaient-ils le foie paresseux et peut-être, après tout, l'auteur de l'Ecclésiaste n'a-t-il conclu à la vanité de toute chose que parce qu'il ne prenait pas assez d'exercice. Quoi qu'il en soit, il est à déplorer que le christianisme naquît justement dans cette période de morbide décadence. Les hommes robustes et virils des époques suivantes ont fait de leur mieux pour vivre selon un idéal plus propre à des malades et à des déprimés qui auraient perdu tout sens des valeurs biologiques et de la continuité de la vie humaine.

C'est cet aspect de l'histoire chrétienne que nous aurons à étudier au chapitre suivant.

4

La morale chrétienne

Le mariage, a dit Westermarck, est fondé sur la famille plutôt que la famille n'est fondée sur le mariage. Cette opinion, qui eût fait l'effet d'un truisme avant l'ère chrétienne, a pris, par la suite, de l'importance et a besoin d'être affirmée depuis que saint Paul a introduit une conception entièrement nouvelle du mariage, considéré non en vue de la procréation des enfants, mais comme une mesure préventive contre la fornication.

La clarté avec laquelle saint Paul expose ses vues ne laisse pas de place à la plus légère équivoque. La première épître aux Corinthiens nous donne à penser que les chrétiens de Corinthe avaient contracté la déplorable habitude de coucher avec leur belle-mère. L'apôtre jugea que cet état de choses appelait la plus rigoureuse sévérité (saint Paul, Ire *Épître aux Corinthiens*, VII, 1-9).

« Pour ce qui concerne les choses dont vous m'avez écrit, je pense qu'il est bon pour l'homme de ne point toucher de femme. Toutefois, pour éviter l'impudicité, que chacun ait sa femme, et que chaque femme ait son mari. Que le mari rende à sa femme ce qu'il lui doit, et que la femme agisse de même envers son mari. La femme n'a pas autorité sur son propre corps, mais c'est le mari ; et pareillement, le mari n'a pas autorité sur son propre corps, mais c'est la femme. Ne vous privez point l'un de l'autre, si ce n'est d'un commun accord pour un temps, afin de vaquer à la prière ; puis retournez ensemble, de peur que Satan ne vous tente par votre incontinence. Je dis cela par manière de concession, je n'en fais pas un ordre. Je voudrais que tous les hommes fussent comme moi ; mais chacun tient de Dieu un don particulier, l'un d'une manière, l'autre d'une autre.

« A ceux qui ne sont pas mariés et aux veuves, je dis qu'il leur est bon de rester comme moi. Mais s'ils manquent de continence, qu'ils se marient ; car il vaut mieux se marier que de brûler. »

On ne trouve pas dans ce passage de saint Paul la moindre allusion aux enfants. Les fins biologiques du mariage lui paraissent entièrement négligeables. Ce qui est tout naturel, du reste, car il s'imaginait que le retour du Christ était proche et que le monde marchait à sa destruction. Pour le second avènement du Christ, les hommes seraient divisés en « brebis et en boucs », et ce qui seul importait, c'était d'être compté parmi les brebis. Saint Paul estimait que même en mariage, l'acte sexuel nous marque d'infériorité dans nos efforts vers le salut (I. Corinthiens, XIII, 32-24). Si le salut reste néanmoins possible aux mariés, cela n'empêche pas que la fornication soit un péché mortel et que les fornicateurs impénitents se trouveront certainement dans le mauvais troupeau, celui des boucs. Pour sûr, saint Paul ne va pas jusqu'à dire que le mariage offrira autant d'agréments que la fornication, mais il pense défendre par ce moyen les frères les plus faibles de la communion chrétienne contre les tentations. Il a soin de refuser le moindre avantage positif au mariage, et se garde de laisser entendre que l'affection qui unit mari et femme est belle et désirable, il n'accorde pas le moindre intérêt à la famille : la fornication occupe toute sa pensée et commande l'ensemble de tout son système de morale sexuelle.

La condamnation de toute fornication était alors une nouveauté dans le christianisme. L'Ancien Testament, comme les autres codes des civilisations primitives, n'interdit que l'adultère. Lorsque Abraham se rendit en Égypte avec Sarah, il la fit passer pour sa sœur. Le roi, sur la foi de cette déclaration, la prend dans son harem. Lorsqu'il vient à apprendre ensuite qu'elle est la femme d'Abraham, le roi s'indigne d'avoir été induit à pécher malgré lui et reproche à Abraham de lui avoir menti. Tel était le droit usuel de l'Antiquité. L'homme n'était condamné que si la femme qu'il avait connue appartenait déjà à un autre et sa faute devenait de ce fait une infraction aux lois de la propriété. La conception chrétienne créée par saint Paul fait de tout rapport sexuel, même en mariage, un acte indésirable. Elle s'est enracinée dans la morale du christianisme et fait de cette religion, au cours de toute son histoire, une force génératrice de désordres mentaux et de conceptions malsaines de la vie. L'Église primitive exagéra la conception paulinienne. Le célibat devint un état de sainteté, les hommes se retirèrent dans le désert pour lutter contre Satan, qui peuplait leur imagination de visions lubriques.

Sous prétexte que tout ce qui donne des attraits au corps nous induit au péché, l'Église combattit l'habitude du bain. Elle fit l'éloge de la crasse et l'odeur de la sainteté se fit de plus en plus pénétrante. La pureté du corps et de ses ornements, disait saint Paul, trahit l'impureté de l'âme[1]. Les poux étaient appelés les perles de Dieu, et c'était un signe indispensable de sainteté que d'en être infesté.

L'ascétisme eut pour effet d'imprimer d'une manière profonde et durable le sentiment de l'importance de la chasteté dans l'esprit des hommes. Quoique les services qu'il rendit ainsi fussent immenses, ils étaient contrebalancés par l'influence néfaste qu'ils eurent sur le mariage. On trouve, à vrai dire, deux ou trois belles descriptions du mariage dans la littérature patristique, mais il serait difficile d'imaginer rien de plus grossier, de plus rebutant que la manière dont la plupart des Pères de l'Église le traitent. Le but de l'ascétisme était d'engager les hommes à mener une vie de chasteté et il en découlait nécessairement un dénigrement du mariage dès lors jugé inférieur. « Abattre avec la hache de la virginité l'arbre du mariage », tel est, dans le langage énergique d'un saint Jérôme, le but de la sainteté.

L'Église catholique n'est cependant pas restée aussi ignorante que saint Paul et les ermites de la Thébaïde des faits biologiques. Saint Paul tenait le mariage pour une issue plus ou moins légitime à la concupiscence. A le lire, il ne semble pas qu'il eût condamné une réglementation anticonceptionnelle des rapports sexuels. On est tenté de supposer, au contraire, qu'il regardait comme dangereux les longs mois d'abstinence que supposent chez le mari la grossesse et les couches.

L'Église a adopté des vues différentes. Le mariage dans la doctrine orthodoxe a un double but : l'un est conforme aux idées de saint Paul, l'autre est la procréation des enfants. Il en résulte dans la morale

---

1. Havelock Ellis : *Studies in Psychology.*

sexuelle des difficultés encore plus grandes que chez saint Paul. Non seulement « l'œuvre de chair n'est permise qu'en mariage seulement », mais entre mari et femme même elle reste un péché, à moins que le désir d'enfant n'en soit le mobile. Le désir d'une descendance légitime est, selon l'Église catholique, le seul motif capable de justifier l'acte sexuel. Mais c'est un motif qui le justifie toujours. Que la femme y répugne, qu'une nouvelle grossesse mette sa vie en danger, même si l'enfant est menacé de la folie ou d'une tare quelconque, même si la plus sordide misère est le lot du couple, aucune de ces considérations ne prive un homme du droit de jouir de ses prérogatives conjugales, pourvu seulement qu'il espère avoir un enfant.

Du reste, ce but assigné au mariage ne fut jamais entièrement reconnu par la doctrine de l'Église, qui se borne à proclamer que l'acte sexuel accompli sans intention d'engendrer est un péché. Elle n'est jamais allée jusqu'à permettre la dissolution du mariage pour cause de stérilité. C'est qu'au fond le but positif du mariage, c'est-à-dire la procréation, joue un rôle très accessoire et son objet principal reste, comme chez saint Paul, une prophylaxie contre la fornication. C'est ce qui constitue sa fonction essentielle et le mariage est en substance une manière de pis-aller.

L'Église catholique a essayé de masquer ce rabaissement du mariage en en faisant un sacrement. Le résultat pratique de cette doctrine réside dans l'indissolubilité. Peu importe que l'un des conjoints devienne fou, syphilitique ou ivrogne, ou qu'il vive publiquement avec une autre compagne, le lien reste sacré et intangible. C'est là une source de misères innombrables, mais qui doivent être endurées, puisque imposées par Dieu même. Parallèlement à cette loi rigoureuse, une certaine tolérance a toujours été accordée par le catholicisme à cela même qu'il regarde comme un péché. L'Église reconnaît que pour la moyenne de l'humanité, l'observance de ses préceptes est purement chimérique, et elle est prête à absoudre le pécheur au tribunal de la pénitence. Cette tolérance de fait de la fornication était un moyen d'augmenter le pouvoir de ses prêtres, puisqu'ils pouvaient seuls prononcer l'absolution, sans laquelle la fornication eût entraîné la damnation éternelle.

La conception du protestantisme a été assez différente, un peu moins sévère en théorie, mais elle le fut beaucoup plus en pratique.

Luther fut très impressionné par la parole : « Il vaut mieux se marier que brûler » ; comme il fut, par-dessus le marché, amoureux d'une religieuse, il en déduisit que malgré leurs vœux de célibat, ils avaient, elle et lui, le droit de s'épouser, attendu que la violence de sa passion l'eût entraîné de toute manière au péché. Le protestantisme abandonne donc cette apologie du célibat qui caractérise l'autre confession, et partout où il fut puissant il renonça au mariage-sacrement et admit le divorce à certaines conditions. Mais la fornication offusquait bien plus que les catholiques les protestants, plus entiers et plus rigides dans leurs condamnations morales. L'Église catholique y voit un domaine inexpugnable de l'empire du démon et elle s'arrange pour lui faire sa part. Les protestants, au contraire, rejettent les usages catholiques de la confession et de l'absolution et laissent le pécheur dans une situation encore plus désespérée. On peut saisir les résultats de la solution protestante sous ses deux aspects dans l'Amérique moderne, où le divorce est d'une facilité extrême, mais où l'adultère est châtié avec infiniment plus de rigueur que dans les pays catholiques.

Il est clair que tout le système de la morale chrétienne catholique et protestante demande une révision le plus possible exempte des préconceptions auxquelles une éducation chrétienne dispose la plupart d'entre nous. Ces affirmations énergiques et répétées pendant l'enfance créent chez la plupart des gens des croyances assez fortes pour envahir même l'inconscient, et beaucoup parmi nous qui s'imaginent que leur activité s'est entièrement émancipée de l'orthodoxie religieuse restent cependant inconsciemment dominés par ces premiers enseignements. Il faut se demander bien nettement ce qui a amené l'Église à condamner toute fornication. Pouvons-nous reconnaître des bases solides à cette condamnation ? Ou sinon, y a-t-il d'autres raisons que celles de l'Église, susceptibles de nous conduire aux mêmes conclusions ? L'Église primitive, il y a deux mille ans, a attribué une impureté originelle à l'acte sexuel. Mais le fait qu'une opinion est restée en honneur pendant plusieurs siècles ne prouve nullement qu'elle ne soit pas complètement absurde. A la vérité, la bêtise de l'immense majorité des hommes nous incline plutôt à penser qu'une opinion répandue a plus de chances que les autres d'être idiote. Les indigènes des îles Pelew croient qu'il suffit de se percer le nez pour jouir d'une éternelle félicité, les Européens pensent parvenir au même but en se faisant verser de l'eau sur la tête, tandis que certaines paroles rituelles sont prononcées. La croyance des indigènes océaniens est une superstition ; celle des Européens est l'une des vérités de notre sainte religion.

Jeremy Bentham avait dressé un tableau des mobiles de toutes les actions humaines. Chaque désir y était désigné sur trois colonnes différentes du nom que les hommes lui donnent, selon qu'ils veulent le glorifier, le flétrir ou le désigner objectivement. C'est ainsi qu'on peut lire « gloutonnerie » sur la même ligne que « amour des plaisirs de la table ». Il faut recommander à tous ceux qui désirent penser avec quelque clarté sur un sujet quelconque d'imiter Bentham dans cette méthode, et après s'être bien familiarisés avec le fait qu'à tout terme de blâme peut correspondre, pour la même chose, un terme de louange, ils pourront s'habituer à employer des termes qui ne comportent ni louange, ni reproche. Adultère et fornication sont des mots qui impliquent une si forte réprobation morale qu'il est difficile de penser clairement en les employant. Il existe aussi les mots chers à ces écrivains licencieux qui veulent « corrompre nos mœurs » ; ces auteurs disent « galanterie », « amour délivré des froides chaînes des lois » ; ce langage, comme l'autre, est source de préjugés. Si nous voulons juger sans passion, nous devons les éviter l'un et l'autre. Par malheur, nous allons gâter ainsi l'art du beau langage qui, à la louange et à la réprobation, prête sa couleur et son intérêt. Le lecteur n'est entraîné que par l'invective ou le panégyrique et, avec un peu d'adresse, ses sympathies peuvent être excitées par l'auteur dans le sens voulu. Pour nous, cependant, nous ne voulons faire appel qu'à la raison et nous nous servirons de termes gris et monotones, comme « relations sexuelles extra-maritales ». C'est peut-être une méthode trop austère sur un sujet si riche d'associations émotives, et en éliminant entièrement l'émotion de notre sujet, nous ne réussirons pas à faire sentir la nature de ce sujet. Mais toutes les questions en matière de sexualité doivent être étudiées sous le double point de vue des participants et des tiers jaloux. Ce que nous faisons nous-mêmes n'est que jeux galants, et ce qui vient des autres, paillardise et fornication. C'est pourquoi nous emploierons à l'occasion des termes émotionnels, mais nous nous contenterons, en général, du terme neutre et scientifiquement précis.

La morale chrétienne, malgré l'importance qu'elle donne aux vertus sexuelles, contribue inévitablement à la dégradation morale de la femme. Comme les moralistes chrétiens étaient des hommes, c'est la femme qui faisait figure de tentatrice. C'est l'homme qui aurait tenu le rôle si les femmes avaient écrit la morale. Il fallait donc réduire les chances qu'avait la tentatrice d'induire l'homme à pécher. C'est ainsi que les femmes honorables furent plus sévèrement gardées, tandis que les femmes de mauvaise vie étaient tenues dans le plus profond mépris. C'est seulement à l'époque moderne que la femme a recouvré la part de liberté dont elle jouissait à Rome. Le système patriarcal, comme nous avons vu, organisa l'asservissement de la femme, mais cette œuvre avait été détruite un peu avant l'ère chrétienne. Après Constantin, la liberté de la femme fut de nouveau restreinte, sous prétexte de la protéger contre le péché. C'est seulement le déclin de l'idée du péché à l'époque moderne qui lui rendit sa liberté. Les Écrits des Pères étaient pleins d'invectives contre les femmes. La femme était donnée comme la mère de tous les maux de l'humanité, comme la porte de l'enfer ; elle devait être honteuse de sa beauté, qui n'était que le plus puissant instrument du démon, et le Moyen Âge la maintint dans cette situation essentiellement subalterne. Les lois de l'héritage et de la propriété furent donc modifiées dans ce sens et ce fut seulement avec la libre pensée et la Révolution française que les filles retrouvèrent leur droit d'héritage.

5

L'amour romantique

La victoire du christianisme et les invasions barbares mirent dans les rapports entre les sexes une brutalité inconnue au monde antique depuis plusieurs siècles déjà. Le monde du triomphe des chrétiens était dépravé, mais il n'était pas brutal. Aux siècles maudits qui lui succédèrent, la barbarie et la religion coalisées avilirent les rapports sexuels. La femme mariée n'eut aucun droit en dehors du mariage, et comme tout était péché, il était inutile de dompter le naturel bestial du mâle incivilisé. L'immoralité du Moyen Âge était générale et révoltante. Des évêques vivaient publiquement avec leurs propres filles, des archevêques élevaient leurs mignons à la tête des diocèses voisins. On tendait de plus en plus vers la règle du célibat pour le clergé, mais elle n'était pas encore appliquée dans la pratique. Nous voyons encore Abélard envisager, non sans grand scandale, il est vrai, la possibilité d'un mariage avec Héloïse. Le pape Grégoire VII fit d'immenses efforts pour amener les prêtres à renvoyer leurs concubines. C'est seulement à la fin du XIIIe siècle que le célibat fut strictement observé dans le clergé. Les clercs, naturellement, continuèrent à entretenir des rapports illicites avec des femmes, quoiqu'ils ne pussent prêter à leurs liaisons une dignité ou une beauté quelconque, puisqu'ils les tenaient eux-mêmes pour immorales et impures.

Avec sa morale ascétique de la sexualité, l'Église était impuissante à communiquer la moindre beauté à l'amour. C'est ce qui allait constituer l'œuvre des laïcs.

A travers tout le Moyen Âge, la plus curieuse séparation persista entre la tradition gréco-romaine de l'Église et la tradition teutonique de l'aristocratie. Chacune de ces traditions eut une part dans l'œuvre de civilisation, mais leur contribution fut entièrement distincte. L'Église apporta le droit canon, la conception de l'unité de la chrétienté, légués par la civilisation méditerranéenne. Les laïcs apportèrent le droit commun, la forme du gouvernement séculier, la chevalerie, la poésie et le romanesque. Ils apportèrent l'amour romantique qui nous intéresse tout spécialement ici.

Il ne serait pas juste de dire que l'amour romantique fut inconnu avant le Moyen Âge, mais c'est à cette époque seulement qu'il devint une forme reconnue de passion amoureuse. Le caractère essentiel de l'amour romantique est de considérer l'objet comme très précieux et très difficile à conquérir. Il se livre donc à toutes sortes d'efforts pour gagner l'amour de l'objet aimé par des chants et des prouesses innombrables. Le prix infini donné à la femme était une conséquence psychologique de la difficulté de sa conquête, car toutes les fois que cette conquête se fait sans peine, on peut assurer que l'amour de l'homme ne prend jamais la forme de l'amour romantique. L'amour romantique ne s'adressait pas, à l'origine, aux femmes que l'amant pouvait posséder légitimement ou non, mais aux femmes de la meilleure réputation qui étaient séparées de leurs soupirants par les obstacles en fait insurmontables de la morale et des mœurs. L'Église avait si pleinement accompli son œuvre d'avilissement des notions de sexualité que le moindre sentiment poétique était impossible pour une dame qui n'aurait pas été inaccessible, et l'amour, pour se parer de quelque beauté, devait nécessairement devenir platonique. Il est très difficile, à nous modernes, de sentir, même en imagination, la psychologie de ces poètes qui déclaraient le plus complet don de soi sans souhaiter une intimité quelconque. Cette attitude nous paraît si étrange que nous sommes portés à ne voir dans leur passion que pure convention littéraire. C'était sans doute vrai dans beaucoup de cas. Mais on ne saurait donner comme entièrement conventionnel l'amour d'un Dante pour Béatrice, tel qu'il s'exprime dans la *Vita nuova*. Au contraire, j'y vois même un sentiment plus passionné que n'en peuvent éprouver la plupart des modernes. Les plus nobles esprits du Moyen Âge ont jugé mauvaise la vie terrestre. Les instincts de l'homme étaient les effets de la corruption du péché originel. L'on devait haïr la chair et ses désirs. La joie pure n'était concevable que dans l'extase contemplative qu'on croyait exempte de toute sexualité. Dans le domaine de l'amour, de telles façons de voir ne pouvaient donner lieu, chez un Dante, qu'à cette attitude-là. Un homme qui aimait et respectait profondément une femme ne pouvait l'associer en pensée à la possession charnelle, puisque celle-ci était pour lui impure. C'est ainsi que son amour prenait les formes les plus chimériques et les plus factices et naturellement symboliques. L'influence de ces idées sur la littérature est remarquable, telle qu'elle se révèle dans l'histoire de la poésie amoureuse, depuis ses origines à la cour de Frédéric jusqu'à son épanouissement sous la Renaissance.

La meilleure explication de l'amour romantique nous est donnée dans le livre de Huizinga : *le Déclin du Moyen Âge*. Sans doute l'Antiquité, elle aussi, avait chanté les tourments de l'amour, mais c'étaient ceux de l'attente et de la privation du bonheur. Le ressort sentimental de Pyrame et de Thisbé réside dans leur fin tragique, dans le souvenir déchirant d'une félicité autrefois possédée. C'est du désir lui-même que l'amour courtois fait son thème essentiel.

L'élément spirituel finit par dominer de plus en plus jusqu'à la fin du XIIIe siècle, où le *dolce stile nuovo* de Dante et de ses amis place dans l'amour la source de toute perfection dévote et de toute intuition. Mais c'est la limite de cette évolution, et la poésie italienne revient par degrés à une expression moins exaltée du sentiment amoureux. Pétrarque est partagé entre les ravissements spirituels et le charme plus naturel des modèles antiques ; les règles artificielles de l'amour courtois sont rejetées, ses subtiles distinctions délaissées sans retour lorsque le platonisme, latent déjà dans la conception courtoise, produit à la Renaissance une forme spiritualisée de l'amour. En France, le développement n'était pas exactement le même qu'en Italie, car les idées aristocratiques sur l'amour étaient influencées dans ce pays par *le Roman de la Rose*, où il s'agissait bien d'amour chevaleresque, mais qui n'exigeait pas qu'il demeurât insatisfait. C'était en fait une réaction contre l'enseignement de l'Église, et l'affirmation virtuelle d'un paganisme en faveur de la juste place qui revient à l'amour dans la vie. *Le Roman de la Rose* ne détruisait pas le système de l'amour courtois, seulement il en modifiait les tendances et en enrichissait le contenu. La grossièreté et la brutalité de l'époque étaient inouïes, mais l'amour que vantait *le Roman de la Rose*, bien que pervers aux yeux de l'Église, était raffiné, aimable et chevaleresque. Il s'adressait naturellement à l'aristocratie ; il supposait non seulement des loisirs, mais une émancipation relative de la tyrannie ecclésiastique. Les tournois que l'amour inspirait étaient en abomination à l'Église, qui fut cependant impuissante à les abolir, comme elle fut impuissante à détruire l'amour chevaleresque. Dans notre ère de démocraties, nous sommes portés à oublier ce que, en d'autres temps, le monde a reçu des aristocraties. Il est pourtant certain que dans cette question du réveil de l'amour, la victoire de la Renaissance n'eût pas été si heureuse si elle n'avait été préparée par les romans de chevalerie.

Dès la Renaissance, l'amour cessait d'être platonique sans cesser d'être poétique. On voit dans l'amour de Don Quichotte pour sa Dulcinée la pensée même de la Renaissance sur les conventions chevaleresques. Cependant, la tradition médiévale ne perdit pas toute influence, *l'Astrophel et Stella*, de Philip Sydney, les *Sonnets* de Shakespeare à W.H. en sont fortement inspirés. Mais dans l'ensemble, l'amour de la Renaissance est jovial et franc :

> *Ne te ris pas de moi dans ton lit,*
> *Quand la froide nuit à mort me transit.*

Mais la Renaissance avait appris de l'amour platonique du Moyen Âge l'usage de la poésie pour courtiser. L'amoureux Cloten de *Cymbeline* est tourné en dérision parce qu'il est incapable d'écrire lui-même des vers pour sa belle, et qu'il doit payer un grimaud qui lui mirlitonne le couplet :

> *Écoute, écoute l'alouette qui chante aux portes des cieux.*

Il est curieux de constater qu'avant le Moyen Âge, malgré le grand nombre de poésies consacrées à l'amour, il y en a très peu qui soient un moyen de courtiser. On connaît bien un poème chinois qui dit la douleur d'une dame pendant l'absence de son seigneur ; il y a aussi la poésie mystique hindoue où l'âme se languissant de Dieu est comparée à la fiancée qui attend l'époux ; mais l'on s'aperçoit que les hommes avaient si peu de difficultés à obtenir les femmes qu'ils désiraient qu'il n'était guère besoin de recourir à la muse et à la poésie. Dans l'intérêt de l'art regrettons donc que les femmes soient si faciles. Mais il faut plutôt souhaiter qu'elles soient difficiles sans être inaccessibles. Telle est, depuis la Renaissance, la nature de cette difficulté. Elle fut d'ordre à la fois externe et interne, interne par les scrupules qu'inspirait l'enseignement d'une morale conventionnelle, externe par les conditions sociales.

L'amour romantique atteignit son apogée à l'époque dite romantique. C'est en Shelley, peut-être, qu'il compte son plus grand apôtre. Shelley amoureux tombait sous l'empire d'une foule d'émotions et d'images délicates auxquelles il trouvait naturellement une expression poétique. On s'explique assez facilement que les sentiments qui étaient à la source de son inspiration lui parussent légitimes et que toute entrave à leur éclosion pût lui sembler injuste. Mais cette croyance procédait d'une erreur psychologique. C'étaient les obstacles mêmes à son désir qui le portaient à écrire des poèmes. Si la noble et infortunée Emilia Viviani n'avait pas été enfermée prisonnière dans un couvent, il aurait été privé de tout motif d'écrire *Epipsychidion*, et si Jane William n'avait pas été une femme d'une certaine vertu, il n'eût jamais écrit le *Souvenir*. Les barrières morales contre lesquelles il s'élevait, étaient le stimulant essentiel à son activité la plus élevée. Nous voyons ainsi que l'amour romantique de Shelley dépend d'un équilibre toujours menacé qui implique des obstacles conventionnels importants, mais non insurmontables. Une parfaite rigidité de conventions ou, au contraire, leur totale absence, empêchent également l'éclosion de l'amour romantique. C'est ce que l'on reconnaît sans peine si l'on prend comme exemple de l'autre extrême la société chinoise, où un homme ne rencontre jamais une femme honorable en dehors de la sienne, et va au bordel quand elle cesse de le contenter. On lui choisit une femme qui lui est inconnue avant le mariage et toutes ses relations sexuelles sont entièrement étrangères à l'amour dans le sens romantique ; il n'a jamais l'occasion de sentir la nécessité de ces efforts de séduction qui font naître la poésie de l'amour. Par contre, dans un état de complète liberté des mœurs, l'homme qui serait capable d'amour poétique est appelé à un si grand succès par son charme personnel que pour faire des conquêtes il lui est rarement nécessaire de recourir aux formes les plus élevées de son imagination ; ainsi l'amour poétique dépend d'un équilibre très délicat entre la convention morale et la liberté et n'a nulle chance d'exister là où cet équilibre est détruit aux dépens de l'une ou de l'autre.

La poésie de l'amour n'est pas le seul but de l'amour et l'amour romantique peut encore fleurir même en l'absence de toute expression artistique. Dans les rapports de l'homme et de la femme qui s'aiment d'une passion qu'avivent une imagination et une tendresse ardentes, il y a quelque chose d'un prix inestimable qu'il est pour tout humain un grand malheur d'ignorer. Il est essentiel qu'un système social offre ces joies, bien qu'elles ne soient qu'un élément de la vie et non pas le but de la vie.

Depuis la Révolution française, une idée s'est imposée qui fait du mariage le couronnement de l'amour romantique. C'est ce que la plupart des peuples modernes, surtout dans les pays de langue anglaise, admettent comme un principe naturel, sans se douter qu'il fut naguère une innovation révolutionnaire. Le roman et le théâtre du siècle dernier reflètent les luttes livrées par les générations précédentes pour le triomphe de ces principes nouveaux contre l'autorité traditionnelle des parents. Que la conséquence en ait été bienfaisante, voilà ce qu'on peut mettre en doute. Et l'on peut encore soutenir l'opinion de M. Malaprop[1], qui disait que dans le mariage l'amour comme la haine finissaient par s'user. Lorsque des gens sans expérience antérieure de l'amour physique se marient, ils s'imaginent promis à une vie qui ne sera qu'un long rêve de félicité. Sous l'influence de l'amour romantique, ils se prêtent l'un à l'autre les plus hautes perfections morales. C'est surtout le cas de la femme si elle a été élevée dans l'ignorance et la pureté et si elle est, partant, incapable de distinguer entre l'appétit sexuel et l'affinité de deux natures.

En Amérique, où plus que partout ailleurs cette conception romantique du mariage a été prise au sérieux et où les lois et coutumes sont inspirées par les rêveries des vieilles filles, il s'ensuit que les divorces foisonnent et que les mariages heureux sont de rares exceptions.

Le mariage est quelque chose de plus sérieux que le plaisir que deux jeunes gens goûtent dans leur rencontre ; c'est une institution qui, en créant les enfants, participe intimement à la structure sociale

---

1. Personnage de la comédie de Sheridan, *les Rivaux*. (*N.d.T.*)

et dont l'importance dépasse les sentiments personnels du mari et de la femme. Il est peut-être bon que l'amour romantique soit le mobile du mariage, mais il reste entendu que la nature de l'amour qui rend le mariage durable et propre à accomplir sa fonction sociale n'est pas romantique. C'est quelque chose de plus profond, de plus affectueux et de plus réaliste. Dans l'amour romantique, on ne voit pas l'objet aimé avec précision, mais à travers une brume d'illusions. Sans doute, est-il possible à un certain type de femmes de rester environnées de cette brume si leurs maris possèdent un certain caractère, mais ce n'est qu'au prix d'une certaine réserve, et si la femme s'abstient de toute intimité vraie, si ses pensées et ses sentiments profonds restent un secret pour son mari et si elle garde un certain degré d'indépendance physique. Une telle conduite empêche pourtant le mariage de réaliser ses promesses les plus belles qui dépendent d'une affectueuse intimité entièrement exempte d'illusion. En outre, cette conception de la nécessité de l'amour romantique dans le mariage est trop romantique et elle est conforme aux vues de saint Paul, mais pour des raisons opposées. Car elle ne tient pas compte que ce sont les enfants qui donnent de l'importance au mariage. Sans les enfants, nul besoin d'une institution pour régir la sexualité, mais dès que l'enfant intervient, le mari et la femme, s'ils ont un sens de leur responsabilité ou la moindre affection pour leur enfant, sont obligés de penser que leurs sentiments l'un pour l'autre ne constituent pas ce qui importe le plus dans leur liaison.

6

La libération de la femme

La phase de transition que la morale sexuelle traverse à l'époque actuelle procède de deux causes principales : l'invention des méthodes anticonceptionnelles et l'émancipation des femmes. La première sera examinée plus loin, la seconde fait l'objet du présent chapitre.

L'émancipation des femmes fait partie du mouvement démocratique ; elle commença avec la Révolution, qui a modifié en faveur des filles les lois de l'héritage. Le livre de Mary Woolstonecraft, *Défense des droits de la femme* (1792), dérive des idées suscitées par la Révolution française. Depuis lors, les prétentions féminines à l'égalité ont été affirmées avec une énergie et un succès croissants. *La Sujétion de la femme*, de John Stuart Mill, est un livre convaincant et bien pensé, qui eut de l'influence sur les esprits sérieux des générations venues après l'auteur. Mon père et ma mère étaient ses disciples et ma mère parlait souvent en public en faveur du suffrage des femmes dès les années qui suivirent. Si ardent était son féminisme qu'elle me mit au monde, assistée de la première des femmes médecins, la doctoresse Garret Anderson, à qui l'on ne permettait pas alors d'exercer comme praticienne, mais seulement comme simple sage-femme diplômée. Le mouvement féministe, en ses premiers jours, se limitait aux classes sociales moyennes et supérieures, et par conséquent n'avait pas beaucoup de portée politique. Chaque année, un projet de loi était déposé au Parlement par Mr. Forthful, que secondait Mr. Strangways ; il n'avait alors aucune chance d'être adopté. Les féministes de la moyenne bourgeoisie remportèrent cependant une importante victoire avec la loi sur les biens de la femme mariée. Avant cette loi, tout ce qu'une femme mariée pouvait posséder était au pouvoir de son mari. L'histoire des conquêtes du féminisme est trop connue pour qu'on la retrace ici. Il faut observer cependant que la rapidité des succès politiques de la femme dans la plupart des pays civilisés est exceptionnelle dans l'histoire par l'immense changement d'horizon qu'ils ont entraîné. L'abolition de l'esclavage, seule, peut, à certains égards, lui être comparée, mais l'esclavage, après tout, n'existait pas dans les pays de l'Europe moderne et ne concernait pas les relations intimes de l'homme et de la femme.

Les causes de ce changement soudain sont doubles : d'un côté, le triomphe des idées démocratiques qui écartait toute objection logique aux revendications des femmes ; de l'autre, le nombre croissant des femmes qui gagnaient leur vie hors du foyer, et ne dépendaient pas pour le bien-être de leur vie quotidienne de leur mari ou de leur père. Cet état de choses atteignit son point culminant pendant la guerre, où une proportion considérable des travaux ordinaires de l'homme furent effectués par la femme. Avant la guerre, une des objections communément faites contre le vote des femmes était leurs tendances pacifistes. Elles donnèrent à cette accusation une réfutation de grande envergure, et on leur accorda le suffrage pour reconnaître leur assistance à l'œuvre sanglante. Des pionniers idéalistes s'étaient imaginé que les femmes allaient relever le niveau moral de la politique, mais il semble que c'est la fatalité des idéalistes d'obtenir ce qu'ils ont désiré sous la forme même qui détruira leur chimère.

L'émancipation politique des femmes n'intéresse qu'indirectement notre sujet ; c'est leur émancipation sociale qui importe à l'égard du mariage et de la morale. Au début, et jusqu'aujourd'hui en Orient, la vertu des femmes était assurée par leur réclusion. On ne tentait pas de leur apprendre la maîtrise de soi, mais on écartait d'elles toute occasion de succomber. En Occident, cette méthode ne fut jamais adoptée de bon cœur ; les femmes respectables avaient été élevées, dès l'âge le plus tendre, dans l'horreur de tout ce qui est sexuel en dehors du mariage. En se perfectionnant, les méthodes d'éducation reculèrent de plus en plus les barrières matérielles pour les remplacer par des barrières psychologiques. On décida, par exemple, que le chaperon était inutile, puisqu'une jeune fille bien sage et bien élevée ne cède en aucun cas aux avances des hommes. Dans ma jeunesse, la plupart des femmes respectables affectaient de nourrir un dégoût profond pour l'acte sexuel et de ne le souffrir en mariage que par devoir. Avec ces idées, elles ne craignaient pas pour leurs filles les risques d'une liberté plus large que leurs propres mères, plus clairvoyantes, n'avaient pas jugé sage de leur accorder. Les femmes de l'époque victorienne vivaient comme aujourd'hui encore beaucoup de femmes, dans une prison morale. Ce n'était pas une captivité dont elles se rendaient compte, puisqu'elle était faite d'inhibitions subconscientes. La disparition de ces inhibitions parmi la jeune génération de notre époque a ramené à la conscience les désirs instinctifs qui avaient été ensevelis sous des montagnes de pudibonderie. Ce réveil est en train d'exercer l'effet d'une révolution sur la moralité sexuelle non seulement dans un certain pays ou dans une classe sociale particulière, mais dans toutes les classes de tous les pays.

La prétention à l'égalité pour les femmes visait dès le début non seulement le domaine de la politique, mais encore celui de la moralité sexuelle. L'attitude de Mary Woolstonecraft fut foncièrement moderne, mais elle ne fut pas imitée par les autres champions du féminisme, qui furent, au contraire, de rigides moralistes pleins d'espoir de charger les hommes des chaînes morales qui avaient pesé jusque-là sur les femmes seulement.

Depuis 1914, les femmes suivent cependant d'autres voies. Les chocs et les excitations de la guerre ont, sans doute, précipité l'avènement de ces mœurs nouvelles, mais il se serait produit de toute manière assez rapidement. Jadis, les mobiles de la vertu féminine avaient été surtout la peur de l'enfer et la peur de la grossesse. Le déclin de l'orthodoxie théologique dissipe la première de ces craintes, et c'est l'invention des anticonceptionnels qui a raison de l'autre.

Pendant quelque temps, la moralité traditionnelle réussit à subsister par les forces d'habitude et d'inertie mentale, mais dans le bouleversement de 1914-1918, ces barrières se sont effondrées. Les féministes modernes ne sont plus aussi soucieuses que celles d'il y a trente ans de réprimer les vices de l'homme ; aujourd'hui, elles demandent, en outre, que ce qui est permis aux hommes le leur soit aussi. Leurs prédécesseurs revendiquaient l'égalité sous le joug moral, leurs continuateurs la réclament dans la libération morale.

Ce mouvement est encore dans une phase tout à fait primitive et il est impossible de dire comment il se développera. La police, les lois, l'Église et les parents sont contre les jeunes épigones de cette révolution, et contre ses adeptes toutes les fois que leurs actions se révèlent aux détenteurs de l'autorité. Mais les jeunes ont généralement l'obligeance de cacher leur conduite à ceux qu'elle pourrait peiner. Les écrivains qui, comme le juge Lindsey, révèlent les faits, sont considérés comme des diffamateurs de la jeunesse, quoique les jeunes soient insensibles à cette diffamation.

Cet état de choses est éminemment instable. De deux choses l'une : ou bien les vieilles générations se rendront compte des réalités et se mettront en mesure de retirer aux jeunes leur nouvelle liberté, ou bien les jeunes, en vieillissant, devant être eux-mêmes investis de dignités et d'importance, donneront, peut-être, la sanction de l'autorité au nouvel ordre moral. On peut présumer que dans certains cas ce sera le premier terme de l'alternative qui prévaudra, et dans d'autres le second. En Italie, par exemple, où l'immoralité, comme tout le reste, est une prérogative du gouvernement, une tentative vigoureuse est faite maintenant pour appliquer « la vertu ». En Russie, c'est précisément le contraire, puisque le gouvernement est du côté de la nouvelle morale. Dans les régions protestantes d'Allemagne, la liberté pourra triompher, mais dans les régions catholiques l'issue est plus douteuse. La France a peu de chances d'être ébranlée de cette assise de conventions vénérables par lesquelles elle assigne à l'immoralité les limites qu'elle ne peut franchir. Je ne puis hasarder de prophéties pour l'Angleterre et l'Amérique.

Mais arrêtons-nous un instant pour examiner les conséquences logiques des prétentions féminines à l'égalité. De temps immémorial, les hommes ont été autorisés à se permettre des relations sexuelles illicites. On n'a pas demandé aux hommes d'être vierges à leur mariage, et plus tard les infidélités ne sont jamais sévèrement jugées si elles restent cachées. La possibilité de ce système dépend de la prostitution. Cette institution, cependant, est de celles qu'il est aujourd'hui difficile de défendre, et bien peu de gens ont demandé que les femmes puissent jouir des mêmes droits par la formation d'une classe de prostitués masculins à l'usage de celles qui désirent, comme leurs maris, paraître vertueuses sans l'être. Cependant, il est tout à fait certain que par ces temps de mariage tardif un faible pourcentage d'hommes resteront continents avant de pouvoir s'établir avec une femme de leur rang. Et si les non-mariés ne sont pas chastes, les femmes non mariées prétendront jouir de la même latitude. Cette situation paraîtra évidemment regrettable aux moralistes. Tout moraliste traditionnel qui prendra la peine d'y penser verra qu'il emploie en pratique une double mesure, c'est-à-dire qu'il soutient que la vertu sexuelle est plus essentielle à une femme qu'à un homme. C'est en vain qu'on démontrera que la morale théorique commande aux hommes d'être chastes aussi. La réponse est qu'il est impossible d'appliquer ce commandement à l'homme, car il lui est plus facile de pécher en secret ; ainsi le moraliste traditionnel est exposé, malgré lui, non seulement à conclure à l'inégalité des deux sexes, mais encore à préconiser qu'un jeune homme commence son initiation avec les prostituées plutôt qu'avec les jeunes filles de son monde, malgré le désintéressement, les joies et la tendresse qui pourraient accompagner ses liaisons avec ces dernières. Les moralistes, naturellement, ne songent pas à l'hypocrisie qu'il y a à prôner une morale qu'ils savent impossible à observer ; pourvu qu'ils ne défendent pas la prostitution, croient-ils, ils ne peuvent être tenus pour responsables du fait que la prostitution est la conséquence inévitable de leur enseignement. Cet exemple indique cependant que le moraliste professionnel est un homme dont l'intelligence est décidément au-dessous de la moyenne.

Dans ces conditions, il est évident que l'égalité des deux sexes exige un relâchement des règles traditionnelles de la vertu féminine, tant que, pour des raisons économiques, les hommes ne peuvent se marier tôt et que beaucoup de femmes ne peuvent se marier du tout. Si l'on permet aux hommes l'amour prénuptial, on doit le permettre aux femmes aussi. Et partout où les femmes sont en excès, c'est une injustice criante que les femmes célibataires, par une nécessité arithmétique, soient frustrées de toute expérience sexuelle.

Une question dont les termes sont nets est soulevée par ce conflit entre le nouvel et l'ancien ordre moral. Si l'on n'exige plus la virginité des filles ni la fidélité des épouses, il faudra ou bien inventer de nouvelles méthodes de sauvegarder la famille, ou bien consentir à sa dissolution. On pourrait recommander que la procréation des enfants se fasse en mariage seulement et que tout commerce sexuel extramarital soit rendu stérile par l'usage des anticonceptionnels, et les maris pourraient s'habituer à être aussi indulgents pour les amoureux que les Orientaux le sont pour les eunuques. La difficulté d'un tel plan réside en ce qu'il exige une confiance — fort peu raisonnable — dans l'emploi des anticonceptionnels et dans la sincérité des épouses. Mais c'est une difficulté qui peut diminuer avec le temps. Une autre possibilité est compatible avec la nouvelle moralité : c'est le déclin de la paternité en tant qu'institution sociale importante et la prise en charge par l'État des obligations paternelles. Dans certains cas où un homme sûr de sa paternité s'attacherait à l'enfant, il pourrait se charger de lui, mais il n'y serait pas contraint par la loi. Les enfants se trouveraient dans la situation des enfants de père inconnu d'aujourd'hui, excepté que l'État, reconnaissant leur situation comme normale, prendrait plus de soin de leur alimentation qu'il ne le fait aujourd'hui.

Si, d'autre part, l'ancien ordre moral doit être restauré, certaines conditions sont indispensables. Quelques-unes sont déjà remplies, mais l'expérience démontre qu'à elles seules elles sont inopérantes. La première condition essentielle est que l'éducation des filles ait pour but de les rendre stupides, superstitieuses et ignorantes ; c'est ce qui est déjà réalisé dans les écoles dont l'Église a le contrôle. Il faudrait ensuite une censure très sévère de tous les livres traitant de la question sexuelle. C'est ce qui est en passe de se réaliser en Amérique et en Angleterre, où la censure, sans modification des lois, s'aggrave grâce au zèle de la police. Ces conditions, cependant, comme on s'en rend compte déjà, sont clairement insuffisantes. La seule chose qui puisse réellement suffire, c'est d'enlever aux jeunes filles toute occasion de se trouver en compagnie des jeunes hommes : c'est-à-dire qu'on défendra aux jeunes filles de gagner leur vie hors de la maison, qu'on ne leur permettra jamais de sortir, sinon en compagnie de leur mère ou de leur tante ; la déplorable coutume de danser en l'absence de tout chaperon sera sévèrement abolie. Les lois interdiront à toute femme non mariée de moins de quatre-vingts ans de posséder une automobile, et peut-être qu'il serait sage de soumettre toutes les femmes non mariées à l'examen médical d'un docteur policier et d'envoyer au pénitencier celles qui ne seraient pas reconnues vierges. L'usage des anticonceptionnels serait naturellement banni et la loi interdirait d'émettre des doutes sur le dogme de la damnation éternelle dans toute conversation avec les femmes mariées. Ces mesures, appliquées rigoureusement pendant quelque cent ans ou plus, permettraient peut-être d'arrêter le flot montant de l'immoralité. Mais je crois, toutefois, qu'en prévision d'abus possibles, il serait indispensable de châtrer les policiers et les médecins. Et même, l'on pourrait pousser plus loin ces mesures, et devant la perversité naturelle du mâle, j'incline à croire que les moralistes seraient bien inspirés en recommandant la castration de tous les hommes, excepté des ministres de la religion[1].

On voit que des difficultés apparaissent quelle que soit la voie adoptée. Si on laisse le nouvel ordre moral suivre son cours, il se développera et est appelé à soulever des difficultés encore imparfaitement mesurées jusqu'à présent. Si, d'autre part, nous essayons dans le monde moderne d'appliquer des restrictions d'un autre âge, nous serons entraînés à mettre en vigueur des règles d'une sévérité inhumaine, contre lesquelles la nature se révolterait bientôt. Il est clair que nous devons nous contenter de laisser le monde aller de l'avant plutôt que de l'obliger à régresser. Il nous faudrait une morale véritablement nouvelle. Je veux dire par là que les obligations et les devoirs que le présent impose doivent être acceptés, quelque différents qu'ils soient de ceux d'autrefois. Tant que les moralistes s'obstinent à prêcher le retour à un système moral fossile, ils ne peuvent rien pour l'ordre nouveau. Je ne pense pas que le nouveau, pas plus que l'ancien, permette un abandon total à l'instinct et le déchaînement des passions, mais je crois que les occasions et les raisons de restreindre les impulsions seront différentes de ce qu'elles furent autrefois. En fait, tout le problème de la sexualité mérite d'être repensé, et les pages suivantes sont une contribution, si modeste soit-elle, à cette tâche.

---

1. Depuis que j'ai lu *Elmer Gantry* [de Sinclair Lewis], je commence même à penser que cette exception n'est peut-être pas sage.

7

Le tabou de la connaissance sexuelle

Dans un essai de nouvelle morale sexuelle, ce qu'il faut poser tout d'abord, ce n'est pas la question de savoir comment les relations entre les sexes doivent être réglées, mais s'il y a un bien quelconque dans l'ignorance où l'on tient artificiellement les hommes, les femmes et les enfants de ces questions. Mes raisons d'examiner ce point, avant tout autre, viennent de la certitude que j'ai du mal considérable causé à l'individu par l'ignorance en ces matières. Un système dont la pratique engendre tant de malheurs ne peut être acceptable. La morale sexuelle doit pouvoir se recommander d'elle-même à toute personne éclairée et ne doit pas dépendre de l'ignorance pour obtenir l'adhésion. Cette opinion fait partie d'un précepte plus général qui, bien qu'il ne soit pas celui des gouvernements et de la police, apparaît indéniablement marqué au coin de la raison. Ce précepte enseigne qu'aucune conduite juste ne saurait, sauf en de rares occasions, être secondée par l'ignorance ou gênée par la science. Il est vrai que si A désire que B fasse une chose qui n'est pas dans l'intérêt de B, il est probablement utile à A de tenir B dans l'ignorance de tout ce qui pourrait révéler à B ses véritables intérêts. A la Bourse des valeurs, c'est un principe fort bien entendu, mais il n'est pas généralement reçu en morale.

Ce principe couvre pour une large part la conduite des gouvernements qui veulent empêcher la propagation de certaines nouvelles, celles des revers militaires, par exemple, car bien que la divulgation de ces faits puisse souvent être dans l'intérêt de la nation, elle n'est

pas naturellement dans celui du gouvernement. Le silence observé
sur toute la question sexuelle appartient, en général, à un domaine
tout différent. Il a son origine, au moins en partie, dans un mobile
analogue. Ce fut tout d'abord les femmes seulement que l'on tint dans
une ignorance profitable à la domination masculine. Cependant, les
femmes consentirent à croire que cette ignorance était essentielle à la
vertu et leur influence même contribua à faire penser que les enfants
et les jeunes gens, garçons et filles, devaient rester aussi ignorants
que possible en matière de sexualité. C'est à ce stade que le motif de
l'ignorance, qui était la domination masculine, prit la forme d'un tabou
irrationnel. La question de l'utilité de ce tabou n'est jamais soulevée
et il est même illicite de prouver que l'ignorance est nuisible. Je veux
prendre texte du passage suivant, extrait du *Manchester Guardian*
d'avril 1929 : « Les libéraux américains se sont émus de l'issue du
procès de Mrs. Mary Ware Deunet, qui fut déclarée coupable, par le
jury fédéral de Brooklyn, d'avoir expédié de la littérature obscène
par la poste. Mrs. Deunet est l'auteur d'une brochure très appréciée
et très répandue exposant en des termes décents les faits élémentaires
de la sexualité aux enfants. Elle est sous le coup d'un verdict possible
de cinq années d'emprisonnement ou d'une amende de 1 000 livres,
ou bien des deux peines à la fois.

« Mrs. Deunet, bien connue dans les milieux sociaux, est la mère
de deux fils adultes, et c'est à leur usage qu'elle écrivit tout d'abord
cet ouvrage. Il parut dans une revue médicale et fut imprimé sous
forme de brochure à la demande du directeur de cette revue. La
brochure reçut l'approbation d'une foule de médecins, de docteurs,
de sociologues éminents, et des milliers d'exemplaires en furent
distribués par l'association chrétienne de jeunes gens et de jeunes
femmes. L'on s'en est même servi dans les écoles municipales du
Bronx, quartier riche de New York.

« Le juge fédéral, Warren B. Burrows, de la Nouvelle-Angleterre,
qui présidait, repoussa toutes les considérations qu'on vient de lire et
refusa l'audition des pédagogues ou des médecins qui attendaient pour
témoigner et la lecture aux jurés des éloges décernés par des écrivains
notoires à l'œuvre de Mrs. Deunet. Le procès consista dans la lecture
à haute voix du pamphlet en présence d'un jury d'hommes mariés et
d'âge mûr de Brooklyn, qui tous avaient été choisis parce qu'ils ne

connaissaient pas les œuvres de H.L. Mencken ou de Havelock Ellis. Cette procédure avait été choisie par l'avocat général. »

Il arrive que c'est une affaire américaine, mais elle pourrait aussi bien être anglaise, puisque les lois sont pratiquement les mêmes dans ces deux pays. Ces lois ne permettent pas à ceux qui enseignent sur la sexualité de produire un témoignage d'experts pour prouver que l'éducation sexuelle est désirable pour l'enfant. On verra également que partout où l'on ouvre un procès de ce genre, il est admis dans la procédure d'exiger que le jury ne soit formé que de membres ignorants qui n'ont rien lu, sous prétexte de les mettre en mesure de porter un jugement impartial. La loi déclare carrément que les enfants et les jeunes gens doivent ignorer les questions sexuelles et que la question de savoir s'il est bien ou mal pour eux de connaître ces phénomènes n'est nullement de mise ; néanmoins, comme nous ne sommes pas ici devant la justice anglaise, on nous permettra de discuter cette question.

La règle traditionnelle pour les enfants fut de les tenir dans une ignorance aussi absolue que possible. Ils ne voyaient jamais leurs parents nus et, passé un âge très tendre (pourvu que le logement le permît), ils ne voyaient jamais nus leurs frères ou sœurs de l'autre sexe. On leur ordonnait de ne jamais toucher à leurs organes sexuels ni d'en parler. Toutes les questions qu'ils posaient étaient éludées par le même « chut ! » prononcé d'un ton indigné. On leur racontait que les enfants étaient apportés par les cigognes ou qu'ils étaient trouvés sous une touffe de groseilliers. Tôt ou tard, lorsqu'ils apprennent certaines vérités, sous une forme plus ou moins altérée, par d'autres enfants, comme eux sous l'influence de l'enseignement familial, ils les tiennent pour « dégoûtantes ». Les enfants en concluent que les parents avaient l'un envers l'autre une conduite répugnante dont ils rougissaient eux-mêmes, puisqu'ils prenaient soin de la cacher. Ils comprennent aussi qu'ils ont été systématiquement trompés par ceux dont ils attendaient des conseils et un enseignement. C'est ainsi que leur attitude envers les parents, envers le mariage, est irrémédiablement empoisonnée. Très peu d'hommes ou de femmes élevés dans cette convention ont pu se former un juste sentiment de la sexualité et du mariage. Leur éducation leur a montré que la tromperie et le mensonge étaient des vertus aux yeux de leurs parents et de leurs maîtres ; que les relations sexuelles, même en mariage, sont plus ou moins répugnantes ; que les hommes cèdent à leur nature bestiale en propageant l'espèce et que les femmes se soumettent à ce pénible devoir. Cette attitude engendre l'insatisfaction foncière que le mariage réserve aux hommes et aux femmes. Cette insatisfaction tourne à la cruauté, qui prend le masque de la morale.

La conception de la moralité orthodoxe, représentée surtout par la magistrature et la police, pourrait être résumée sans injustice de la manière suivante : l'instinct sexuel est puissant, il se manifeste, suivant l'âge, sous des formes variées ; dans l'enfance, il se présente comme le désir de toucher et de jouer avec certaines parties du corps ; c'est par le goût des sujets et des conversations obscènes dans l'adolescence qu'il est plus près de sa maturité. Il est indubitable que le péché de la chair vient des pensées sexuelles, et que le mieux, c'est de tenir les jeunes physiquement et mentalement éloignés de tout ce qui se rapporte à la sexualité, ou bien de les empêcher d'en parler entre eux. En tout cas, il faut s'abstenir entièrement de leur en parler et les grandes personnes doivent nier l'existence même de ce sujet. Il est possible, par ce moyen, de tenir une jeune fille ignorante jusqu'à la nuit de son mariage, même si l'on doit s'attendre à un choc désastreux. Pour les garçons, la chose est plus difficile ; le mieux est de leur affirmer que la masturbation conduit nécessairement à la folie et que tout rapport avec une prostituée communique invariablement des maladies vénériennes. Ces affirmations sont fausses, mais ce sont des mensonges blancs, puisqu'ils sont faits dans l'intérêt de la morale ! Il faut aussi apprendre aux garçons qu'en aucun cas les conversations sur des sujets sexuels ne sont de mise, même pendant le mariage. C'est ce qui accroît toutes les chances, lorsqu'ils sont mariés, de dégoûter leur femme de l'amour et de se garder ainsi contre tout risque d'adultère. L'acte sexuel, péché en dehors du mariage, n'est en mariage qu'un mal nécessaire à la propagation de l'espèce et la conséquence de la chute originelle. Il faut le subir dans le même esprit qu'une opération chirurgicale. Malheureusement, l'acte sexuel, si l'on n'y veille très soigneusement, tend à s'associer à l'idée du plaisir, mais on peut le prévenir à force de précautions morales, tout au moins chez la femme. En Angleterre, il est coupable pour la femme de trouver une volupté dans l'acte sexuel. J'ai vu, pour ce motif, condamner une brochure par un tribunal anglais. Et c'est d'après une telle vision de la sexualité que les lois et la vieille école pédagogique sont établies ! Le plus grave, selon moi, est d'étouffer le désir de connaissance chez les jeunes enfants. L'enfant intelligent veut tout connaître du monde. Il pose des questions sur les trains et les aéroplanes, sur ce qui fait la pluie, sur ce qui fait les bébés. Pour lui, toutes ces curiosités sont sur le même plan, il obéit au réflexe que Pavlov appelle le réflexe du « Qu'est-ce que », qui est la source de toute connaissance scientifique. Lorsque l'enfant, poussé par ce désir, apprend qu'il est mauvais, toutes les impulsions de sa curiosité sont ainsi réprimées. Il ne saisit pas aussitôt la différence entre les curiosités permises et les autres. S'il est mal de demander comment on fait les enfants, il peut être mal également de demander comment on fait les avions. Et il est en tout cas réduit à conclure que la curiosité scientifique est dangereuse et qu'il la faut réprimer. Avant de chercher à rien connaître, il doit chercher au préalable à savoir si cette connaissance est vertueuse ou mauvaise. Et comme la curiosité sexuelle reste très forte avant de s'atrophier, l'enfant vient à penser que la connaissance qu'il désire est mauvaise, tandis que la connaissance vertueuse est celle que personne ne peut vraisemblablement désirer, par exemple celle de la table de multiplication. La curiosité, qui est l'une des impulsions spontanées de tout enfant sain, est ainsi viciée, et les enfants sont abêtis par ces procédés. Je ne pense pas qu'il soit possible de nier que les femmes soient plus stupides, en général, que les hommes, et cela vient, pour une large part, du fait qu'elles sont rebutées avec plus de succès dans leur recherche de la connaissance sexuelle.

Outre ce préjudice intellectuel, il y a dans la plupart des cas un très grave préjudice moral. Comme Freud, le premier, l'a montré, et comme le savent tous ceux qui ont l'habitude des enfants, les fables de la cigogne et du chou n'obtiennent généralement pas de créance. L'enfant arrive ainsi à penser que ses parents ont tendance à lui mentir. L'autorité morale et intellectuelle des parents est battue en brèche. Et comme les parents peuvent mentir quand il s'agit de sexualité, l'enfant pense qu'il peut mentir lui aussi en ces matières. C'est ainsi que les enfants parlent de ces sujets entre eux et qu'ils se masturbent en secret. C'est ainsi qu'ils adoptent des habitudes de dissimulation et de mensonge, tandis que sous les menaces de leurs parents leur vie est assombrie par la peur. La psychanalyse a montré que les menaces des parents et des nurses quant aux conséquences de la masturbation sont la cause fréquente des troubles nerveux de l'enfance et même de l'âge adulte.

Cette éducation conventionnelle a l'effet de former des sujets imbéciles, faux et timorés, et d'en réduire un nombre non négligeable à la folie ou presque.

Dans une certaine mesure, ces faits sont reconnus par quelques personnes intelligentes qui ont affaire à la jeunesse, mais ils n'ont pas obtenu l'attention des lois, comme le prouve bien le procès cité au début de ce chapitre. Telle est donc aujourd'hui la situation : toute personne éclairée, qui a charge d'enfants, est forcée de se décider soit à enfreindre la loi, soit à causer aux enfants qu'elle élève un préjudice moral et intellectuel peut-être irréparable. Il est difficile de changer la loi, car les vieillards qui la maintiennent sont si pervertis que leur idée de la sexualité se résume à la conviction qu'elle est un mal, une souillure, et il faut bien croire, je pense, que nulle réforme ne peut être réalisée avant que les vieillards et les hommes mûrs de cette génération ne meurent.

Jusqu'ici nous avons seulement considéré les funestes effets des conventions actuelles hors du domaine sexuel lui-même ; considérons maintenant les aspects proprement sexuels de la question. Un des buts du moraliste est, sans doute, de prévenir l'obsession des idées sexuelles. Obsession excessivement fréquente aujourd'hui. Un ancien directeur de l'école d'Eton affirmait récemment que la conversation des écoliers est ennuyeuse ou obscène. Et pourtant, les écoliers qu'il visait avaient été élevés d'après des méthodes entièrement traditionnelles. Le fait qu'on enveloppe de mystère la sexualité ne fait qu'augmenter la curiosité naturelle des jeunes. Si les grandes personnes traitaient la sexualité en présence de l'enfant comme n'importe quel autre sujet, c'est-à-dire en lui donnant les renseignements qu'il demande ou qu'il peut comprendre, l'enfant n'arriverait jamais à la notion d'obscénité, car celle-ci dépend de l'idée qu'il y a des sujets interdits. La curiosité sexuelle, comme toute autre, disparaît lorsqu'elle est satisfaite. C'est pourquoi la meilleure manière d'empêcher les obsessions sexuelles chez l'enfant est de lui apprendre exactement ce qu'il désire connaître.

En exprimant cette affirmation, je ne discute pas *a priori*, mais sur des données d'expérience. Ce que j'ai observé chez les enfants de mon école m'a prouvé d'une manière concluante que la polissonnerie des enfants résulte de la pudibonderie des adultes. Mes propres enfants, un petit garçon de sept ans et une fille de cinq ans, n'ont jamais appris qu'il y ait quoi que ce soit de spécial dans la sexualité ou dans l'excrétion, et ont été jusqu'ici gardés avec un soin extrême contre toute idée de décence et réciproquement d'indécence. Ils ont manifesté un intérêt normal et sain pour la question de l'origine des bébés, mais pas tant que pour celle des trains et des chemins de fer. Quant aux autres enfants de l'école, nous avons observé que lorsqu'ils rentraient chez nous vers l'âge de deux ou trois ans, ils se développaient comme les nôtres. Mais la plupart de ceux que nous prenions à six ou sept ans avaient déjà appris que les conversations sexuelles sont inconvenantes. Ils voyaient ces questions traitées sur le même ton que toutes les autres, et pour quelque temps continrent un désir d'épanchement qu'ils croyaient indécent ; mais constatant que les adultes ne faisaient rien pour arrêter ces conversations, ils s'en lassèrent et eurent les pensées aussi claires que ceux à qui on n'avait jamais appris la décence. Maintenant, ça les ennuie simplement lorsque des enfants nouveaux à l'école veulent entamer des conversations qu'ils se complaisent à croire inconvenantes. C'est ainsi qu'en laissant circuler de l'air sur ce sujet, il s'est désinfecté et les germes nocifs engendrés dans les ténèbres ont été dissipés. Je ne crois pas qu'il soit possible d'obtenir par aucune autre méthode un groupe d'enfants qui se comportent si sainement et si raisonnablement à l'égard d'un sujet habituellement considéré comme choquant. Un aspect de cette question n'a pas été suffisamment compris par ceux qui ont voulu purifier la sexualité de la souillure dont l'ont couverte les moralistes chrétiens. Le sujet sexuel a été associé par la nature avec les fonctions d'excrétion, et tant que ces questions seront traitées avec dégoût, il est logique qu'une part de ce dégoût s'étende au sexe ; c'est pourquoi il est nécessaire de ne pas être trop strict avec les enfants à cet égard ; certaines précautions s'imposent naturellement par raison d'hygiène, mais dès que les enfants peuvent comprendre, on doit leur expliquer que ces précautions sont seulement hygiéniques et qu'il ne s'attache rien de dégoûtant en soi aux fonctions naturelles en question.

Je ne discute pas dans ces chapitres des formes désirables d'une morale de la sexualité, mais seulement de la connaissance sexuelle. Je crois obtenir pour tout ce qui vient d'être dit l'adhésion de la plupart des éducateurs modernes éclairés. J'en arrive maintenant à un sujet plus discutable où je crains qu'il soit plus difficile de gagner la sympathie du lecteur. C'est la question de la littérature obscène. En Angleterre comme en Amérique, la loi déclare que la littérature obscène peut en certains cas être détruite par la justice. En Angleterre, c'est la loi de 1857, dite de Lord Campbell, qui se formule ainsi : « Si, sur une plainte, il y a des raisons de croire qu'un livre obscène est mis en dépôt dans un but de vente ou de distribution et sur la preuve qu'un ou plusieurs de ces livres ont été vendus ou distribués, le commerçant sera passible de poursuites. »

Le mot « obscène », dans ce texte, n'a pas de signification légale précise. En pratique, une publication est obscène, d'après la loi, si le magistrat la considère comme telle, et il n'est pas tenu d'écouter le témoignage d'experts tendant à prouver que cette publication pouvait servir un but utile. Cela revient à dire que l'auteur d'un roman ou d'un traité de sociologie, ou celui qui propose une réforme légale des questions sexuelles, voient leur œuvre exposée à la destruction si d'aventure elle choque quelque vieux barbon ignorant. Les conséquences de cette loi sont désastreuses. Comme on le sait bien, le livre de Havelock Ellis, *Étude de psychologie sexuelle*, fut ainsi condamné, bien que par hasard l'Amérique se fût révélée plus libérale. Je ne puis croire qu'il fût possible d'insinuer que le but de Havelock Ellis fût immoral et il semble extrêmement improbable qu'une œuvre si sérieuse, si dense et si savante soit de celles qui cherchent à donner un frisson libertin. Il est naturellement impossible de traiter de tels sujets sans entrer dans des questions dont le premier magistrat venu s'abstient de parler devant sa femme ou ses filles, mais interdire la publication de ce livre, c'est défendre à des étudiants sérieux de s'instruire dans ce domaine. Pour les gens bien-pensants, j'imagine que l'un des plus graves inconvénients de cette série de cas types présentés dans le livre de H. Ellis est de montrer l'insuccès remarquable des méthodes existantes à produire la vertu ou la santé mentale. De tels documents fournissent des données pour l'appréciation rationnelle des systèmes actuels d'éducation sexuelle et on prétend que nos jugements dans ce domaine doivent continuer à être fondés sur l'ignorance. La condamnation de « Puits de solitude » a mis en lumière un autre aspect de la censure, qui prétend que toute allusion à l'homosexualité dans un roman est illicite. Une masse considérable de renseignements sur l'homosexualité peut être utilisée par ceux qui étudient cette question sur le continent, où il y a moins d'obscurantisme dans la législation, mais cette documentation ne peut être divulguée en Angleterre. L'homosexualité entre hommes est illégale en Angleterre, quoiqu'elle ne le soit pas pour les femmes, et il serait difficile, pour changer la loi à cet égard, de proposer un argument qui ne devienne pas illégal pour obscénité. Quiconque a pris la peine d'étudier le sujet sait bien que cette loi est l'effet d'une ignorante et barbare superstition. De pareilles considérations valent pour l'inceste. Il n'y a pas longtemps qu'en Angleterre une loi a été votée, qui rend criminelles certaines formes d'inceste, mais il est illégal de discuter pour ou contre cette loi, à moins d'envelopper ses arguments de tant d'abstractions et de circonlocutions qu'ils en perdent toute leur force.

Une autre conséquence intéressante de la loi Campbell, en Angleterre, est que ces sujets ne peuvent être discutés que par le moyen d'expressions techniques connues seulement des personnes très instruites, et inintelligibles au peuple. Quelquefois, cette interdiction de la langue vulgaire a de graves conséquences : par exemple la brochure de Mrs. Sanger sur le contrôle de la natalité, et qui s'adresse aux ouvrières, fut déclarée obscène parce que les ouvrières pouvaient la comprendre. En revanche, sont licites les livres du docteur Marie Stope, qui, par leur terminologie, ne sont intelligibles qu'aux personnes d'une certaine éducation. Il en résulte qu'il est permis d'enseigner un contrôle de la natalité aux gens fortunés, tandis que ce même enseignement est criminel lorsqu'il s'adresse à des ouvriers et à leurs femmes. Je signale ce fait à la Société des Eugénistes qui, tout en déplorant que les salariés soient plus prolifiques que la classe moyenne, s'abstient avec soin de toute tentative pour modifier l'état de la législation qui est à la source de ce mal.

Beaucoup de gens m'accorderont que ces conséquences de la loi Campbell sont regrettables, mais ils continueront à penser néanmoins que cette loi est nécessaire. Je ne crois pas qu'il soit possible de fabriquer une loi contre les publications obscènes qui ne comporte pas de fâcheuses conséquences. Je suis d'avis qu'il ne faut pas de loi en cette matière. Et cela pour deux raisons. En premier lieu, il n'y a pas de loi capable d'empêcher le mal dans ce domaine sans gêner aussi le bien et, en second lieu, les publications incontestablement pornographiques feraient bien peu de mal si l'éducation sexuelle était plus rationnelle.

L'histoire de la loi Campbell en Angleterre prouve surabondamment la première raison. Cette loi, en effet, visait la pornographie, et l'on pensait qu'elle avait été assez bien formulée pour être inutilisable contre d'autres genres de littérature, mais on comptait sans la vigilance de la police et l'imbécillité des magistrats. Une masse accablante de preuves historiques nous montre, entre autres, *les Cenci*, de Shelley, qui ne pourrait inspirer la moindre pensée luxurieuse à saint Antoine lui-même, condamné par la censure pendant plus d'un siècle, tandis que des ouvrages dont le but était certainement pornographique arrivaient toujours à se glisser à travers le filet.

Il y a encore une autre raison de combattre la censure : la pornographie elle-même publiquement proclamée et chantée eût fait moins de mal qu'avec cet attrait du mystère qu'on lui prête. Malgré la loi, presque tous les hommes d'un certain rang social ont vu dans leur adolescence des photographies obscènes et ont été fiers de les posséder parce qu'elles étaient rares. Les gens aux opinions toutes faites vous disent que ces images font un tort considérable à autrui, quoique pas un seul parmi eux ne veuille reconnaître qu'elles lui aient fait du tort à lui-même. Sans doute, ces photographies provoquent une excitation lubrique, mais ces émotions naissent d'une façon ou de l'autre chez tout mâle robuste et viril. La fréquence des désirs dépend de la condition physique de l'individu, tandis que les occasions de ces désirs dépendent des conventions sociales auxquelles il est habitué. A un Anglais des premières années victoriennes, la cheville d'une femme suffisait, tandis que nos contemporains restent impassibles à tout ce qu'elle ne montre pas plus haut que la cuisse. C'est pure question de mode. Si le nu était à la mode, il cesserait bien vite de nous exciter, et les femmes se verraient obligées, comme dans certaines tribus sauvages, de mettre des vêtements pour augmenter leur attrait sexuel. Des considérations identiques s'appliquent à la littérature et aux images : ce qui était un excitant pour le contemporain de la reine Victoria laisse tout à fait froid l'homme d'une époque plus affranchie. Plus la pruderie réduit le degré autorisé d'appel sexuel, moins cet appel a besoin de conditions pour être efficace. Les neuf dixièmes des séductions de la pornographie viennent du sentiment d'inconvenance que les moralistes inculquent aux jeunes. L'autre dixième est physiologique et se produit de toute manière, quelle que soit la législation du moment. C'est pourquoi, bien que je n'espère pas rallier les suffrages du plus grand nombre, je suis fermement convaincu qu'il ne faut pas de loi sur les publications obscènes.

Le tabou du nu fait obstacle à un comportement sexuel rationnel. En ce qui concerne les jeunes enfants, beaucoup de gens en conviennent. Il est bon que les enfants voient nus d'autres enfants, et leurs parents, toutes les fois que cela arrive naturellement. Il y aura une courte période, vers trois ans en général, où l'enfant s'intéressera aux différences entre son père et sa mère et les comparera avec celles qu'il voit entre ses frères et sœurs, mais elle prend fin rapidement et l'enfant, par la suite, ne s'intéresse pas plus aux nus qu'aux vêtements. Tout le temps que les parents ne veulent pas se montrer aux enfants dans leur nudité, l'enfant aura nécessairement le sentiment d'un mystère et sera excitable et polisson. Il n'y a qu'un moyen d'arrêter la polissonnerie, c'est de supprimer le mystère.

Il y a également de nombreuses raisons qui militent en faveur du nu dans certaines circonstances, comme en plein air et au soleil. On sait les vertus excellentes du soleil sur la peau nue. Au surplus, tous ceux qui ont observé les enfants qui s'ébattent sans vêtements, en plein air, ont pu constater toute la grâce qui accompagnait leurs gestes. La vraie place du nu est en plein air, au soleil et dans l'eau. Si nos conventions le permettaient en ces occasions, il cesserait bien vite d'exercer aucune attraction sexuelle, nous nous sentirions meilleurs de corps et d'esprit au contact du soleil et de l'air avec la peau, et notre idéal de beauté se rapprocherait de plus près d'un idéal de santé, puisqu'il se référerait au corps et à son maintien et pas seulement au visage. A cet égard, la pratique des Grecs devrait être recommandée.

8

L'amour dans la vie humaine

L'attitude de la plupart des collectivités devant l'amour est d'une curieuse dualité. D'une part, l'amour reste le thème essentiel de la poésie du roman et du théâtre, d'autre part, les sociologues les plus sérieux affectent de l'ignorer complètement, il ne figure pas dans les programmes de réformes politiques ou sociales. Je ne crois pas que cette attitude soit justifiée. L'amour est un des éléments les plus importants de la vie humaine et, pour moi, tout système social est défectueux qui vient à l'encontre de son libre épanouissement.

L'amour, si l'on donne à ce mot tout son sens, indique non pas un rapport intersexuel quelconque, mais un rapport qui implique une grande intensité de sentiment et des liens aussi bien psychologiques que physiologiques. On le rencontre à tous les degrés. Les sentiments exprimés dans *Tristan et Iseult* répondent fidèlement à l'expérience d'une foule innombrable de femmes et d'hommes. Car si le don de prêter à ce sentiment une expression artistique est rare, par contre, le sentiment lui-même ne l'est pas, du moins en Europe. Il y a des sociétés où il est fréquent et cette fréquence dépend, selon moi, non du caractère des peuples considérés, mais de leurs conventions et de leurs institutions sociales. En Chine, par exemple, l'amour est rare et apparaît plutôt comme le trait distinctif de l'histoire de mauvais empereurs dévoyés par de méchantes concubines. La culture chinoise traditionnelle s'élève contre tout sentiment violent et considère qu'en toute circonstance l'homme doit sauvegarder l'empire de la raison. La Chine, en cela, ressemble aux premières années du XVIIIe siècle occidental. Nous qui avons derrière nous le mouvement romantique et la Révolution française, sommes moins portés à croire que la part de la raison soit aussi grande dans la vie humaine qu'on le pensait à l'époque de la reine Anne. La raison elle-même a trahi sa propre cause en créant la théorie de la psychanalyse. Il y a trois activités irrationnelles dans la vie : la religion, la guerre et l'amour. Mais l'amour n'est pas antirationnel, en ce sens qu'un homme raisonnable peut trouver à se réjouir de son existence. En raison des facteurs examinés dans les chapitres précédents, il y a dans le monde moderne un antagonisme profond entre l'amour et la religion. Cet antagonisme n'est pas inévitable ; il vient seulement de ce que la religion chrétienne, à l'encontre des autres religions, est fondée sur l'ascétisme. Dans le monde moderne, cependant, l'amour a un autre ennemi plus redoutable que la religion, c'est l'évangile de travail et de prospérité économique.

Il est généralement admis, surtout dans l'Amérique anglo-saxonne, qu'un homme ne doit pas, sous peine de passer pour un imbécile, laisser l'amour entraver sa carrière. Mais ici, comme en tout ce qui concerne l'homme, une certaine modération s'impose.

Sans doute est-il fou de sacrifier entièrement sa carrière à l'amour, quoique cela puisse souvent paraître héroïque. Mais il est aussi fou de sacrifier entièrement l'amour à sa carrière. C'est pourtant ce qui se produit nécessairement dans une société complètement organisée sur le principe de la course universelle à l'argent. Que l'on songe à la vie du commerçant et de l'industriel d'aujourd'hui, surtout en Amérique. A peine est-il à l'âge d'homme qu'il consacre déjà le meilleur de sa pensée à l'argent, le meilleur de son énergie à des succès financiers. Tout le reste, pour lui, n'est que simple récréation et pure bagatelle. Dans sa jeunesse, il satisfait ses appétits physiques avec des prostituées, puis il se marie. Mais ses goûts sont totalement différents de ceux de sa femme et il n'arrive jamais à pénétrer vraiment dans son intimité. Il rentre tard et fatigué de son bureau, se lève avant elle ; s'il passe le dimanche au golf, c'est que l'exercice lui est nécessaire pour se maintenir en forme dans ses luttes d'affaires. Les goûts de sa femme lui paraissent essentiellement féminins, et bien qu'il les approuve, il ne fait aucun effort pour les partager. Il n'a pas plus de temps pour l'amour illicite que pour l'amour conjugal, quoiqu'il puisse, cela va sans dire, visiter à l'occasion quelque prostituée, quand il est en voyage d'affaires. Sa femme, probablement, reste sexuellement froide envers lui, ce qui n'a rien d'étonnant puisqu'il n'a pas le temps de la séduire. Il y a en lui un malaise subconscient, informulé, dont il ignore la cause, mais il fait taire cette insatisfaction à force de travail ou en prenant un plaisir sadique aux combats de boxe. Sa femme, également insatisfaite, trouve une issue dans une culture de seconde main et encourage la vertu en dénigrant tous ceux dont la vie est généreuse et libre. C'est ainsi que le défaut de satisfaction sexuelle chez l'homme et la femme tourne à la haine des hommes, sous le masque de la sociabilité et de l'élévation morale. Ce néfaste état de choses est dû, en grande partie, à une fausse conception de nos besoins sexuels. Saint Paul pensait que la seule chose désirable dans le mariage était l'occasion du commerce sexuel. Cette vue a été reprise par l'ensemble des moralistes chrétiens. Leur dégoût de la sexualité les a rendus aveugles aux aspects les plus beaux de la vie sexuelle, à telle enseigne que ceux qui ont subi cette discipline dans leur jeunesse vont par le monde, entièrement fermés à leurs meilleures possibilités. L'amour est quelque chose de plus que le désir des relations sexuelles, c'est la voie essentielle par laquelle l'homme et la femme tentent d'échapper à la solitude qui attriste leur vie. Il y a chez la plupart des humains une crainte profondément enracinée de la froideur d'un monde de pierre et de la cruauté possible de la foule, une faim de tendresse souvent cachée sous la rudesse et la brutalité des hommes, sous la méchanceté et l'âpreté des femmes. Un amour passionné et réciproque élimine ces cruautés, abat les murailles de fer du moi, fond deux êtres en une nouvelle créature. La nature n'a pas créé les humains pour l'isolement, puisqu'ils ne peuvent accomplir ses desseins qu'avec l'aide l'un de l'autre et les peuples civilisés ne peuvent satisfaire l'instinct sexuel sans l'amour. Ceux qui n'ont pas connu l'union intime et profonde, l'ardente camaraderie d'un amour réciproque, n'ont pas joui de ce que la vie a de meilleur à offrir. Inconsciemment, le désappointement qui en résulte porte à l'envie, à la tyrannie et à la cruauté.

Donner à l'amour la place qui lui revient doit donc être l'objet principal des préoccupations du sociologue, puisque si l'expérience de l'amour vient à faire défaut, les hommes et les femmes ne peuvent accomplir la plénitude de leur être et sont incapables d'éprouver pour le reste de l'humanité cette cordialité généreuse sans laquelle l'activité de l'homme est inévitablement malfaisante.

La plupart des hommes éprouvent l'amour passion à quelque époque de leur vie. Pour l'homme inexpérimenté, cependant, il est difficile de distinguer l'amour passion de la simple attraction sexuelle. C'est surtout le cas des jeunes filles bien élevées à qui l'on a appris qu'il est impossible d'embrasser un homme si on ne l'aime pas éperdument, et s'il faut exiger qu'elles soient vierges au moment de leur mariage, il arrivera nécessairement qu'elles soient prises au piège d'une attraction sexuelle passagère et quelconque, contrairement à la femme que son expérience sexuelle rend capable de distinguer cette attraction du vrai amour.

Ce manque de discernement cause le malheur d'innombrables unions. Même réciproque, l'amour peut être empoisonné par les scrupules d'un des amants qui le croit coupable. Il va sans dire que ces croyances sont parfois justifiées. Par exemple, l'adultère de Parnell fut criminel parce qu'il recula ainsi de plusieurs années la réalisation des espoirs de l'Irlande. Même si ce sentiment de culpabilité n'est pas fondé, il suffit à empoisonner l'amour, qui doit être spontané et généreux, sans entraves comme sans réserve, pour apporter tout le bonheur qu'il est capable de dispenser. Le sens du péché que le mariage conventionnel attache à la sexualité, même conjugale, opère souvent inconsciemment chez l'homme et la femme, chez ceux qui se sont affranchis de vieilles formes de pensée, comme chez ceux qui sont restés fidèles aux vieilles traditions. Les effets de cette notion du péché sont divers. Ils rendent l'homme grossier, maladroit et fermé dans ses amours, puisque souvent ils le mettent dans l'incapacité de se déclarer pour s'assurer des sentiments de la femme et l'empêchent d'apprécier à leur juste valeur ces étapes progressives vers la possession désirée qui sont si essentielles au plaisir de la plupart des femmes. Souvent l'homme néglige de penser que la femme doit prendre, elle aussi, un plaisir à l'amour, et que, si elle n'y parvient pas, c'est son amant qui est en faute. Chez les femmes dont l'éducation est conventionnelle, la froideur est un sujet d'orgueil et les réserves et les résistances physiques interdisent toute liberté et toute intimité réelles. L'habileté d'un amant aura probablement raison de ces scrupules, mais un homme qui les respecte et les admire comme des signes de vertu féminine n'est pas en mesure de les vaincre, et il en résulte qu'après des années de mariage, les relations conjugales restent formelles et guindées. Du temps de nos grand-mères, un mari n'aurait jamais songé à regarder sa femme nue, et sa femme eût frémi à cette idée. Cet état d'esprit est jusqu'aujourd'hui plus fréquent qu'on ne le pense, et chez ceux-là mêmes qui ont dépassé ce stade, il persiste encore une grande part de réserve.

Il est un obstacle plus proprement psychologique au développement intégral de l'amour dans le monde moderne. C'est la crainte qu'ont beaucoup de gens de risquer et de compromettre leur individualité. C'est une erreur fort sotte et assez moderne. L'individualité n'est pas une fin en soi, elle a besoin d'un contact fécond avec le monde pour perdre de son incommunicabilité. Une individualité qui est mise sous globe, pour ainsi dire, s'étiole et dépérit, tandis que d'autres s'enrichissent par leur libre expansion. L'amour, l'enfant, le travail sont les trois grandes sources de contact fécond entre l'individu et le reste du monde, et de ces trois sources, l'amour vient le premier dans la vie. Au surplus, l'amour est essentiel à l'heureux développement de l'affection des parents, car l'enfant reproduit généralement les traits de ses père et mère, et si ces derniers ne s'aiment pas, chacun d'eux souffrira de toute ressemblance entre l'enfant et l'autre époux.

Le travail n'est pas toujours cette source de contact fécond avec le monde extérieur. C'est l'esprit avec lequel l'homme s'y consacre qui en détermine les effets. Une besogne dont le mobile est purement pécuniaire ne peut avoir cette valeur féconde pour l'individualité.

Pour cela, il faut un travail tout inspiré de dévouement à une personne, à une cause, à un idéal. L'amour non plus n'aura pas la vertu d'enrichir l'individualité s'il n'est que pure possession intéressée. Il est alors sur le même plan que le travail mercenaire.

Pour avoir cette valeur, l'amour doit faire sentir à l'homme l'individualité de l'être aimé comme la sienne propre, ses sentiments et ses desseins comme les siens. C'est-à-dire que c'est par une extension non seulement consciente, mais aussi instinctive de la personnalité que les amants sont unis. C'est ce qui est loin d'être aisé dans notre monde de concurrence et de rivalité, grâce à l'inepte religion de l'individu qui est sortie du protestantisme et du mouvement romantique. Parmi ceux qui se sont affranchis des vieux préjugés, l'amour, dans la signification profonde que nous lui donnons, est menacé d'un nouveau danger. Quand l'homme ne sent plus aucune barrière morale, il cède à toutes les impulsions sexuelles et prend l'habitude de distinguer l'amour de tout sentiment sérieux, de toute tendresse profonde, il peut même arriver à l'associer à la haine. Les romans d'Aldous Huxley nous offrent les meilleurs exemples de ce genre de situation. Les personnages de ce romancier, tout comme saint Paul, ne voient dans l'amour qu'une sorte d'exutoire physiologique. Ils semblent méconnaître les valeurs les plus hautes que l'amour peut s'adjuger. De cette attitude à une renaissance de l'ascétisme il n'y a qu'un pas. L'amour a son idéal propre et ses règles morales propres qui sont aussi malheureusement obnubilées par l'enseignement du christianisme que par cette aveugle révolte contre toute morale sexuelle qu'affiche une partie considérable de la jeune génération. Le commerce sexuel qui a répudié l'amour est impuissant à satisfaire l'instinct sexuel de l'homme. Je ne veux pas dire cependant que la fonction sexuelle ne doive jamais s'exercer sans amour, car pour arriver à ce résultat, il faudrait rétablir contre l'instinct sexuel ces barrières rigides qui rendent difficile l'éclosion même de l'amour. Je veux dire seulement que l'acte sexuel sans amour a peu de valeur et ne peut être donné que comme une expérience et une recherche dont l'amour est le but. Les titres de l'amour à une place reconnue parmi les valeurs humaines sont très importants. Mais l'amour est une force anarchique qui, laissée libre, ne peut rester confinée entre des bornes fixées par la loi ou l'usage. Cela n'a pas d'importance tout le temps que l'enfant n'est pas en question. Mais aussitôt qu'il intervient, nous sommes sur un autre terrain où l'amour n'est plus indépendant et où il sert les fins biologiques de l'espèce. Il faut une éthique sociale subordonnée à l'intérêt de l'enfant qui puisse prévaloir, en cas de conflit contre les prétentions de l'amour passion. Une sage morale, cependant, réduira ce conflit à ses formes les moins aiguës, non seulement parce que l'amour en lui-même est un bien, mais parce qu'il est excellent pour les enfants que leurs parents s'aiment. L'objet d'une sage éthique sexuelle doit être, entre autres, d'éviter le plus possible à l'amour les restrictions que commande l'intérêt de l'enfant. Ce sujet ne pourra pas être discuté avant une étude spéciale de l'organisation familiale.

9

Le mariage

Il s'agit maintenant d'étudier le mariage indépendamment des enfants, en tant que simple relation entre la femme et l'homme. Le mariage diffère naturellement des autres relations sexuelles par son caractère d'institution légale. Dans beaucoup de sociétés, il est une institution religieuse, mais son caractère légal reste cependant essentiel. Institution légale, le mariage sanctionne une pratique qui existe non seulement chez l'homme primitif, mais aussi chez les grands singes et parmi certaines espèces animales. Chez les animaux, il y a mariage toutes les fois que la collaboration du mâle est nécessaire à l'élevage des petits. En général, les mariages d'animaux sont monogamiques et quelques savants assurent que c'est le cas pour les singes anthropomorphes. Il semble, s'il faut en croire ces auteurs, que ces heureuses créatures ne sont pas troublées par les problèmes qui désolent les collectivités humaines, puisque le mâle, une fois marié, devient incapable de sentir le charme d'aucune autre femelle, et que la femelle mariée ne trouve plus d'attrait à aucun autre mâle. Les singes anthropomorphes, sans le secours de notre sainte religion, ne connaissent donc pas le péché de la chair, puisque leur instinct, à lui seul, suffit à la vertu. On a quelques preuves d'un état de choses analogue parmi les races sauvages des plus primitives. Les hommes des Buissons (Bushmen) sont, paraît-il, strictement monogames, et l'on m'assure que les Tasmaniens, aujourd'hui disparus, étaient invariablement fidèles à leurs femmes. Même dans l'humanité civilisée, l'on peut encore retrouver de légers vestiges d'un instinct monogamique et, étant donné l'influence de l'habitude sur le comportement, il est surprenant que l'empire de la monogamie sur l'instinct soit si faible. Il y a là un trait de l'originalité mentale de l'homme d'où procèdent à la fois ses vices et son intelligence, c'est-à-dire sa puissance imaginative capable de rompre avec l'habitude et d'engager son activité dans de nouvelles directions.

Il est probable que c'est le facteur économique qui porta le premier coup à la monogamie primitive. Ce facteur économique, toutes les fois qu'il entre en conflit avec la sexualité, a des effets désastreux pour celle-ci, puisqu'il substitue l'esclavage ou la vénalité à des rapports originellement fondés sur l'instinct. Dans les collectivités pastorales et agricoles primitives, femmes et enfants faisaient partie de l'avoir de l'homme. Les femmes travaillaient pour lui et les enfants, dès l'âge de six ans, commençaient à le servir en gardant les troupeaux. Par conséquent, les hommes les plus forts cherchaient à posséder le plus de femmes possible. La polygamie peut rarement être l'usage de toute une société, puisqu'il n'y a pas d'ordinaire un grand excès de femmes : c'est une prérogative des chefs et des riches.

Un grand nombre de femmes et d'enfants sont une richesse considérable et ne feront que grandir la position déjà privilégiée du maître. C'est ainsi que la fonction primitive de la femme se ramène à celle d'un animal domestique de grand rendement, et que son rôle sexuel passe à l'arrière-plan. Dans la période civilisée, il est facile à un homme de répudier sa femme, malgré l'obligation de restituer à la famille tout ce qu'elle a apporté en dot. Il est, par contre, impossible à une femme de répudier son mari. L'attitude de la plupart des collectivités à demi sauvages envers l'adultère fait partie intégrante de cette conception. A un degré très primitif de civilisation, l'adultère est parfois toléré. Les indigènes de Samoa, quand ils partent en voyage, savent bien que leurs femmes sauront se consoler de leur absence. A un niveau un peu plus élevé, cependant, l'adultère de la femme est puni de mort ou tout au moins, est sévèrement châtié. Les histoires de Mungo Park sur Mumbo Jumbo étaient assez connues dans ma jeunesse, mais j'ai eu le chagrin, tout récemment, d'entendre des rigoristes américains donner Mumbo comme un dieu congolais. En réalité, il n'était ni dieu ni congolais. C'était un démon inventé par les nègres du Haut-Niger pour terrifier les femmes qui avaient péché.

L'histoire de Mungo Park rappelle si inévitablement la conception voltairienne sur les origines de la religion que les anthropologistes modernes sont portés à l'effacer discrètement, puisqu'ils ne peuvent admettre l'intervention de l'imposture rationnelle chez les sauvages. L'homme qui avait des relations avec la femme d'un autre était naturellement un criminel aussi, mais celui qui avait connu une femme non mariée n'encourait aucun blâme s'il n'avait pas diminué sa valeur sur le marché matrimonial.

C'est avec l'avènement du christianisme que cette opinion changera et que les infractions à la loi du mariage se rattachent au tabou plutôt qu'aux lois de la propriété. Toute relation sexuelle avec une autre femme restait évidemment une offense à cet homme, mais toute relation en dehors du mariage devint une offense contre Dieu, ce qui était encore plus grave aux yeux de l'Église. C'est pour la même raison que le divorce, qui avait d'abord été facilement accordé aux hommes, fut déclaré inadmissible. Le mariage devint un sacrement et, partant, ineffaçable pour la vie.

Est-ce un gain ou une perte pour le bonheur de l'homme ? Il est difficile de le dire. Parmi les paysans, la vie des femmes mariées a toujours été dure, elle le fut d'autant plus que les paysans furent moins civilisés. Chez les peuplades les plus barbares, une femme est vieille à vingt-cinq ans et ne peut espérer garder encore une ombre de beauté à cet âge. La femme, animal domestique, est une grande source de bonheur pour l'homme, mais sa vie à elle n'est ainsi qu'un long épuisement et un malheur incessant. Le christianisme, tout en rendant à certains égards la vie des femmes encore plus dure, surtout dans les classes pauvres, reconnut, au moins théologiquement, son égalité avec l'homme et refusa de la regarder comme la propriété absolue du mari. Une femme mariée n'avait naturellement pas le droit de quitter son mari pour un autre homme, mais elle le pouvait pour entrer en religion. Et, en général, les progrès furent plus aisés dans la masse de la population du point de vue chrétien que du point de vue préchrétien.

Quand nous considérons le monde d'aujourd'hui et nous demandons quelles conditions semblent, à tout prendre, contribuer au bonheur de la vie conjugale, et quelles autres en font le malheur, nous sommes réduits à une assez étrange conclusion. Nous voyons que plus les peuples se civilisent, moins ils deviennent capables d'un bonheur de toute la vie avec le même compagnon. Les paysans irlandais, quoique leurs parents décidassent pour eux de leur choix, passaient, au dire de gens qui devaient les connaître, pour heureux et fidèles en ménage. En général, le mariage est plus facile lorsque les hommes sont encore peu différenciés. Quand un homme diffère peu des autres hommes, une femme diffère peu des autres femmes, et il n'y a aucune raison de regretter le choix qu'on a fait. Mais les gens aux goûts variés, aux buts et aux intérêts divers, sont portés à chercher des affinités et à se tourmenter de n'avoir pas trouvé toutes les satisfactions qu'ils pouvaient attendre. L'Église, qui affecte de ne voir le mariage que du point de vue sexuel, n'admet pas qu'un conjoint ne fasse pas l'affaire aussi bien qu'un autre, et maintient toujours l'indissolubilité du mariage, sans considérer les misères qu'elle implique.

Un autre facteur de bonheur dans le mariage est la rareté des femmes non établies et l'absence des occasions mondaines où l'homme marié rencontre des femmes respectables. Si les relations sexuelles ne sont guère possibles avec d'autres femmes que l'épouse, la plupart des hommes s'accommodent de la situation et, sauf en des cas exceptionnellement défavorables, la trouveront supportable. La même chose se produira pour les femmes, surtout si elles n'ont pas attendu beaucoup de bonheur du mariage. Ce qui revient à dire qu'un mariage aura d'autant plus de chances d'être jugé heureux que des deux côtés l'on attendait moins de bonheur.

L'immuabilité des usages, pour la même raison, tend à empêcher le malheur conjugal. Si l'on reconnaît aux liens du mariage une valeur définitive et irrévocable, l'imagination ne cherche plus à s'exciter, à vagabonder et à envisager la possibilité d'un bonheur plus idéal. Pour assurer la paix domestique où règne cet état d'esprit, il suffit que la conduite du mari ou de la femme ne tombe pas trop outrageusement au-dessous du niveau de décence admis autour d'eux, quel qu'il soit.

Parmi les peuples civilisés de l'époque moderne, aucune de ces conditions du bonheur n'existe, et l'on ne trouve ainsi que de rares mariages encore heureux après quelques années. Quelques-unes de ces causes de mésintelligence sont liées à la vie civilisée, mais il en est d'autres qui disparaîtraient si les hommes étaient encore plus civilisés qu'ils ne le sont. Parmi ces dernières, la mauvaise éducation sexuelle, qui fait plus de ravages dans la classe riche que chez les paysans. Les petits paysans connaissent ce qu'il est convenu d'appeler les réalités de la vie, qu'ils peuvent observer non seulement chez les hommes, mais encore chez les animaux. C'est ainsi qu'ils sont préservés de l'ignorance et des faux scrupules. Les enfants des classes riches, élevés avec des soins excessifs, sont, au contraire, écartés de toute possibilité de connaissance sexuelle, et même les parents aux idées les plus modernes inspirées des livres, ne leur donnent pas le sentiment pratique de familiarité que se forme le petit paysan. Le couronnement idéal d'une éducation chrétienne consiste à amener l'homme et la femme à se marier complètement dénués d'expérience sexuelle. Dans une forte proportion de cas où ce but est atteint, les résultats sont déplorables. Le comportement sexuel chez l'homme n'est pas instinctif et les jeunes époux sont en proie à une gêne et à une confusion invincibles. C'est un mal à peine moindre lorsque l'homme apporte à une femme innocente une science qu'il tient des prostituées. La plupart des hommes ne s'aperçoivent pas qu'une période de cour est nécessaire après le mariage. Et nombre de femmes bien élevées ne se doutent pas du tort qu'elles font à leur mariage par leur froideur et leur retenue physique. Toutes ces erreurs seraient prévenues par une éducation sexuelle mieux comprise et elles sont d'ailleurs aujourd'hui beaucoup moins graves chez les jeunes que du temps de leurs grand-mères. Celles-ci, du reste, se croyaient pour la plupart moralement supérieures aux hommes sous prétexte qu'elles trouvaient moins de plaisir à l'acte sexuel. Cette attitude rendait toute franche camaraderie impossible entre mari et femme. C'est une attitude tout à fait injustifiable en soi, puisque l'indifférence au plaisir sexuel, loin d'être vertueuse, procède d'une insuffisance psychologique ou physiologique, de la même manière que l'incapacité au plaisir de la table, qui était de mise, il y a un siècle, chez toute femme de qualité.

D'autres causes d'insuccès du mariage moderne ne sont pas aisément démontrables. Les hommes ou femmes civilisés non délivrés de toutes les inhibitions qui les entravent moralement sont, en général, polygames par instinct. On peut tomber amoureux et rester pendant plusieurs années à la dévotion d'un seul être, mais tôt ou tard l'habitude émousse la passion et il faut chercher ailleurs le retour des premières voluptés. Il est naturellement possible de dominer cet instinct, mais il est difficile d'en empêcher l'existence. Avec le progrès de l'émancipation féminine, les occasions d'infidélité conjugale se sont multipliées. L'occasion fait naître l'idée, qui fait naître le désir, qui finalement triomphe en l'absence de tout scrupule religieux.

L'émancipation féminine a rendu de plusieurs manières le mariage plus difficile. Jadis, le mari était à l'occasion infidèle, mais la femme l'ignorait, ou sinon il faisait l'aveu de ses torts et lui faisait croire à sa contrition. Elle, était généralement vertueuse, sinon le mariage était rompu dès que le mari apprenait le manquement.

La femme avait à s'adapter au mari, mais ce dernier n'avait pas à se modeler sur elle. Aujourd'hui, beaucoup de femmes, invoquant le droit de toute femme à sauvegarder son individualité, refusent jusqu'à un certain degré de s'adapter elles-mêmes, tandis que les hommes qui soutiennent l'ancienne domination ne voient pas pourquoi ils feraient eux seuls tout le chemin de l'adaptation.

Lorsque, comme dans de nombreux ménages modernes, la fidélité mutuelle n'est pas exigée, l'instinct de jalousie subsiste néanmoins et est souvent fatal à l'union ; toute intimité profonde est impossible même lorsqu'aucun conflit ne se déclare.

Une autre difficulté du mariage moderne réside dans le sentiment de ceux qui sont précisément le plus pénétrés de la valeur de l'amour. L'amour ne peut fleurir que s'il reste libre et spontané. Nous dire que c'est notre devoir d'aimer telle personne, c'est le moyen le plus sûr de nous la faire haïr. Et c'est ainsi que le mariage qui unit l'amour aux chaînes de la loi est comme pris entre deux feux, et Shelley nous dit :

Je n'ai jamais été de la secte nombreuse
Qui prescrit que chacun se choisisse dans la foule
La maîtresse ou l'ami,
Et laisse un froid oubli effacer le reste des humains si sages et bons qu'ils soient.
Tel a beau être le code des mœurs modernes,
Et les chemins battus que de misérables esclaves foulent de leurs pas fourbus
En gagnant le logis parmi les cadavres couchés au bord de la route.
Pour chacun d'eux, enchaîné à son compagnon, son ennemi peut-être,
Le voyage languit, plus sinistre et plus interminable.

Nul doute que se fermer l'esprit, pendant le mariage, à toute invitation à l'amour, n'entraîne un affaiblissement de notre réceptivité et une limitation de notre sympathie et de précieuses possibilités de rapprochement humain. C'est faire violence à tout ce qui, du point de vue le plus idéaliste, est désirable en soi. Et comme dans toute morale de restrictions, c'est faire régner ce qu'on pourrait appeler une « mentalité de gendarme » sur toute la vie de l'homme, une mentalité qui cherche toujours des prétextes d'ordonner des interdictions.

Pour toutes ces raisons, dont beaucoup se rattachent à des réalités sans conteste bienfaisantes, le mariage est devenu difficile. S'il doit être autre chose qu'un obstacle au bonheur, il faut le considérer d'une manière nouvelle. Une solution que l'on a souvent suggérée est la facilité du divorce. Sans doute je crois, avec tous ceux qui ont quelque sentiment d'humanité, qu'il faudrait, pour le divorce, plus de facilités que la loi anglaise, par exemple, n'en accorde, mais je ne vois pas dans une entière facilité du divorce une solution aux maux du mariage. Lorsque le couple n'a pas d'enfants, la solution est peut-être bonne, même lorsque des deux côtés des efforts sont faits pour une conduite décente. Mais s'il y a des enfants, la stabilité du mariage est d'une importance capitale. (Je reviendrai sur ce point à propos de la famille.) Lorsqu'un mariage a été fécond et que la conduite des deux parties est correcte et sensée, l'on devrait lui concéder une durée illimitée, mais non pas interdire tout rapport sexuel étranger. Un mariage qui a commencé par une passion et qui a produit des enfants désirés et chéris devrait forger un nœud si solide et si profond en l'homme et la femme que la vie commune resterait infiniment précieuse, même quand l'ardeur sexuelle serait tombée, même lorsqu'un des deux viendrait à sentir un nouvel amour pour un autre. La jalousie a empêché cet adoucissement de l'état du mariage, mais la jalousie, bien qu'elle soit un sentiment instinctif, est de ceux que l'on peut contrôler, lorsqu'on la juge malfaisante. L'association de deux époux qui ont traversé de longues années d'événements profondément sentis, a une richesse de contenu qui ne peut appartenir aux premiers jours de l'amour, avec toutes ses délices. Et tous ceux qui peuvent apprécier tout l'enrichissement que les années apportent à la vie commune ne sauraient hasarder légèrement une union déjà vieille pour un nouvel amour.

Il est donc possible à l'homme civilisé et à la femme d'être heureux en mariage, quoique cette possibilité exige de nombreuses conditions pour être réalisée. Il faut un sentiment de complète égalité des deux côtés, il faut des deux côtés une liberté, qui ne soit jamais contrecarrée, il faut l'intimité physique et morale la plus étroite, il faut une certaine conformité de vues sur le système des valeurs. Si, par exemple, l'un n'apprécie que l'argent, tandis que l'autre apprécie les joies que donne l'exécution d'un travail, une telle différence sera fatale pour l'union. Je crois que le mariage est le lien le plus bienfaisant et le plus important qui puisse unir deux êtres humains. S'il n'a pas été souvent réalisé jusqu'ici dans toute sa plénitude, c'est surtout parce que maris et femmes se sont crus des policiers chargés de se surveiller réciproquement. Et pour que le mariage puisse réaliser toutes ses possibilités, les maris et les femmes doivent se persuader qu'en dépit de toutes les lois du monde, ils doivent laisser régner entre eux la plus entière liberté.

10

La prostitution

Tant que la vertu des femmes honorables gardera la prestigieuse importance qu'on lui donne encore, l'institution du mariage exigera son complément nécessaire d'une autre institution que l'on peut bien considérer comme une partie intégrante du système matrimonial : j'ai nommé la prostitution. Si l'on veut bien y réfléchir, on reconnaîtra, en effet, que les prostituées sauvegardent l'innocence de nos foyers, la pureté de nos femmes et de nos filles. Les moralistes traditionnels ont dénoncé cette affirmation que Lecky avait formulée sur la prostitution en pleine époque victorienne, parce qu'ils s'en irritaient, sans trop savoir eux-mêmes pourquoi, mais ils n'ont pas réussi à démontrer la fausseté de l'analyse de Lecky. « Il est vrai, nous dit le moraliste traditionnel, avec beaucoup de logique, que si les hommes suivaient mes enseignements, il n'y aurait plus de prostitution. » Mais notre moraliste sait fort bien qu'il ne sera pas écouté. La question des conséquences de son enseignement est dès lors tout à fait oiseuse.

La nécessité de la prostitution vient de ce que beaucoup d'hommes n'ont pas de femme, ou ne peuvent s'accommoder de la continence dans notre société conventionnellement vertueuse, où les femmes honorables ne sont pas disponibles. La société sélectionne donc une certaine classe de femmes destinée à la satisfaction des besoins masculins, qu'elle a honte de reconnaître et qu'elle craint de laisser entièrement inassouvis. La prostituée a aussi l'avantage d'être non seulement disponible sur-le-champ, mais encore de pouvoir facilement demeurer cachée, n'ayant presque pas d'existence propre en dehors de sa profession, et l'homme qui l'a connue peut s'en retourner tranquillement vers sa femme, sa famille, son église, avec une réputation indemne.

Cependant, malgré la fonction qu'elle remplit indéniablement, malgré son rôle de gardienne de la vertu des femmes et des jeunes filles, et de la vertu apparente des sénateurs et des conseillers de fabrique, elle est universellement méprisée et honnie, paria à peine autorisée à des relations d'affaires avec le reste du monde. Cette injustice criante est née avec le triomphe de la religion chrétienne et a persisté depuis. Le vrai crime des filles, c'est de montrer le pharisaïsme et le vide des déclarations morales. Comme les pensées refoulées de la théorie freudienne, elles sont bannies dans l'oubli et dans l'inconscient. Mais à l'instar de ces exilées de la conscience claire, elles en tirent une vengeance involontaire.

La prostitution n'a pas toujours été cette chose clandestine et abhorrée qu'elle est devenue aujourd'hui. Son origine est parée d'un prestige incomparable. La courtisane était tout d'abord une prêtresse vouée à un dieu ou à une déesse. En se donnant à l'étranger de passage, elle ne faisait qu'accomplir un rite. Elle était alors traitée avec respect et les hommes l'honoraient tout en usant d'elle. Les Pères de l'Église prodiguent des pages innombrables d'invectives contre cette coutume qui démontrait, disaient-ils, la corruption du monde païen et son origine satanique. Les temples furent fermés et la prostitution devint partout ce qu'elle était déjà par endroits, une institution commercialisée et exploitée au profit non pas des prostituées, cela va sans dire, mais de ceux dont elles étaient virtuellement les esclaves. Il n'y a pas très longtemps que la prostituée indépendante, qui est aujourd'hui la plus commune, était encore une rare exception. La grande majorité des filles exerçait dans les « bains » ou « banios » du Moyen Âge, les bordels ou autres établissements mal famés. Dans l'Inde, le passage de la prostitution religieuse à la prostitution commerciale n'est pas encore accompli. Avec une inconscience déconcertante, Katherine Mayo, l'auteur de *Mother India*[1], produit cette survivance de la prostitution religieuse comme une preuve à l'appui de son réquisitoire contre l'Inde.

---

1. *L'Inde et les Anglais,* N.R.F., Paris, 1929.

La prostitution (sauf en Amérique du Sud, comme en témoigne le livre d'Albert Londres) est cependant en déclin. C'est certainement, pour une bonne part, en raison des moyens d'existence plus nombreux qui sont aujourd'hui à la portée des femmes. Sans doute, c'est aussi parce que l'inclination bien plus que l'intérêt porte un nombre croissant de nos contemporaines à contracter des liaisons extraconjugales. Cependant, je ne crois pas que la prostitution puisse être entièrement abolie. Il suffit de songer, par exemple, aux marins qui descendent à terre après un long voyage ; devraient-ils faire une cour en règle aux femmes du pays et attendre qu'elles se donnent spontanément ? Songeons aussi à cette catégorie bien nombreuse d'hommes malheureux en ménage et qui ont peur de leurs femmes. Ces hommes cherchent la tranquillité et le répit et, quand ils sont loin de la maison, souhaitent ces biens sous la forme la plus exempte possible de liens psychologiques. Les raisons de réduire la prostitution au minimum sont pourtant sérieuses. La prostitution justifie les très graves reproches qu'on lui fait. Elle est une menace pour la santé publique, elle cause un préjudice moral à la femme aussi bien qu'à l'homme.

Le danger de contamination est le plus important de ces trois maux. C'est surtout par les prostituées que les maladies vénériennes sont propagées. Les tentatives d'immatriculation et d'inspection administrative des prostituées n'ont pas de grands résultats du point de vue purement médical. Ces mesures se prêtent à d'indésirables abus par la prise qu'elles donnent à la police sur les prostituées et même sur des femmes qui n'avaient nul désir de faire commerce d'elles-mêmes et qui s'étaient trouvées involontairement comprises dans la définition de la loi.

La prostitution telle qu'elle se présente aujourd'hui implique, évidemment, un genre de vie indésirable, les risques de maladies en font un métier aussi dangereux que le travail de la céruse. Au surplus, cette vie est démoralisante, elle est oisive et tend à l'ivrognerie, elle a le grave inconvénient de faire de la prostituée un objet de mépris général. C'est une vie contre nature et qui l'est autant que celle des religieuses. Toutes ces raisons font de la prostitution une carrière tout à fait indésirable dans les pays chrétiens.

Au Japon, paraît-il, il en va tout autrement. La prostitution est reconnue et respectée comme une profession et l'on s'y engage souvent à l'instigation des parents. Il n'est pas rare, dans ce pays, qu'elle soit pour les femmes un moyen de se procurer une dot. Quelques autorités médicales reconnaissent que le Japonais est favorisé d'une immunité relative contre la syphilis, et c'est ainsi que la profession est chez eux exempte de toute l'ignominie que l'on y attache dans nos pays de morale plus rigide. Il est évident que si la prostitution devait survivre, la forme qu'elle prend au Japon serait préférable à celle qui nous est familière en Europe, où plus le niveau moral est élevé, plus profonde est la dégradation qu'implique la vie de la prostituée.

Les rapports avec les prostituées sont appelés à entraîner les pires conséquences morales chez un homme. De cette fréquentation, l'homme prend l'habitude de croire que pour posséder une femme il n'est pas nécessaire de lui plaire. Les effets de cette mentalité sur le mariage peuvent être déplorables, soit en assimilant le mariage à la prostitution, soit en l'y opposant trop radicalement. Il y a des hommes qui sont incapables de désirer une femme qu'ils aiment et qu'ils respectent profondément. Cette impuissance, que le freudisme attribue au complexe d'Œdipe, vient aussi fréquemment, selon moi, de la préoccupation de creuser un abîme aussi profond que possible entre la femme aimée et les prostituées. On peut dire, sans exagérer, qu'il y a une foule de gens aux manières désuètes qui, par leur respect excessif pour leurs femmes, les laissent psychologiquement vierges et inaptes à toute jouissance sexuelle. C'est exactement dans l'autre extrême que tombe l'homme qui, en esprit, assimile sa femme à une prostituée et qui est ainsi porté à oublier que l'acte sexuel ne doit avoir lieu que lorsqu'il est désiré par les deux partenaires et qu'il a été amorcé par un temps de préparation et de séduction ; il est ainsi grossier et brutal et peut provoquer chez la femme un dégoût qu'il n'est pas facile de vaincre par la suite.

L'intrusion du facteur économique dans le domaine sexuel est, comme nous l'avons déjà vu, toujours plus ou moins désastreux. C'est pourquoi les plaisirs sexuels doivent être désintéressés, réciproques et spontanément recherchés par les deux participants, sinon l'amour se trouve privé de tout ce qui en fait le prix. L'usage si intime d'un être humain ne doit pas être séparé du respect de la personne humaine qui fait le fondement de toute vraie morale. Si l'amour n'est que l'impulsion des forces purement physiques, il devient susceptible de faire naître un remords qui fausse les jugements de valeur. Ce qu'on dit de la prostitution reste vrai pour le mariage. Le mariage est pour les femmes le moyen d'existence le plus courant et la somme d'amour endurée à contrecœur par les femmes mariées dans le monde dépasse celle que subissent malgré elles toutes les prostituées ensemble. La morale sexuelle, lorsqu'elle est épurée de toute superstition, consiste précisément à respecter l'autre participant et à éviter de l'employer comme un simple instrument de jouissance égoïste, sans égards pour sa volonté. C'est parce que la prostitution pèche contre ce principe qu'elle serait indésirable, même si les prostituées arrivaient à rentrer dans l'estime générale. Havelock Ellis, dans sa très intéressante étude de la prostitution, invoque en sa faveur une raison que je ne crois pas valable. Il tire argument de quelques remarques sur l'orgie qui exista dans les civilisations très anciennes et qui procurait une issue aux impulsions anarchiques qu'il aurait fallu refréner sans cela.

D'après Havelock Ellis, la prostitution est née de l'orgie et répond en quelque manière aux besoins mêmes que satisfaisaient les coutumes orgiaques. Beaucoup d'hommes, dit-il, ne peuvent trouver de satisfaction complète dans les entraves, le décorum, les convenances du mariage conventionnel. Ces hommes trouvent qu'à l'occasion une visite à une prostituée leur offre l'issue la moins subversive qui soit à leur portée. A cela on peut répondre que l'inhibition des impulsions sexuelles est aussi considérable chez la femme que chez l'homme, et que la libération sexuelle des femmes permettra aux hommes de satisfaire leurs impulsions sans qu'il leur faille pour cela chercher la société de « professionnelles » dont le mobile est purement intéressé. C'est l'un des plus grands avantages qu'il faut attendre de l'affranchissement sexuel de la femme. Autant que j'aie pu l'observer moi-même, les femmes dont les opinions et les sentiments ne sont plus dominés par les vieux tabous, sont capables de donner à leurs amoureux des satisfactions plus complètes que cela n'était possible à l'époque victorienne. Partout où la décadence du vieux moralisme est observée, la prostitution a décliné également. Le jeune homme qui, autrefois, eût été réduit à s'adresser à une professionnelle, a maintenant la possibilité de connaître des jeunes filles de son milieu et de nouer des relations, libres des deux côtés, où l'élément psychologique est aussi important que l'élément physique. Souvent aussi, un degré considérable d'amour passionné naît des deux côtés. Du point de vue de la pure morale, c'est un immense progrès sur le vieux système. Les moralistes traditionnels le regrettent parce que leur faillite ne peut plus être dissimulée. Cette nouvelle liberté de l'amour des jeunes doit être un sujet de joie pour nous, elle est en train de former une nouvelle génération d'hommes sans grossièreté et de femmes sans pruderie. Ceux qui combattent cette nouvelle liberté doivent envisager franchement les effets de leur attitude en faveur de la prostitution, que l'on défend comme l'unique soupape de sûreté contre la pression d'un code, dont la rigueur est désormais intolérable.

11

Le mariage d'essai

Dans une morale rationnelle, le mariage ne devrait pas compter en l'absence d'enfants et un mariage stérile devrait être facilement dissous, car c'est grâce aux enfants seulement que les relations sexuelles prennent une importance sociale et méritent l'attention des lois. Telle n'est pas la conception de l'Église qui, toujours influencée par saint Paul, voit dans le mariage un mal nécessaire qu'elle oppose en manière d'alternative à la fornication, plutôt qu'un moyen de procréation. Cependant, il s'est trouvé même des ecclésiastiques pour s'apercevoir que les hommes ni les femmes n'attendent invariablement le mariage pour se livrer à l'œuvre de chair. En ce qui concerne les hommes, pourvu que les défaillances dont ils se rendaient coupables avec les prostituées fussent convenablement cachées, elles étaient faciles à absoudre ; mais pour les femmes, les moralistes traditionnels ont de plus grandes difficultés à pardonner ce qu'ils appellent l'immoralité. Cependant, en Amérique, en Angleterre, en Allemagne et en Scandinavie, un grand changement s'est opéré. Un nombre considérable de jeunes filles appartenant aux familles les plus honorables ont cessé de penser qu'il était nécessaire de sauvegarder leur « vertu » et les jeunes gens, au lieu de jeter leur gourme avec les prostituées, ont désormais affaire aux jeunes filles qu'ils auraient épousées s'ils avaient été plus riches. Il semble qu'en Amérique on soit allé dans cette voie plus loin qu'en Angleterre, en raison, selon moi, de la prohibition et de l'automobile. Grâce à la prohibition, il est *de rigueur*[1]

---

1. En français dans le texte. *(N.d.T.)*

de s'enivrer plus ou moins dans toutes les parties de plaisir, et grâce au fait que beaucoup de jeunes filles possèdent une voiture à elles, c'est un jeu pour elles d'échapper avec leurs amoureux à la surveillance de leurs parents et de leurs voisins. Ce qui en résulte est décrit dans les livres du juge B. Lindsey[2]. Les hommes mûrs accusent ce magistrat d'exagérer, mais tel n'est pas l'avis des jeunes. J'ai tâché, autant que cela est possible au visiteur de passage, de vérifier l'exactitude de ses assertions en interrogeant les jeunes gens. J'ai constaté qu'ils ne cherchaient nullement à nier les faits que décrivait B. Lindsey. Il est constant qu'aujourd'hui une très forte proportion de jeunes filles américaines, qui, mariées par la suite, jouissent de la plus grande honorabilité, ont eu avant le mariage des expériences sexuelles avec plusieurs amoureux. Et même lorsqu'elles ne vont pas jusqu'à l'acte, il y a tant de lutineries et de pelotages que l'absence d'une expérience proprement dite ne saurait passer pour autre chose qu'une véritable perversion.

Je ne puis dire qu'à mon sens cet état de choses soit entièrement satisfaisant. Certains aspects bien indésirables de la situation sont imposés par la morale conventionnelle. La sexualité de contrebande est d'une qualité aussi inférieure que l'alcool de contrebande. Personne ne pourra nier qu'il y ait aujourd'hui plus d'ivrognerie parmi les jeunes femmes, et plus encore les jeunes filles américaines, qu'avant la prohibition. A tourner la loi, on trouve un certain piquant, et en tournant la loi sur l'alcool on tourne tout naturellement les conventions sur la sexualité. Il y a, en outre, le sentiment du danger qui agit comme une espèce d'aphrodisiaque. Il en résulte que les rapports sexuels prennent en Amérique les formes les plus absurdes entre les jeunes gens qui s'y engagent par une sorte de bravade et sous l'influence de l'alcool, car l'amour comme l'alcool doivent se consommer sous leurs formes les plus violemment concentrées, assez peu flatteuses pour les sens, puisque ce sont celles sous lesquelles ils peuvent échapper à la vigilance des autorités. Les liaisons, en dehors du mariage, pleines de dignité, de raison et de cordialité, et auxquelles toute la personnalité participe, ne sont pas en Amérique chose bien fréquente. Jusqu'à ce point, on peut dire que les moralistes ont atteint leur but. Ils n'ont pas supprimé la fornication, loin de là. Au contraire,

2. *La Révolte de la jeunesse moderne*, 1925, et *le Mariage de camaraderie*, 1927.

leur opposition, en lui donnant un piment, n'a servi qu'à la répandre davantage. Mais ils ont réussi à la rendre aussi indésirable qu'ils le disent, de même qu'ils ont réussi à rendre la plupart des alcools que l'on consomme aussi toxiques qu'ils le prétendent de tous les alcools en général. Ils ont contraint la jeunesse à accepter une sexualité sans communauté de vie journalière, sans communauté d'occupations, sans intimité psychologique. Les jeunes les plus timides ne vont pas jusqu'à consommer l'acte sexuel, mais se contentent de cultiver des états morbides d'excitations sexuelles non satisfaites qui sont débilitants et qui risquent de rendre plus tard impossible la pleine jouissance des facultés sexuelles.

Un autre obstacle à ce genre d'excitation sexuelle qui règne en Amérique parmi la jeunesse, vient du trouble qu'en ressent le travail du fait de l'insuffisance du sommeil, car ce sont les heures avancées de la nuit qui sont consacrées à ces amusements.

Par malchance, il arrive aussi que les actes de quelques-uns parmi ces jeunes soient portés à la connaissance d'un des gardiens des mœurs qui, en toute conscience, se met en mesure de faire éclater le scandale dans une sorte d'orgie sadique. Et comme il est impossible en Amérique d'obtenir des renseignements sûrs en matière de procédés anticonceptionnels, des grossesses involontaires ne sont pas rares et sont généralement traitées par l'avortement, dangereux, douloureux, illégal et très peu propice au secret. L'abîme qui se creuse entre l'ancienne et la nouvelle morale dans l'Amérique d'aujourd'hui a aussi l'effet déplorable de rendre impossible toute intimité et toute amitié réelles entre les parents et les enfants ; il est impossible aux parents d'aider les enfants de leurs conseils ou de leur sympathie. Lorsque les enfants sont aux prises avec des difficultés, ils ne peuvent en parler à leurs parents sans provoquer une explosion, un scandale, peut-être, et en tout cas une réaction exaspérée. Les rapports entre les parents et l'enfant cessent ainsi de remplir un rôle utile dès que l'enfant a atteint l'adolescence. Combien plus civilisés doivent nous paraître les indigènes des îles Trobriand où le père dit à l'amant de sa fille : « Tu la baises, fort bien ! Épouse-la[3] ! »

---

3. Bronislaw Malinowski, *La Vie sexuelle des sauvages.*

En dépit de ces difficultés, l'émancipation pourtant incomplète de la jeunesse américaine a ses avantages en comparaison de la situation des aînés. Les jeunes sont plus affranchis de tout rigorisme, moins paralysés d'inhibitions, moins asservis aux autorités irrationnelles. Je crois aussi qu'ils seront moins cruels, moins brutaux et moins violents. Car jusqu'ici, la vie américaine a eu pour caractéristique de porter dans la violence physique ces impulsions anarchiques qui ne pouvaient trouver une issue dans l'amour. Il faut espérer aussi que lorsque la jeune génération atteindra l'âge mûr, elle se souviendra de sa conduite de jeunesse et qu'elle va tolérer des expériences sexuelles qui sont difficilement possibles aujourd'hui, parce qu'il leur faut du secret.

En Angleterre, la situation est à peu près la même, quoique à un stade un peu moins avancé. La prohibition et l'état de l'automobilisme font toute la différence. Il faut dire aussi qu'en Angleterre les gens respectables, à part quelques glorieuses exceptions, sont en général moins brûlants du zèle de persécution que les personnes du même rang en Amérique. Néanmoins, il n'y a qu'une différence de degré entre les deux pays.

Le juge Ben B. Lindsey, qui a été chargé pendant plusieurs années des tribunaux pour enfants de Denver et a eu en cette qualité des occasions incomparables de vérifier ces faits, a proposé une institution qu'il appelle le mariage de camaraderie. Il a malheureusement perdu son poste officiel, car quand l'on constata qu'il en profitait plus pour favoriser le bonheur des jeunes gens que pour leur donner le sentiment du péché, le Ku Klux Klan et les catholiques se liguèrent pour le chasser. Le mariage de camaraderie vient d'un conservateur raisonnable. C'est un effort pour introduire quelque stabilité dans les relations sexuelles. B. Lindsey fait remarquer que l'obstacle principal au mariage, c'est le manque d'argent. L'argent n'est pas seulement nécessaire à cause des enfants possibles, mais aussi parce qu'il n'est pas de bon ton pour une femme de gagner sa vie. Sa conclusion est donc que les jeunes gens devraient pouvoir contracter une union d'un genre nouveau, différente sur trois points du mariage ordinaire :

Tout d'abord ce mariage exclurait l'intention d'avoir des enfants et toutes les connaissances anticonceptionnelles nécessaires seraient fournies aux époux. En second lieu, tout le temps qu'ils n'auraient pas d'enfants, et en l'absence de grossesse, le divorce serait possible par consentement mutuel, et enfin troisième point, en cas de divorce, la femme aurait droit à une pension alimentaire. L'auteur soutient que si une telle institution était établie par la loi, un grand nombre de jeunes gens s'engageraient à des unions relativement durables entraînant la vie commune et exempte des excès et de la débauche de leur conduite actuelle. Il donne des preuves pour démontrer que de jeunes étudiants mariés, par exemple, travaillent mieux que ceux qui se livrent à l'excitation et aux désordres des parties fines et de l'intoxication alcoolique. Je n'ai pas le moindre doute sur l'efficacité des propositions de B. Lindsey. Si elles étaient incorporées aux lois, leur influence constituerait un gain certain du point de vue moral.

Néanmoins, les propositions de B. Lindsey furent accueillies par les clameurs d'indignation et d'horreur de toutes les personnes d'âge mûr et de tous les journaux des États-Unis d'Amérique ! On lui reprocha d'attaquer la sainteté du foyer. En autorisant des mariages dénués d'intentions procréatrices, il déchaînait la luxure autorisée ; on prétendit qu'il exagérait considérablement la fréquence des unions extra-maritales et qu'il diffamait la pureté de la femme américaine. On affirmait que la plupart des hommes d'affaires supportaient tout guillerets la continence sexuelle jusqu'à l'âge de trente ou trente-cinq ans. Toutes ces protestations furent faites et je veux m'efforcer de croire que parmi ceux qui les proclamaient, il y avait des hommes sincères. J'ai entendu beaucoup d'invectives contre le juge B. Lindsey et j'en emportais l'impression que les deux arguments décisifs étaient : premièrement que les propositions du juge de Denver n'auraient pas été approuvées par le Christ ; deuxièmement, qu'elles n'étaient même pas approuvées par les plus avancés des théologiens américains. On parut accorder plus de poids au deuxième argument et avec raison, puisque l'autre est purement hypothétique et n'est pas susceptible d'être vérifié. Personne n'a jamais tenté devant moi de montrer que les propositions du juge B. Lindsey mettaient en péril le bonheur de l'homme. Force me fut donc de conclure que cette considération est entièrement négligeable aux yeux de ceux qui défendent la morale traditionnelle.

Pour moi, je suis entièrement convaincu que le mariage de camaraderie serait un pas de fait dans la bonne voie. Il ne devrait pas être désirable que l'homme ou la femme s'engagent dans la grave entreprise de la procréation des enfants sans avoir une expérience sexuelle préalable. L'acte sexuel chez les êtres humains n'est pas instinctif et de toute apparence ne l'a jamais été depuis qu'il a cessé d'être accompli dans la position dorsale. Il semble donc absurde de demander aux gens de s'engager pour la vie sans qu'ils soient fixés sur leurs compatibilités sexuelles. Au surplus, les procédés anticonceptionnels ont changé tout l'aspect de la question et ont rendu nécessaires des distinctions qui autrefois pouvaient être méconnues. Les créatures humaines peuvent avoir des rapports strictement sexuels dans la prostitution, dans la communauté de vie telle qu'elle apparaît par exemple dans le mariage préconisé par le juge B. Lindsey, ou finalement en vue de fonder une famille. Tous ces motifs sont différents et il n'y a pas de morale juste qui les confonde dans une indistinction totale.

12

La famille d'aujourd'hui

Le lecteur peut avoir oublié maintenant qu'aux deux premiers chapitres nous avons étudié les familles patriarcales et matrilinéaires, et leur influence sur les notions primitives de morale sexuelle. Il faut revenir à l'étude de la famille qui nous offre la seule base rationnelle pour discipliner la liberté sexuelle. Nous sommes au bout d'une longue digression sur la sexualité et le péché et nous ne reviendrons plus sur ce rapport — qui n'a pas été inventé par le christianisme primitif, mais que le christianisme a exploité et qui se trouve aujourd'hui incorporé dans les jugements moraux portés par la plupart d'entre nous. Ce que nous avons à examiner maintenant, c'est le degré de stabilité des relations sexuelles exigé dans l'intérêt des enfants, c'est-à-dire que nous allons considérer l'enfant comme la raison d'un mariage durable. Cette question n'est pas si simple. Il est clair que l'avantage recueilli par l'enfant dans la famille dépend de ce qu'il peut trouver en dehors de la famille. L'existence d'institutions pour enfants trouvés, si parfaites qu'elles seraient préférables à la plupart des familles, est possible. Nous devons aussi nous demander si le père joue un rôle indispensable dans la vie de famille, puisque c'est à cause de lui seulement que la vertu féminine a été jugée essentielle à la famille. Nous avons à examiner les effets de la vie de famille sur la psychologie individuelle de l'enfant — sujet que Freud a traité avec des couleurs assez sombres — et les effets des systèmes économiques sur l'importance du rôle paternel. Il faut nous demander aussi s'il faut désirer que l'État se substitue au père ou peut-être, comme le suggérait Platon, aux deux parents. Et à supposer même que l'on décide en faveur du père et de la mère, il nous faut considérer les cas nombreux où l'un des deux peut être incapable d'assumer ses responsabilités de parent, ou qu'ils soient si malheureusement appariés qu'une séparation soit désirable dans l'intérêt de l'enfant.

Ceux qui sont ennemis de toute licence sexuelle par raison théologique, combattent le divorce comme contraire aux intérêts de l'enfant. Cet argument, cependant, lorsqu'il vient de personnes croyantes, n'est pas de bonne foi, comme l'on peut s'en rendre compte, puisque ces mêmes personnes ne tolèrent ni le divorce ni les anticonceptionnels, même si l'un des parents est syphilitique et que l'enfant risque de l'être aussi.

En ces cas, l'appel que l'on fait avec un sanglot dans la voix en faveur de l'enfant n'est qu'une excuse à la cruauté de la règle religieuse. L'étude de cette question doit être libre de préjugés et pénétrée du sentiment que l'évidence ne se dégage pas de prime abord. Il faut ici récapituler brièvement quelques faits.

La famille est une institution préhumaine dont la justification biologique découle de la nécessité de l'assistance paternelle pendant la grossesse et l'allaitement dans l'intérêt de l'enfant. Mais comme nous l'avons vu dans le cas des indigènes des îles Trobriand, et comme nous pouvons le déduire en toute sûreté dans le cas des singes anthropomorphes, cette assistance n'est pas donnée par le père pour les mêmes raisons chez les sauvages et les singes que chez l'homme civilisé. Le père primitif ignore le lien primitif qui l'unit à l'enfant, qui n'est pour lui que le petit de la femelle qu'il aime. C'est le seul fait qu'il connaisse, puisqu'il l'a vu naître, et c'est le seul qui produise un lien instinctif entre lui et l'enfant. A ce stade, il n'y a pour lui aucune raison biologique de sauvegarder la vertu de sa compagne, quoiqu'il éprouve, sans doute, une jalousie instinctive si son infidélité vient à être imposée à son attention. A ce stade, il n'a pas non plus le sens de la propriété de l'enfant. L'enfant est la propriété de sa femme et du frère de sa femme, mais son seul lien avec l'enfant est un lien d'affection.

Avec le développement de l'intelligence, l'homme dut goûter au fruit de la connaissance du bien et du mal. Il se rend compte qu'il doit s'assurer la vertu de sa femme. La femme et l'enfant deviennent sa propriété et, à un certain niveau du développement économique, ils constituent des biens précieux. Il appelle la religion à la rescousse pour inculquer à sa femme et à ses enfants le sentiment de leurs devoirs envers lui. Ce qui est particulièrement important avec ses enfants, car bien qu'il soit plus fort qu'eux pour un temps, la décrépitude viendra un jour, alors qu'ils seront, eux, dans la force de l'âge. Il y va de son existence même qu'ils le respectent. C'est ici que l'on peut saisir combien le commandement est trompeur et que sa forme est bien plutôt : « Honore tes père et mère afin qu'*ils* vivent longuement. » L'horreur du parricide, que l'on trouve dans les civilisations primitives, montre combien la tentation était difficilement vaincue.

Ce furent les conditions économiques des premières collectivités pastorales et agricoles qui donnèrent à la famille son complet achèvement. Le travail du serf n'était pas à la disposition de tous et, par conséquent, le moyen le plus commode d'obtenir des esclaves était d'en mettre au monde. C'est pour s'assurer le travail des enfants qu'il était utile au père que la famille fût soutenue de toute l'influence de la religion et de la morale. Peu à peu, la primogéniture étendit l'unité familiale aux branches collatérales et fortifia le pouvoir du chef de famille. La royauté et l'aristocratie découlent essentiellement de cet ordre d'institutions et les théologies elles-mêmes, puisque Zeus était le père des dieux et des hommes.

Jusqu'à ce point, le progrès de la civilisation avait accru la force de la famille. C'est à ce moment qu'une tendance hostile à la famille grandit dans l'Occident jusqu'à n'en faire que l'ombre de ce qu'elle était à l'origine. Les causes qui produisirent ce déclin de la famille étaient en partie économiques et en partie culturelles. Sous sa forme la plus achevée, elle n'a jamais convenu ni aux peuples agricoles ni aux peuples marins. Le commerce a été à tous les âges, excepté au nôtre, une cause de civilisation, puisqu'il a mis les hommes en contact avec des coutumes différentes des leurs et les a ainsi émancipés des préjugés de la famille et de la tribu. C'est pourquoi nous trouvons parmi les peuples marins de la Grèce beaucoup moins de servage dans la famille que parmi leurs contemporains. D'autres exemples de l'influence émancipatrice de la mer sont donnés par Venise, la Hollande et l'Angleterre élisabéthaine. C'est, du reste, un point qui est en dehors de notre sujet. Le seul fait qui nous intéresse ici, c'est qu'un membre de la famille parti en voyage, quand les autres restaient au foyer, s'affranchissait de toute autorité familiale et que la famille s'en trouvait affaiblie. L'affluence des populations dans les villes, qui est un caractère des périodes où la civilisation progresse, eut le même effet que le commerce maritime dans la dissolution de la famille. Une autre influence plus importante encore, qui se rattache aux couches inférieures de la société, venait de l'esclavage. Le maître avait peu de respect pour les relations familiales de ses esclaves, il pouvait séparer comme bon lui semblait le mari et la femme, il pouvait tout se permettre naturellement avec les esclaves femmes qui lui plaisaient. Ces influences, il est vrai, ne minèrent pas les familles aristocratiques, que le désir du prestige et du succès tenait unies dans ces querelles de Montaigu et de Capulet qui distinguaient la vie de la cité antique aussi bien que celle du Moyen Âge et de la Renaissance. L'aristocratie, cependant, perdit son importance pendant le premier siècle de l'Empire romain, et le christianisme, qui triompha à la fin, avait été tout d'abord une religion d'esclaves et de prolétaires. L'affaiblissement de la famille, déjà accompli dans ces classes sociales, explique que le christianisme primitif lui fût plutôt hostile et formulât une éthique où la famille tenait moins de place que dans toutes les autres morales, le bouddhisme excepté. Dans l'éthique chrétienne, ce qui est important, c'est la relation de l'âme avec Dieu et non les relations des hommes entre eux. Cependant, le bouddhisme doit nous mettre en garde contre le déterminisme économique des religions. On ne connaît pas suffisamment les conditions de l'Inde au moment de l'expansion bouddhique pour pouvoir assigner des causes économiques à son influence sur l'individu. Je suis assez peu convaincu de l'existence de ces causes. Aux époques où le bouddhisme florissait dans l'Inde, il paraît avoir été surtout une religion de princes et l'on aurait pu s'attendre à ce que les idées familiales aient eu sur eux une prise plus grande que sur toute autre classe sociale. Néanmoins, le mépris de ce monde et le désir du salut se répandirent, entraînant cette conséquence que dans la morale bouddhique la famille tient une place secondaire. Les grands fondateurs de religion, à l'exception de Mahomet et Confucius, si l'on peut qualifier de religieuse la doctrine de ce dernier, ont été, en général, indifférents aux considérations sociales et politiques et ont plutôt cherché à cultiver la perfection de l'âme par la méditation, la discipline et le sacrifice. Les religions qui sont nées pendant l'ère historique, contrairement à celles que l'on trouve déjà au moment des premières sociétés, ont tendance à supposer que l'homme peut accomplir tout son devoir dans la solitude. Elles ont naturellement accordé qu'un homme doit s'acquitter des obligations sociales qu'il peut avoir. Mais, en général, elles n'ont pas considéré la formation de ces obligations comme un devoir en soi. Cette remarque s'applique tout particulièrement à la religion chrétienne, dont l'attitude fut toujours équivoque à l'endroit de la famille. « Quiconque aime son père ou sa mère plus qu'il ne m'aime n'est pas digne de moi », lisons-nous dans l'Évangile, et cela signifie, en effet, qu'un homme doit faire ce qu'il croit juste, même si ses parents pensent différemment, opinion à laquelle un citoyen de la Rome antique ou de la vieille Chine n'eût pas donné son assentiment. Ce levain d'individualisme a agi lentement, mais a tendu à affaiblir graduellement tous les rapports sociaux, surtout chez les hommes les plus consciencieux. Il est moins sensible dans le catholicisme que dans le protestantisme, car dans le protestantisme l'élément anarchique contenu dans le principe qu'il faut obéir à Dieu plutôt qu'à l'homme a pris le pas sur tout le reste. Obéir à Dieu signifie en pratique obéir à sa propre conscience, et les consciences humaines diffèrent. Il s'élèvera donc éventuellement des conflits entre la conscience et les lois, à l'occasion desquels un vrai chrétien est forcé de rendre hommage à celui qui écoute sa propre conscience plutôt que les prescriptions de la loi[1]. Dans les civilisations primitives, le père était un dieu ; dans le christianisme, Dieu est le père et la conséquence a été l'affaiblissement de l'autorité du père terrestre.

La décadence de la famille à l'époque contemporaine peut être attribuée aussi dans l'ensemble à la révolution industrielle. Mais elle avait commencé bien avant et s'était inspirée des théories individualistes. Les jeunes gens affirmaient leur droit de se marier selon leur cœur et non suivant la volonté de leurs parents. La coutume des fils mariés habitant la maison paternelle disparaît d'abord, puis s'établit l'usage pour les filles de quitter la maison pour aller gagner leur vie dès que leur éducation est achevée. Tant qu'on put faire travailler les enfants dans les usines, ils furent pour leurs parents une

---

1. Nous en avons un exemple dans l'indulgence de Lord Hugh Cecil envers les objecteurs de conscience pendant la guerre.

source de revenus, en attendant de mourir d'épuisement. Mais les lois sur le travail des usines mirent fin à cette forme d'exploitation, malgré les protestations de ceux qui en vivaient, et les enfants, de moyens d'existence, devinrent une charge pécuniaire. C'est de ce moment que les anticonceptionnels commencèrent à être connus et que la chute de la natalité se fit partout sentir. Car il y a beaucoup de raisons à l'appui de la théorie qui prétend que la moyenne des hommes, à toutes les époques, a eu le nombre d'enfants qu'elle avait intérêt à avoir. En tout cas, cette affirmation est vraie pour les aborigènes de l'Australie, les ouvriers de l'industrie cotonnière de Lancastre et les pairs d'Angleterre. Sans prétendre que cette théorie puisse se soutenir avec une exactitude rigoureuse, je ne pense pas qu'elle soit si éloignée de la réalité que l'on est porté à le croire.

La situation de la famille à l'époque moderne a été poussée jusque dans ses derniers retranchements par l'action de l'État. Aux jours de sa splendeur la plus vive, la famille était composée d'un patriarche avancé en âge, d'un grand nombre de fils, de leurs femmes et de leurs enfants et quelquefois des enfants de leurs enfants, tous vivant sous le même toit, collaborant tous à une même unité économique, aussi solide et fermée au monde extérieur que les nations militaristes modernes. Aujourd'hui, la famille se réduit au père, à la mère et à leurs jeunes enfants. Mais les enfants eux-mêmes, par une décision de l'État, passent la plupart de leur temps à l'école, où ils apprennent ce que l'État juge bon de leur enseigner, non ce qui plaît à leurs parents. Le père moderne, loin d'avoir le droit de vie et de mort sur ses enfants, comme le père de la Rome antique, est passible de poursuites pour cruauté s'il traite ses enfants comme la plupart des pères jugeaient bon de les élever autrefois. L'État donne les soins médicaux à l'enfant si les parents sont indigents. Les fonctions du père sont ainsi réduites au strict minimum, puisque l'État s'en charge. Avec le progrès de la civilisation, cette évolution est inévitable. Dans les conditions de la société primitive, le père était nécessaire, comme il l'est encore parmi les oiseaux et les singes anthropoïdes, pour des raisons économiques et pour protéger les petits et leur mère contre la violence. Il y a longtemps que l'État a pris ce dernier rôle. Un enfant, aujourd'hui, ne court pas plus de risques d'être assassiné si son père vient à mourir que lorsqu'il est en vie. Et même, dans les classes riches, la fonction économique du père peut être remplie à sa mort plus facilement que s'il vivait, car il peut laisser à ses enfants de l'argent qu'il n'aura pas à partager avec eux pour son propre entretien. Pour ceux qui vivent de leur travail, le père est encore économiquement utile, mais sur le plan des ressources, cette utilité décroît continuellement par le sentiment humanitaire de la collectivité qui tient à ce que l'enfant reçoive un minimum de soins, même si son père n'est pas là pour y veiller. C'est dans la classe moyenne que le père présente le plus d'importance, car tant qu'il vit et gagne de bons revenus, il peut faire profiter ses enfants d'une bonne éducation qui leur permettra de garder leur rang social et leur fortune, tandis que sa mort peut leur faire courir de très grands risques de descendre dans l'échelle sociale. Cette condition si précaire trouve cependant un remède très efficace dans l'usage de l'assurance sur la vie, au moyen de laquelle un père prudent, même dans les professions libérales, peut contribuer sérieusement à diminuer sa propre utilité.

Dans le monde moderne, la grande majorité des pères sont trop accablés de travail pour voir beaucoup leurs propres enfants. Le matin, ils sont trop pressés de partir à leurs occupations pour trouver le temps d'une conversation ; à leur retour, le soir, les enfants sont au lit ou devraient y être. On raconte souvent l'histoire d'enfants qui parlent de leur père comme du monsieur qui vient pour le week-end. Dans le grave domaine de la surveillance, les pères peuvent donc rarement intervenir ; en fait, ce devoir est partagé par les mères et les administrations de l'enseignement. Il est vrai que l'affection du père est souvent très vive, malgré la brièveté des heures qu'il peut passer en compagnie de l'enfant. N'importe quel dimanche de Londres nous offre le spectacle d'une foule de pères accompagnés de leurs enfants et jouissant avec un bonheur évident de cette occasion de les connaître. Mais quel que soit le point de vue du père, celui de l'enfant est purement récréatif et leur rencontre n'a pas un caractère de sérieuse importance.

Dans les classes riches et les milieux des professions libérales, l'usage est de confier l'enfant aux soins des bonnes et de les envoyer plus tard dans un internat. La mère choisit la bonne et le père l'école, et gardent ainsi l'illusion de leur puissance paternelle sur leur rejeton. C'est une faculté dont ne jouissent pas les parents ouvriers. Mais, en revanche, pour le contact intime avec l'enfant, il y en a moins dans la famille riche que dans la famille ouvrière. Aux vacances, l'enfant bourgeois a des rapports, pour ses amusements, avec son père, mais ce dernier n'a pas plus de part que l'ouvrier à son éducation.

Quand l'enfant atteint l'adolescence, un conflit est appelé bien souvent à naître entre ses parents et lui, car il se juge alors capable de mener tout seul sa barque, tandis que ces derniers sont pleins d'une sollicitude paternelle qui n'est souvent que le déguisement de leur désir d'autorité. Les parents estiment alors que les divers problèmes moraux qui se posent dans l'adolescence doivent, tout particulièrement, être de leur ressort. Mais les opinions qu'ils expriment sont si dogmatiques que les jeunes leur font rarement confiance et, en secret, n'en font qu'à leur tête. Ici encore, on ne peut guère prétendre que la plupart des parents soient de quelque utilité.

Jusqu'ici, nous n'avons examiné que les points faibles de la famille moderne. Demandons-nous maintenant où résident encore ses forces.

La famille compte aujourd'hui beaucoup plus par la jouissance des sentiments qu'elle procure aux parents que pour toute autre raison. Les sentiments de paternité ou de maternité entrent peut-être plus que les autres dans la détermination de l'activité. Si l'on a des enfants, on règle sa vie par rapport à eux et l'enfant inspire à des parents même médiocres une conduite exempte de tout égoïsme, dont nous voyons peut-être l'exemple le plus frappant, le plus précieux, dans l'assurance sur la vie. Dans les manuels des économistes d'il y a cent ans, l'homme n'était jamais pourvu d'enfants ; dans l'imagination de l'économiste, il en avait peut-être, mais le principe de concurrence générale postulée par le savant n'était pas étendu au père et au fils. La psychologie de l'assurance sur la vie se situe ainsi dans un domaine tout à fait étranger au cycle de mobiles étudiés par l'économie politique classique. Cette dernière, cependant, n'avait pas de psychologie propre, puisque le désir de propriété est très intimement lié aux sentiments des parents. Rivers alla jusqu'à donner à entendre que toute la propriété privée découle des sentiments familiaux. Il mentionne certains oiseaux qui ont une propriété privée pendant le temps de la couvée, mais non pas en d'autres saisons. La plupart des hommes peuvent témoigner qu'ils deviennent beaucoup plus capables de gagner leur vie lorsqu'ils ont un enfant. C'est l'effet des causes instinctives, dans le sens vulgaire du mot, c'est-à-dire qu'il est spontané et jaillit d'une source subconsciente. Je pense qu'à cet égard la famille a été d'une importance incalculable dans le développement de l'humanité et elle reste encore un facteur capital parmi ceux qui ont suffisamment d'aisance pour pouvoir épargner.

Sur ce point, un différend s'élève fréquemment entre les pères et les enfants. Un homme qui travaille dur dit souvent à son fils oisif qu'il s'est échiné toute sa vie uniquement pour son bien. Le fils aimerait mieux pour l'instant un gros billet et un peu d'indulgence que toute la fortune de son père quand il mourra. Le fils remarque, du reste, que son père va à son bureau par la force de l'habitude plutôt que par affection paternelle. Le fils est persuadé que son père est un roublard, le père que son fils est un vaurien, un panier percé. Le fils, pourtant, est injuste ; il voit son père à l'âge mûr, au moment où toutes ses habitudes sont déjà formées, et il ne se rend pas compte des forces obscures et inconscientes qui l'ont dirigé. Le père, parfois, a souffert de la pauvreté dans sa jeunesse, et la naissance de son premier enfant lui fit jurer que jamais ses enfants ne connaîtraient la misère qu'il avait endurée. Une telle résolution est importante et vitale et n'a jamais besoin d'être répétée à la conscience, puisque, par la suite, elle domine toujours la conduite. C'est en ce sens que la famille est encore une force très puissante.

En ce qui concerne l'enfant, une chose importe avant tout, c'est l'affection des parents qui ne va à personne d'autre qu'à ses frères et sœurs. Elle constitue un bien et un mal, et je me propose de considérer les effets psychologiques du milieu familial sur l'enfant ; il me suffira donc de mentionner un élément capital dans la formation du caractère, et de dire que les enfants élevés loin de leurs parents peuvent différer en bien ou en mal des autres enfants.

Dans une société aristocratique, ou à vrai dire dans toute société qui favorise la distinction personnelle, la famille est pour certains individus un gage de continuité historique. L'observation semble prouver que les gens qui s'appellent Darwin ont plus de succès dans les sciences que s'ils se fussent appelés Snooks. Il est tout à fait impossible de faire la part de l'hérédité et de l'ambiance dans ces cas-là, mais je suis totalement persuadé que la tradition familiale joue un rôle considérable dans les phénomènes que Galton et ses disciples attribuent à l'hérédité. On pourrait donner comme exemple de l'influence des traditions familiales la raison qui, comme on le prétend, a conduit Samuel Butler à inventer sa doctrine de la mémoire inconsciente et à soutenir une théorie néo-lamarckienne de l'hérédité. Il paraît, en effet, que c'est pour des raisons de famille qu'il jugea nécessaire de s'opposer à Charles Darwin. Son grand-père, dit-on, s'était querellé avec le grand-père de Darwin. Butler était donc prédestiné à être l'adversaire de Darwin. C'est ainsi que Methusala a les traits que Bernard Shaw lui donne, parce que Darwin et Butler eurent des grands-pères trop vifs. Par ce temps de pratiques anticonceptionnelles, peut-être l'importance la plus décisive du système familial tient-elle dans le fait qu'il maintient l'usage d'avoir des enfants. L'homme, s'il ne devait avoir aucun droit sur son enfant, s'il n'avait aucune occasion de lui donner son affection, verrait peu de nécessité de l'engendrer. Avec une légère modification de nos institutions économiques, il serait encore possible de former des familles de mères seulement, mais ces familles ne nous intéressent pas pour l'instant, puisqu'elles ne seraient la source d'aucune vertu sexuelle ; c'est la famille en tant que base d'un mariage stable qui nous intéresse pour le moment. Il se peut, et je crois l'éventualité loin d'être improbable, que le père soit éliminé avant longtemps, excepté parmi les riches (à supposer que le socialisme n'ait pas encore supprimé les riches). En ce cas, les femmes partageraient leurs enfants avec l'État et non pas avec un père. Elles auraient le nombre d'enfants qu'elles désireraient et le père n'aurait pas de responsabilités, car si les mères sont de dispositions tant soit peu folâtres, la paternité sera indémontrable. Nous pensons que si jamais un tel état de choses advient, un changement inouï se produira dans la psychologie et les activités de l'homme. Changement beaucoup plus profond que beaucoup ne le supposent. Je ne me hasarderai pas à prophétiser si les effets en seraient funestes ou bienfaisants. Une telle révolution éliminerait de la vie psychologique le seul sentiment qui soit comparable à l'amour sexuel, qu'elle rendrait encore plus banal ; elle enlèverait à l'homme toute raison de s'intéresser à ce qui dépasse sa propre vie. Elle rendrait les hommes moins actifs et les porterait à se retirer plus tôt d'une vie de travail. Elle affaiblirait l'intérêt qu'ils prennent à l'histoire humaine et diminuerait leur sens de la continuité des traditions historiques. Elle ferait disparaître en même temps la plus sauvage et la plus violente des passions auxquelles les hommes civilisés soient sujets, je veux dire la rage qui les anime quand ils défendent leurs femmes et leurs enfants des attaques des hommes de couleur. Je pense que cette révolution rendrait aussi les hommes moins portés à la guerre, moins cupides. Impossible de faire la balance entre les bonnes et les mauvaises conséquences, mais il est évident qu'elles seraient profondes et d'une portée immense. Il reste néanmoins que la famille patriarcale garde encore son importance, quoique sa durée puisse être déjà mise en doute.

13

La famille et la psychologie individuelle

Je voudrais, dans ce chapitre, étudier l'action du milieu familial sur l'individu. Cette influence s'exerce sur la mère, le père et les enfants. Il est naturellement difficile de la distinguer sous ces rapports, puisque la famille forme une unité très fortement intégrée et que tout ce qui affecte les parents affecte aussi l'enfant. C'est pourtant cette division que j'adopterai et je commencerai par l'enfant.

S'il fallait en croire Freud, les sentiments de l'enfant pour les autres membres de sa famille seraient d'une nature presque désespérante. Le fils hait son père, qu'il regarde comme un rival ; il éprouve pour sa mère des sentiments que la morale traditionnelle a en abomination. Il hait ses frères et ses sœurs parce qu'ils détournent une part de l'affection des parents qu'il voudrait entièrement concentrée sur lui.

Dans le cours de sa vie, les effets de ces turbulentes passions infantiles sont redoutables et variés, allant de l'homosexualité à la phobie.

La théorie freudienne a causé moins d'horreur qu'on pouvait le supposer. Il est vrai que des professeurs ont été révoqués pour l'avoir admise et que la police britannique a déporté Homer Lane, l'un des hommes les plus remarquables de cette génération, pour l'avoir mise en pratique. Mais telle est l'influence de l'ascétisme chrétien que les gens furent plus offusqués par la prééminence donnée à la sexualité que par la peinture des haines qui troublent l'enfance. Une opinion sur l'exactitude des théories freudiennes est indispensable à notre étude. Je dois, pour ma part, confesser qu'une expérience très considérable, acquise au cours des récentes années, m'a conduit à penser qu'il y a beaucoup plus de vérité dans cette doctrine que je n'étais porté à le croire tout d'abord.

Je pense, néanmoins, qu'elle ne représente qu'un côté de la vérité, et un côté dont les parents, avec un peu de bon sens, peuvent atténuer l'importance.

Prenons tout d'abord le complexe d'Œdipe.

Je pense que dans la première enfance, l'hétérosexualité est même plus forte que les œuvres de Freud ne le font supposer. Il n'est pas difficile qu'une mère imprudente fixe sans le vouloir sur elle-même les sentiments hétérosexuels de son fils, et s'il en est ainsi, les conséquences regrettables indiquées par Freud s'ensuivront probablement. C'est ce qui a moins de chances de se produire si la vie sexuelle de la mère lui procure pleine satisfaction, car en ce cas elle ne se tourne pas vers l'enfant pour lui demander le genre de satisfaction émotive qu'elle devrait normalement attendre d'un adulte.

A l'état pur, le sentiment de la mère la porte à donner ses soins à son enfant et non pas à lui demander de l'affection, et si une femme est heureuse dans ses amours, elle s'abstient spontanément de tout appel susceptible de provoquer une réponse passionnelle chez son enfant. Une mère, cependant, ne peut s'assurer un contentement perpétuel en amour, et aux moments d'insatisfaction, elle a besoin d'une certaine maîtrise de soi. Ce degré de maîtrise n'est pas difficile à exercer, mais il a été utile d'en faire sentir la nécessité, car autrefois il était admis que la conduite d'une mère qui prodiguait ses caresses à ses enfants était parfaitement irréprochable. Les sentiments hétérosexuels des jeunes enfants peuvent trouver une issue inoffensive avec les autres enfants. Sous cette forme, ils entrent dans les jeux, et, comme les jeux, constituent une préparation aux activités de l'adulte. A partir de trois ou quatre ans un enfant a besoin, pour son développement émotif, de la compagnie d'autres enfants des deux sexes, non seulement de ses frères et sœurs d'âge nécessairement différent, mais aussi de ses contemporains.

Trop petite, la famille moderne est étouffante et trop confinée pour la saine évolution de l'enfant au cours de ses premières années, mais cela ne signifie pas qu'elle soit un élément indésirable dans l'ambiance où l'enfant vit.

Les mères ne sont pas les seules à éveiller en l'enfant des sentiments d'une nature aussi fâcheuse ; les servantes et les gouvernantes, les maîtresses d'école, plus tard, sont également dangereuses, plus peut-être, car ces salariées sont souvent affamées d'amour. Les autorités de l'enseignement préconisent toujours l'emploi de vieilles filles malheureuses pour la surveillance des enfants. Ignorance psychologique crasse et qui ne peut être que le fait de ceux qui n'ont jamais rien compris à l'évolution passionnelle de l'enfance.

La jalousie entre frères et sœurs est fréquente dans les familles. Il arrive qu'elle soit plus tard la cause de manies homicides ainsi que de divers autres dérangements nerveux. Ce danger non plus n'est pas difficile à prévenir, pourvu que ceux qui ont charge de l'enfant prennent la peine de surveiller leur propre conduite. Les injustices et les faveurs doivent être soigneusement évitées. Ces maximes pourtant simples sont souvent négligées. Elles sont la garantie d'une bonne influence du milieu familial sur le caractère de l'enfant.

D'autre part, les enfants que n'entoure pas la chaude affection d'une mère deviennent facilement nerveux ; il peut arriver que cette circonstance soit une cause de kleptomanie. L'affection des parents donne, en ce monde hostile, de la confiance, de la hardiesse dans l'expérimentation et l'exploration de l'entourage. Il est nécessaire pour la vie mentale de l'enfant qu'il se sente l'objet d'une chaude affection, car il a d'instinct le sentiment de son impuissance et du besoin de protection que l'affection seule peut lui assurer. C'est cette chaude sollicitude qui doit le rendre heureux, courageux, expansif.

Des parents sages doivent à leurs enfants un autre service encore qu'ils rendaient très rarement jusqu'ici… à eux-mêmes. Ce service consiste à les initier aux phénomènes de la génération et de la sexualité de la manière la plus satisfaisante possible. Si les enfants acquièrent ces notions présentées comme une relation entre leurs parents à laquelle ils doivent la vie, ce sera la meilleure introduction aux faits sexuels dont ils apprendront ainsi l'importance biologique. Autrefois, ils s'en instruisaient toujours par les plaisanteries grivoises qui présentaient ces faits comme des plaisirs honteux. Cette initiation par les conversations clandestines et polissonnes laissait généralement une impression ineffaçable qui rendait impossible toute attitude raisonnable envers l'amour.

Mais avant de conclure dans l'ensemble à l'opportunité ou à l'inopportunité de la vie familiale, il faut naturellement chercher par quoi elle pourrait être remplacée pratiquement.

On ne voit guère que la famille matriarcale ou l'orphelinat. Il faudrait des changements économiques profonds pour réaliser l'une ou l'autre. Nous pourrons raisonner par hypothèse sur les effets qu'elles auraient sur le caractère de l'enfant.

Tout d'abord le système matriarcal.

Plusieurs hypothèses se présentent. L'enfant ne connaîtrait qu'un parent, la mère. Une femme n'aurait un enfant que lorsqu'elle en éprouverait le désir, sans escompter que le père prenne le moindre intérêt à l'enfant, sans avoir à choisir nécessairement le même père pour des enfants différents. En admettant que les conditions économiques s'y prêtent, ce système serait-il préjudiciable aux enfants ?

En d'autres termes, quel est en réalité l'effet psychologique de l'existence d'un père reconnu sur l'enfant ? Je pense que cet effet est précisément dans le lien que la connaissance du père établit avec la sexualité, l'amour conjugal et la génération. Il y a également un avantage décisif pour l'enfant à prendre contact dès la première enfance avec le plan masculin aussi bien que le plan féminin de la vie. Pour les garçons, c'est un point capital. Mais je ne m'exagère pas l'utilité du père. Les enfants dont le père est mort dès leur bas âge ne tournent pas plus mal que les autres. Sans doute, le père idéal est mieux que l'absence de père, mais tant de pères en sont si loin que cette absence même serait plutôt un gain positif pour l'enfant.

Tout notre raisonnement repose sur l'hypothèse de conventions entièrement différentes de celles qui nous régissent actuellement.

Or, l'enfant souffre de toute infraction aux convenances et à la règle normale, puisqu'il n'y a rien de plus pénible pour lui que le sentiment d'être différent des autres. Cette réflexion s'applique au divorce moderne. Un enfant habitué à deux parents et qui s'est attaché à eux rencontre dans le divorce un événement fatal à son sentiment de sécurité ; il est exact que cela peut être chez lui une cause de désordres mentaux. La séparation des parents, une fois que l'enfant s'est attaché à eux, constitue une grave responsabilité. C'est pourquoi je pense qu'une société sans père est, à tout prendre, préférable à une société où le divorce est fréquent tout en restant considéré comme exceptionnel.

Je ne vois guère de bonnes raisons à l'appui de la proposition de Platon de séparer les enfants de leur mère aussi bien que de leur père. On a déjà montré ici que l'affection des parents est essentielle au développement de l'enfant, et que s'il lui suffisait de la recevoir de l'un d'eux, il était néanmoins regrettable qu'elle ne pût lui être dispensée par les deux ensemble. Du point de vue de la morale sexuelle qui nous occupe ici tout particulièrement, c'est l'utilité du père qui fait le fond de la question. Et il est difficile de donner une réponse catégorique. Tout ce qu'on peut dire est que dans les conditions les plus favorables, le père est utile dans une certaine mesure, tandis que pour le pire, il est appelé par sa tyrannie, son mauvais caractère, ses dispositions querelleuses, à faire plus de mal que de bien. Au point de vue des conséquences psychologiques sur l'enfant, la cause du père n'est donc pas très défendable.

Il est difficile d'apprécier l'importance de la famille, dans son état actuel, sur la psychologie de la mère.

Pendant la grossesse et l'allaitement, la femme sent, en général, le besoin instinctif d'une protection masculine, sentiment vraisemblablement hérité de l'ancêtre anthropoïde. Nul doute que la femme qui, dans notre monde si âpre et si blessant, est forcée de se passer de cette protection, ne tende à être excessivement agressive et aigrie. Ce besoin de protection, cependant, n'est pas purement instinctif ; il serait considérablement atténué et entièrement aboli si l'État donnait les soins requis à celles qui attendent ou qui allaitent un enfant. Mais le plus grand détriment s'il n'y avait pas de père au foyer serait l'affaiblissement de toute intimité et de tout sérieux dans les relations des femmes avec le sexe masculin. Les êtres humains sont ainsi faits que chaque sexe à beaucoup à apprendre de l'autre, et les instants de passion seuls ne peuvent suffire à cet enseignement mutuel. La collaboration dans la grave tâche d'élever des enfants et de longues années de vie commune sont pour les deux parties une source de rapports plus féconds que si l'homme n'avait aucune part à l'éducation de l'enfant. Je ne crois pas que les femmes qui vivent dans une atmosphère purement féminine ou dont les contacts avec l'homme sont anodins, soient aussi propres à l'éducation sentimentale de l'enfant que celles qui sont heureusement mariées et qui collaborent avec le mari à toutes les phases de l'éducation.

Mais d'autres considérations doivent intervenir : si une femme est mal mariée, ce qui arrive après tout bien souvent, son malheur lui permettra difficilement de conserver l'équilibre émotionnel nécessaire à ses rapports avec les enfants. Dans ce cas, elle fera indubitablement une meilleure mère si elle est loin du mari. C'est ainsi que nous sommes conduits à cette conclusion banale : « Les bons mariages sont bienfaisants ; les mauvais sont nuisibles. »

Les effets du mariage sur le père sont de beaucoup la question la plus importante.

C'est le moment d'indiquer le sens de la paternité et l'affectivité qui s'y rattache. Le développement de la famille patriarcale nous permet de mesurer la puissance du sentiment paternel. Mais, pour des causes difficiles à pénétrer, ce sentiment n'est pas aussi fort dans les sociétés très civilisées que dans les autres. Le patricien romain de l'Empire cessa, semble-t-il, de l'approuver, et beaucoup de nos contemporains intellectualisés en sont à peu près dépourvus : néanmoins, la grande majorité des hommes l'éprouvent et c'est pour cette raison que beaucoup d'hommes, même dans les sociétés les plus civilisés, se marient, puisqu'il leur serait très facile autrement de satisfaire leur besoin sexuel. On fait passer le désir d'un enfant comme plus courant chez les femmes que chez les hommes. Je crois exactement le contraire. Dans beaucoup de mariages modernes, l'enfant est une concession que la femme fait au désir de l'homme. Une femme, après tout, afin de mettre au monde un enfant doit affronter bien des souffrances et risquer la perte de sa beauté. L'homme n'a rien de tout cela à craindre et ses raisons de limiter sa famille ne sont qu'économiques.

Les hommes engendreraient-ils des enfants s'ils ne devaient pas jouir des droits que la paternité leur confère aujourd'hui ? Certains affirment que s'ils devaient être libres de toute responsabilité ils seraient plus imprévoyants. Je n'en crois rien. Un homme qui désire un enfant désire justement les responsabilités qu'il crée. A notre époque de pratiques anticonceptionnelles, l'homme n'accepte pas l'enfant comme un simple accident au cours de sa poursuite du plaisir. Naturellement, quel que soit le sens des lois, il sera toujours possible à un homme et à une femme de vivre une vie commune qui permette à l'homme de jouir de sa situation de père. Mais si la loi et les usages s'accordaient à prescrire que l'enfant appartient à la mère seule, les femmes n'abdiqueraient pas leurs droits pour un statut du mariage tel qu'il existe aujourd'hui et qui entraîne le partage de l'enfant. Il faudrait donc s'attendre que les hommes ne réussissent pas à persuader les femmes de leur concéder une partie des droits que la loi viendrait à leur accorder exclusivement. On a entrevu dans le chapitre précédent que le sérieux des rapports entre les deux sexes était gravement menacé par les conséquences psychologiques d'un tel système. L'homme ne deviendrait capable de s'intéresser qu'à sa carrière, à son pays ou à des objets tout à fait abstraits. Mais il ne faudrait pas trop généraliser dans cette voie, car les hommes diffèrent assez profondément entre eux pour qu'une réforme, nuisible aux uns, apporte aux autres une entière satisfaction. Mon opinion néanmoins, quoique je l'avance avec assez de réserve, est que l'élimination de la paternité, en tant que relation sociale reconnue, tendrait à rendre la vie passionnelle de l'homme superficielle et banale et produirait inévitablement un état de désespoir et d'ennui croissant, où la disparition graduelle de la procréation laisserait à ceux qui auraient gardé les vieilles convictions la charge de la perpétuation de la race humaine. L'arrêt de la natalité qui s'ensuivrait pourrait être naturellement prévenu si l'on versait aux femmes des indemnités suffisantes pour la maternité.

14

La famille et l'état

La famille, bien que d'origine biologique, est une institution légale dans les sociétés civilisées. Le mariage et la puissance paternelle sont prévus en détail par la loi. En dehors du mariage le père n'a aucun droit et l'enfant appartient exclusivement à la mère. Mais bien que l'intention de la loi soit de maintenir l'institution familiale, elle est intervenue constamment entre parents et enfants, contre la volonté et l'intention des premiers législateurs. Ces interventions constituent l'une des machines de destruction les plus efficaces du système familial. Nous avons déjà rappelé l'opposition que rencontraient au XIXᵉ siècle les lois sur le travail des enfants. Le droit sacré qu'avaient les pères de tuer leurs enfants à petit feu dans le travail d'usine était défendu en ce temps-là par les parents, les employeurs et les économistes. Nous savons que depuis la législation industrielle sur le travail des enfants, l'avènement de l'instruction obligatoire est venu restreindre encore le champ de l'autorité paternelle. L'État accapare donc les enfants pour l'école ; il leur donne l'instruction qu'il juge la meilleure. L'État s'occupe de leur santé, même si les parents sont des adeptes de la « science chrétienne ». Si l'enfant est mentalement débile, il est envoyé à une école spéciale, s'il arrive en classe avec des traces de mauvais traitements, les parents sont passibles de sanctions pénales. Un des rares droits qui restent aux parents des classes ouvrières est celui de faire enseigner à leurs enfants la superstition religieuse la plus partagée dans le voisinage. Et ce droit même leur est refusé aujourd'hui dans beaucoup de pays.

On ne voit guère de limite à cette substitution de l'État au père, car c'est précisément le rôle du père que l'État s'est attribué puisqu'il rend à l'enfant les services que le père aurait eu à payer. Dans les classes aisées ou dans la moyenne bourgeoisie, cette fonction de l'État n'a pas encore joué : c'est pourquoi le père reste encore important et la famille plus stable parmi les riches. Partout où le socialisme s'est installé sérieusement, comme en Russie soviétique, l'abolition ou la complète transformation des institutions d'enseignement destinées à l'origine aux enfants riches a été reconnue d'une importance vitale. On imagine difficilement une telle évolution en Angleterre. Des socialistes anglais notoires frémissent à l'idée de rendre l'école primaire obligatoire. « Quoi, s'écrient-ils, mes enfants fréquenteraient les enfants des taudis ! » Ces étranges socialistes ne peuvent se rendre compte que la profonde division des classes est liée au système éducatif.

Excepté en Russie, cette ingérence de l'État dans les fonctions du père n'a pas lieu dans les classes riches ; ce qui a pour effet de produire deux orientations d'esprit très différentes parmi les riches et les pauvres, et un affaiblissement de la famille chez ces derniers, tandis qu'il n'y a guère de changement du côté des riches. Il faut en tout cas s'attendre à une intervention de plus en plus poussée de l'État sous l'influence des sentiments humanitaires pour l'enfance.

Il est coûteux et dispendieux aussi bien que cruel de ruiner la santé des enfants dès leurs premières années, et les progrès de l'hygiène imposeront des exigences croissantes pour défendre l'enfant contre d'inutiles souffrances. Il existe, il est vrai, une violente résistance contre toutes ces idées. Dans tous les arrondissements de Londres, les riches se liguent pour réduire les impôts, de manière que le moins possible soit fait pour le soulagement des souffrances et de la misère. Quand les autorités locales, comme dans le quartier de Poplar, prennent des mesures réellement efficaces pour diminuer la mortalité infantile, on les emprisonne. Malgré ces obstacles on peut compter, avec certitude, que les initiatives de l'État ne feront que des progrès dans cette direction et entraîneront une limitation graduelle des fonctions paternelles. Le père semble sur le point de perdre sa raison d'être biologique et c'est ainsi qu'il faudrait s'attendre dans la société capitaliste à une séparation de plus en plus profonde de la société en deux castes, les riches conservant la famille sous sa forme ancienne et les pauvres s'en remettant de plus en plus à l'État pour les soins à donner aux enfants, à la place de leur père selon la nature.

Des transformations plus radicales de la famille ont été envisagées en Russie soviétique mais comme 80 % de la population sont formés de paysans chez qui la famille est restée aussi forte qu'elle l'était en Occident, au Moyen Âge, les théories communistes n'affecteront vraisemblablement que les villes, fraction comparativement restreinte de la population. Il se peut d'ailleurs que la Russie nous offre l'exacte antithèse de la situation des pays capitalistes, c'est-à-dire une classe dirigeante qui se passe de la famille et une classe inférieure qui la conserve.

Une force puissante contribue à l'élimination du père : c'est le désir d'indépendance pécuniaire chez la femme. Les femmes qui ont pu exprimer leurs suffrages n'étaient pas mariées. Les griefs des femmes mariées sont maintenant plus sérieux que ceux des femmes célibataires. Malgré les avantages des lois, elles sont en état d'infériorité dans la concurrence pour le travail. Le non-emploi des femmes mariées tient entièrement à la volonté chez les hommes de garder un avantage économique sur elles. Il ne faut pas s'imaginer que les femmes subiront indéfiniment cette tyrannie. En Angleterre, la difficulté pour elles est de trouver un parti qui adopte leur cause, car les conservateurs aiment le foyer et les socialistes aiment l'ouvrier. Mais maintenant que les femmes sont la majorité, elles n'accepteront pas toujours d'être reléguées au second plan. Leurs revendications sont appelées à avoir des conséquences très profondes sur la famille. Or, il y a pour les femmes mariées deux manières de conquérir l'indépendance économique. L'une est de rester employées à leur poste, ce qui suppose qu'elles laisseront leurs enfants à la garde d'étrangers mercenaires, et cela entraînerait le développement intensif des crèches et des pouponnières. Il en résulterait logiquement l'élimination de la mère, aussi bien que du père, de la vie psychologique de l'enfant. Une autre méthode consisterait à allouer une indemnité aux jeunes mères, à charge pour elles de se consacrer entièrement à leurs enfants. Cette méthode ne serait pas pratique et aurait besoin d'être complétée par des dispositions légales prévoyant le réemploi des mères quand leurs enfants atteindraient un certain âge. Mais cette mesure aurait l'avantage de permettre aux femmes de s'occuper elles-mêmes de leurs enfants sans avoir besoin de rester pour cela dans la dépendance humiliante d'un homme ; cette mesure aurait aussi l'avantage de consacrer l'évolution d'une mentalité : avoir un enfant, c'était autrefois la conséquence du plaisir sensuel ; c'est aujourd'hui l'acceptation d'une tâche délibérément assumée, tâche qui, profitant à l'État plutôt qu'aux parents, doit être payée par celui-là au lieu d'être la cause d'une charge très lourde pour ceux-ci. C'est ce que reconnaissent « les allocations aux familles » qui ne sont pas encore payées à la mère exclusivement. Mais on peut présumer cependant que le féminisme croissant des classes ouvrières finira par l'emporter sur ce point aussi.

A supposer qu'une telle loi soit adoptée, ses effets sur la morale familiale dépendront de sa rédaction. La loi peut stipuler que la mère de l'enfant illégitime n'aura pas droit à l'allocation ou que c'est le père qui en bénéficiera s'il existe contre elle des preuves d'adultère. Dans ces conditions, la police locale aura le devoir de surveiller la conduite des femmes mariées. Les effets de cette loi ne laisseraient pas d'être édifiants, mais ils risqueraient d'être fort peu goûtés des bénéficiaires de ce perfectionnement moral. Il faut supposer que ces intrusions policières seraient vite abolies et que les mères, même illégitimes, obtiendraient enfin l'allocation. C'est alors que la fonction économique du père dans les classes ouvrières serait complètement abolie et n'aurait pas plus d'importance qu'elle n'en a chez les chiens et les chats.

Il y a cependant une telle aversion du foyer chez la plupart des femmes de notre époque, qu'elles aimeraient mieux sans doute reprendre le métier qu'elles exerçaient avant le mariage plutôt que d'être rémunérées pour donner des soins à l'enfant. Il se trouverait toujours assez de femmes qui quitteraient leur propre ménage pour garder les enfants de la pouponnière, car elles travailleraient alors à une profession définie. En tout cas, abstraction faite des points de vue personnels, il semble que le développement du féminisme parmi les femmes mariées est appelé, dans un avenir très proche et dans le cadre même du capitalisme, à aboutir à une élimination de l'un des parents, sinon des deux, dans la classe des salariés.

La révolte des femmes contre la domination des hommes est un mouvement qui est pratiquement achevé, au point de vue purement politique. Mais ses retentissements les plus importants en sont à peine à leurs débuts. Ses effets les plus lointains se développeront peu à peu, car les sentiments que l'on attribue aux femmes restent encore les reflets des intérêts et des sentiments des hommes. Par exemple, on lit communément dans l'œuvre des romanciers masculins que la femme éprouve un plaisir physique à allaiter son enfant. Vous apprendrez qu'il n'en est rien, en interrogeant n'importe quelle mère de votre connaissance. Les sentiments maternels ont été si longtemps l'objet de ces larmoyants attendrissements dont les hommes, par une ruse subconsciente, avaient fait les instruments de leur propre domination ; ils ont été tenus si longtemps pour sacrés, qu'un effort considérable est nécessaire pour pénétrer jusqu'à la réalité du sentiment féminin. Il n'y a pas longtemps encore qu'on supposait que les femmes désiraient des enfants, mais détestaient l'amour. Et aujourd'hui même des hommes se scandalisent de ce qu'une femme ne désire pas d'enfant. La vérité est que tant qu'elles furent asservies, les femmes n'osèrent pas rendre justice à leurs propres sentiments, mais professaient ceux qui plaisaient au mâle. Nous ne pouvons donc raisonner sur ces sentiments que l'on a prêtés jusqu'ici aux femmes, comme étant leur attitude normale envers l'enfant, car à mesure que la femme s'émancipe, l'on se rend compte que ses sentiments se révèlent tout différents de ce qu'on croyait. La civilisation ou du moins celle qui s'est développée jusqu'à présent tend à affaiblir les sentiments maternels. Il est donc probable qu'il sera nécessaire, pour le maintien d'une forme de civilisation très évoluée, de payer les femmes pour la procréation des enfants, de manière qu'elles y trouvent un avantage décisif. En ce cas, il ne serait pas nécessaire que toutes les femmes, ou même la majorité, adoptassent la profession de mère. Ce serait un métier comme un autre et elles l'embrasseraient sérieusement et à bon escient. Mais tout cela n'est qu'une pure spéculation. J'entends seulement montrer que le féminisme doit amener la chute de l'ancienne famille patriarcale qui représentait le triomphe préhistorique de l'homme sur la femme. La substitution de l'État au père, telle qu'elle se manifeste en Occident, constitue un progrès. La santé publique et l'instruction s'en sont trouvées considérablement améliorées dans l'ensemble. Elle a rendu impossible aujourd'hui le martyre d'un David Copperfield. On peut compter sur un relèvement croissant du niveau de la santé physique et intellectuelle, parce que dans une large mesure, les malheurs causés par les défaillances de la famille sont prévenus. De graves dangers, cependant, sont à craindre de ce remplacement par l'État. Les parents, en général, aiment l'enfant et ne le regardent pas comme l'instrument d'un programme politique. C'est ce qu'on ne peut attendre de l'État. Les personnes qui sont au contact de l'enfant dans les institutions publiques, les maîtres d'école, par exemple, si elles ne sont pas surmenées et exploitées, gardent pour lui quelque chose de l'affection familiale. Mais les maîtres ont peu d'influence. Le pouvoir est entre les mains des administrateurs, et ceux-ci ne voient jamais l'enfant dont ils dirigent la vie ; or, ayant l'esprit administratif (car autrement ils n'auraient pu arriver à leur poste), ils sont enclins à voir dans l'enfant, non pas un être humain, qui est une fin en soi, mais l'élément d'une certaine espèce d'organisation. Au surplus, l'administrateur ne peut aimer que l'uniformité qui se prête admirablement à la statistique et au compartimentage, et la « bonne uniformité » exige une majorité d'enfants du type le plus conforme au but de l'administration. Aussi les enfants confiés à un établissement public tendent tous à s'uniformiser, et ceux qui demeurent incapables de cette assimilation au type admis souffrent de la persécution, non seulement de leurs camarades, mais des autorités. Ce qui signifie que les sujets les plus doués seront traqués et tourmentés jusqu'à l'écrasement de leur originalité. Cela signifie aussi que la majorité qui se pliera au conformisme deviendra très sûre de soi, très portée à persécuter, très incapable d'écouter et de tolérer les idées nouvelles. Et ce qui est plus grave, le monde restera divisé en nations militaires rivales. La substitution des organismes publics aux parents se ramènera à une recrudescence du patriotisme, c'est-à-dire de l'acquiescement aux exterminations mutuelles ordonnées par le gouvernement.

Sans nul doute, ce prétendu patriotisme est le plus grave danger auquel la civilisation soit exposée, et tout ce qui peut en accroître la virulence est plus à craindre que tous les fléaux, toutes les pestes et les famines. Aujourd'hui, les jeunes sont partagés entre leurs devoirs envers l'État et leurs parents. S'ils étaient liés par leurs seuls devoirs envers l'État, il est probable que le monde serait encore plus ensanglanté de guerres qu'il ne l'est aujourd'hui. Ma conclusion est donc qu'en attendant une solution de l'internationalisme, la part chaque jour plus grande que l'État prend à l'éducation de l'enfant comporte des dangers assez graves qui en contrebalancent les indéniables avantages.

Si, d'autre part, un gouvernement international capable de substituer le droit à la force dans les rivalités des nations, pouvait être établi, la situation serait toute différente. Ce gouvernement bannirait des programmes scolaires l'enseignement du nationalisme sous ses formes les plus insensées. Il décréterait la fidélité au super-État international. En ce cas, quoique le danger de l'uniformisation obtenue par la persécution implacable des natures originales restât encore possible, le danger de guerre, au moins, serait écarté. La conclusion est donc que la substitution de l'État au père n'est un gain pour la civilisation que si l'État militaire disparaît. La famille décline rapidement et l'internationalisme grandit lentement. La situation est donc de celles qui justifient les appréhensions... Il ne faut pas abandonner tout espoir, car l'internationalisme peut se développer à l'avenir plus rapidement qu'autrefois et nous avons le droit d'espérer, sinon d'attendre, un progrès sur le présent.

15

Le divorce

Le divorce a été permis en beaucoup d'époques et de pays pour des causes précises. Il ne fut jamais destiné à remplacer la famille monogamique, mais à soulager les souffrances que la prolongation du mariage rendait intolérables. Les lois du divorce ont varié extraordinairement avec les pays et les époques. Elles diffèrent, aujourd'hui encore, aux États-Unis mêmes, depuis l'absence du divorce en Caroline du Sud jusqu'à l'autre extrême, dans le Nevada. Dans beaucoup de pays non chrétiens, le divorce était extrêmement facile pour le mari. La loi mosaïque permet au mari de donner à sa femme un billet de répudiation. La loi chinoise permet de répudier la femme après restitution de la dot. Prétendant que le mariage est un sacrement, l'Église catholique n'admet le divorce pour aucun motif, mais en pratique sa sévérité se relâche en faveur des grands de la terre[1] par de nombreuses causes de nullité. Le divorce a triomphé dans la même mesure que le protestantisme. Milton, l'on s'en souvient, écrivit une défense du divorce. L'Église anglicane, aux jours où elle se considérait protestante, admettait le divorce pour adultère, mais c'était l'unique motif. Aujourd'hui, une grande majorité de pasteurs de cette Église sont adversaires du divorce. La Scandinavie a le divorce facile, il en est de même pour beaucoup de pays protestants d'Amérique et pour la France, que l'anticléricalisme a influencée. En

---

1. On se rappelle le procès du duc et de la duchesse de Marlborough, où le mariage fut déclaré nul, parce que le consentement était entaché de violence, malgré le fait que les deux époux vivaient ensemble depuis plusieurs années et avaient des enfants.

Russie soviétique, le divorce est obtenu à la simple requête de l'un des époux, mais nulle peine ne s'attache à l'adultère ou à l'illégitimité, et le mariage a perdu toute importance dans ce pays, du moins dans la classe dirigeante.

La chose la plus curieuse en matière de divorce, c'est la différence qui a si souvent existé entre la loi et la coutume. Les lois plus favorables au divorce ne produisent pas le plus grand nombre de divorces. En Chine, avant les récents bouleversements, le divorce était presque inconnu, car, en dépit de l'exemple de Confucius, il n'était pas regardé comme très honorable. La Suède autorise le divorce par consentement mutuel, ce qu'aucun État, pas même l'Amérique, n'admet ; pourtant le nombre de divorces pour 100 000 âmes est de 24 en Suède et de 131 aux États-Unis. Cette distinction entre la coutume et la loi est importante. Tout en étant partisan de lois très clémentes de dissolution du mariage, je crois que le divorce a contre lui de fortes raisons, tant que la famille biparentale reste la norme, sauf en certaines circonstances exceptionnelles. Je regarde en effet le mariage, non comme une association sexuelle, mais comme une entreprise solidaire de procréation et d'élevage de l'enfant. Sans doute, nous avons vu qu'il est possible et même probable que cette conception du mariage soit détruite par le jeu d'un ensemble de forces dont les principales sont d'ordre économique. Mais, au cas même où cette destruction se produirait, le divorce disparaîtrait en même temps, puisqu'il n'existe que par le mariage, pour lequel il fait figure de soupape de sûreté. Aussi bien la discussion du divorce se déroule dans le cadre de la famille biparentale.

Il découle de la nature des conceptions catholique et protestante du mariage, déjà analysées plus haut, une sévérité extrême pour l'adultère. Cette sévérité se fait sentir particulièrement dans les pays protestants où le divorce est admis. Dans ceux où il ne l'est pas, une certaine indulgence existe pour l'adultère, qui reste cependant considéré comme coupable. En Russie tsariste, où le divorce était extrêmement difficile, personne ne s'offusquait de la vie privée de Gorki, quelle que fût l'opinion qu'on eût de ses idées politiques. En Amérique, où l'on ne songeait pas à ses idées politiques, il était traqué par respect pour la morale et il ne trouvait pas même un hôtel pour se loger.

L'adultère ne devrait pas être en soi une cause de divorce, car à moins que les gens ne soient retenus par des inhibitions très fortes ou d'invincibles scrupules moraux, il est très invraisemblable qu'ils passent toute la vie conjugale sans avoir de violentes tentations d'adultère. Mais cela n'implique pas nécessairement l'inutilité du mariage. Il peut toujours exister une affection ardente entre la femme et le mari et un désir mutuel de la continuation du mariage. En cas d'absence, par exemple, une infidélité ne devrait pas être par la suite un obstacle au bonheur du couple, si mari et femme ne jugeaient pas nécessaire de se livrer à des scènes de jalousie mélodramatiques. Nous pouvons pousser plus loin encore nos conclusions et admettre qu'il faudrait, de part et d'autre, s'accommoder des toquades passagères qui sont toujours susceptibles de se produire, pourvu que l'affection fondamentale reste indemne. La psychologie de l'adultère a été faussée par la morale conventionnelle des pays monogamiques qui enseigne que l'affection pour l'autre partenaire ne peut coexister avec un nouvel amour. Tout le monde sait que c'est faux et chacun pourtant est prêt à donner dans cette erreur sous l'influence de la jalousie.

Je suppose naturellement que les rapports adultères ne produisent pas d'enfant. Lorsque les enfants illégitimes surviennent, la question se complique, surtout lorsqu'il s'agit des enfants de la femme, car alors le mari se trouve réduit à la nécessité d'élever les enfants d'un autre homme avec les siens et comme les siens, s'il tient à éviter un scandale. Or cette situation va à l'encontre des bases biologiques du mariage et comporte des souffrances. C'est pour cette raison qu'autrefois, avant l'usage des pratiques anticonceptionnelles, l'adultère méritait peut-être l'importance qu'on lui avait accordée, mais d'autres conceptions permettent de distinguer aujourd'hui entre le simple rapport sexuel et le mariage, association génératrice d'enfants, et c'est ainsi que l'adultère a cessé de répondre à l'appareil légal.

L'usage du divorce est tout autre chose que la législation du divorce et, comme nous l'avons dit, des lois faciles peuvent exister dans un pays de divorces rares. La grande fréquence du divorce en Amérique vient du fait que l'on demande au mariage ce qu'il ne peut donner, et ces exigences viennent à leur tour de ce que l'adultère n'est pas toléré. Le mariage doit être une association destinée par les deux parties à durer aussi longtemps que la jeunesse des enfants et ne pas être à la merci d'amours passagères. Si de telles amours ne sont pas tolérées par l'opinion publique et par la conscience des intéressés, chacune doit fleurir tour à tour dans un nouveau mariage. Cela peut aller jusqu'à la destruction de la famille biparentale. Car si une femme a un mari tous les deux ans et un enfant de chacun d'eux, les enfants sont en fait sans père et le mariage perd sa raison d'être. Nous retrouvons saint Paul et son épître aux Corinthiens : le mariage substitut de la fornication. Quand un homme ne peut forniquer, il divorce pour pouvoir le faire selon la loi.

Le mariage fondé sur l'intérêt de l'enfant fait intervenir une morale toute différente. Le mari et la femme, s'ils ont l'amour de leur enfant, règlent leur conduite de manière à avoir les plus grandes chances de se développer sainement et heureusement, ce qui exige sans doute des sacrifices parfois très grands et, en tout cas, la reconnaissance de la supériorité des droits de l'enfant. Quelques personnes ont prétendu que si le mari et la femme ne s'aiment plus et ne se défendent pas des liaisons adultères, il leur est impossible de collaborer convenablement à l'éducation de leurs enfants.

« Les couples qui ne s'aiment pas, dit M.W. Lippmann, sont incapables de cette collaboration, contrairement à ce que pense M. Bertrand Russell[2]. Ils seront distraits, négligents et, ce qui est pire, ne seront pas consciencieux. » Certes, des couples qui ne sont pas amoureux ne collaborent guère à la conception, mais il s'agit ici des enfants déjà nés, de leur éducation, et collaborer à les élever n'est pas une tâche surhumaine pour un couple sensé, capable d'affections naturelles. Dire que des parents qui ne s'aiment pas seront simplement exacts dans leurs devoirs, c'est ignorer la nature du sentiment qu'ils éprouvent pour l'enfant, sentiment qui, s'il est sincère et fort, conserve entre eux un intangible lien bien après la cessation de toute passion charnelle.

Il faut croire que M. Lippmann n'a jamais entendu parler de la France, où la famille est forte et où les parents sont dévoués malgré une remarquable liberté en matière d'adultère. Le sentiment de la famille est extrêmement faible en Amérique, et la fréquence du divorce en est une conséquence. Si le sentiment de la famille est fort, le divorce

2. Bertrand Russell, *Preface to Morals* (Introduction à la Morale), 1929.

sera relativement rare, même s'il est légalement aisé. La facilité du divorce telle qu'elle se présente en Amérique doit être regardée comme constituant une transition entre la famille biparentale et la famille purement maternelle. Ce stade comporte cependant de très graves inconvénients pour l'enfant. Tant que la famille biparentale restera la règle admise, il me paraîtra toujours que des parents qui divorcent manquent à leurs devoirs. L'obligation légale de la continuation de la vie conjugale n'est pas faite pour arranger les choses. Ce qu'il importe avant tout d'obtenir, c'est un degré de liberté mutuelle qui rendra le mariage plus durable. Il faut reconnaître en même temps l'importance de l'enfant, que la prééminence donnée à l'amour par saint Paul et par le mouvement romantique a fait oublier.

Nous arrivons donc à conclure que les possibilités de divorce sont trop difficiles en certains pays, tandis que le divorce lui-même n'offre pas de véritable solution au problème du mariage. Si l'institution du mariage est destinée à durer encore, il faut que la stabilité de la vie conjugale soit assurée dans l'intérêt de l'enfant. Mais pour cela, il faut distinguer bien nettement entre le mariage sérieux et la simple liaison sexuelle, et mettre en relief le caractère biologique du mariage par opposition à l'élément romantique. Je ne prétends pas qu'il soit possible de libérer le mariage de ses devoirs accablants. Dans le système que je recommande, les couples sont affranchis, il est vrai, des obligations de la fidélité conjugale sexuelle, mais ils ont en revanche le devoir de vaincre la jalousie. Une vie de bonne intelligence est impossible sans maîtrise de soi, mais il vaut mieux discipliner une passion de contrainte et d'hostilité comme la jalousie, qu'entraver cette passion d'épanouissement généreux qu'est l'amour.

L'erreur de la morale conventionnelle fut, non pas de commander la maîtrise de soi, mais de la commander mal à propos.

16

La population

Le mariage a pour but de renouveler la population du globe.

Il y a des mariages qui remplissent trop bien ce but ; il y en a, au contraire, qui sont insuffisants. Nous allons nous demander, dans ce chapitre, quelle est l'influence de la morale sexuelle dans ce domaine.

A l'état de nature, les grands mammifères ont besoin d'étendues considérables pour subsister. Les mammifères sauvages sont donc peu nombreux et si le nombre des vaches et des moutons est élevé, c'est grâce à l'homme. La population des humains est incomparablement plus grande que celle des mammifères, et le génie de l'homme en est seule cause. L'invention de l'arc et des flèches, la domestication des ruminants, l'agriculture et la révolution industrielle, tous ces facteurs ont constamment fait croître le nombre des hommes qui pouvaient subsister sur une superficie donnée.

Il est vrai, comme l'a indiqué M. Carr Saunders[1] que la population a eu comme loi générale de se maintenir pratiquement constante. Des augmentations soudaines, comme celle du XIXe siècle, furent des phénomènes très exceptionnels. On doit supposer une pareille multiplication des habitants de Ninive ou de Babylone lorsqu'ils se mirent à pratiquer l'irrigation et la culture méthodique. Mais à l'époque historique, il ne semble pas que cette brusque prolifération se soit jamais répétée. Les calculs de la population mondiale avant le XIXe siècle sont purement hypothétiques, mais ils s'accordent tous

1. Carr Saunders, *Population*, 1925.

à prouver que l'augmentation de la population est un phénomène exceptionnel. Et si la population du monde tend à devenir stationnaire dans la plupart des pays civilisés, c'est une preuve que ces pays se sont développés au xixᵉ siècle dans des conditions anormales et qu'ils ne font que revenir à une loi plus générale des sociétés humaines.

C'est le grand mérite du livre de M. Carr Saunders de reconnaître que les restrictions de la population, à peu près à toutes les époques, ont maintenu la population constante plus effectivement que les plus forts coefficients de mortalité. Il est possible que M. Saunders sollicite quelque peu les faits. Dans l'Inde et en Chine, il semble que c'est la grande mortalité qui maintient stationnaire le chiffre des habitants. Les statistiques manquent pour la Chine, mais elles existent dans l'Inde ; là, le chiffre des naissances est énorme, mais comme l'auteur le remarque lui-même, la population augmente légèrement moins vite qu'en Angleterre. C'est la conséquence de la mortalité infantile, de la peste et d'autres fléaux. La Chine révélerait la même loi démographique si nous disposions de statistiques. Cependant, la thèse de M. Carr Saunders est juste dans l'ensemble. Plusieurs moyens de limiter la population ont été pratiqués dans l'histoire. Le plus simple de tous est l'infanticide, qui a existé à une très grande échelle partout où la religion le permettait. L'usage en était quelquefois si bien enraciné que des populations (en Islande, par exemple) ont stipulé, en acceptant le christianisme, que la nouvelle religion respecterait l'infanticide. Les Doukhobors, qui ont eu des démêlés avec le gouvernement tsariste pour refus du service militaire, parce qu'ils tenaient la vie humaine pour sacrée, en eurent également avec le gouvernement canadien à cause de leurs tendances à l'infanticide. D'autres méthodes encore ont été courantes. Les femmes, en beaucoup d'endroits, s'abstiennent de toute relation sexuelle pendant l'allaitement, qui se prolonge souvent pendant plus de deux ou trois années. Cet usage limite considérablement la fécondité, surtout chez les sauvages, qui vieillissent beaucoup plus rapidement que les civilisés. Les aborigènes de l'Australie pratiquent une opération incroyablement douloureuse, et qui diminue sérieusement la puissance du mâle et sa fécondité. La Genèse (XXXVIII, 9, 10) nous apprend au moins une méthode anticonceptionnelle précise, qui était connue et pratiquée dans l'Antiquité, quoiqu'elle fût blâmée par les Juifs, dont la religion a toujours été antimalthusienne. L'usage de ces procédés a permis aux hommes d'échapper à la destruction en masse, qui les eût frappés s'ils avaient laissé libre jeu à leur fécondité.

Cependant, les famines ont joué dans la mortalité humaine un rôle considérable, qui fut moindre dans les sociétés primitives que dans les collectivités agricoles d'un type peu avancé. La famine d'Irlande, en 1846-1847, fut si cruelle que la population n'est jamais revenue depuis à son niveau antérieur. En Russie, la famine de 1921 est encore présente à toutes les mémoires. En Chine, où j'étais l'année qui précéda, des régions immenses souffraient de famines aussi cruelles qu'en Russie, mais ces victimes chinoises excitèrent moins de pitié que celles de la Volga, parce que leur infortune ne pouvait être attribuée au communisme. Tous ces faits montrent que la population atteint et dépasse tour à tour les limites des ressources alimentaires.

Le christianisme a mis fin à tous les obstacles volontaires à la multiplication des hommes, excepté la continence. L'infanticide fut naturellement interdit, ainsi que l'avortement et toutes les mesures anticonceptionnelles. Il est vrai que le clergé et les religieux étaient célibataires. Mais il faut supposer que dans l'Europe médiévale ils formaient une proportion à peu près égale à celle des femmes célibataires dans l'Angleterre contemporaine. Ils avaient donc au point de vue numérique peu d'influence sur l'augmentation des populations. C'est pourquoi le Moyen Âge a dû probablement compter une mortalité plus forte à cause des épidémies et des privations. Les populations croissaient lentement. Des chiffres légèrement plus élevés caractérisèrent le XVIIIe siècle ; mais au XIXe, un changement tout à fait extraordinaire se produisit et la vitesse de l'accroissement atteignit des chiffres inconnus jusque-là. On estime que l'Angleterre et le pays de Galles avaient 26 habitants par mile carré en 1801 ; ce chiffre s'élevait à 153 en 1850 et, en 1901, à 561. L'accroissement absolu pendant le XIXe est, par conséquent, quadruple de l'accroissement entre la conquête normande et le début du XIXe ; et pour l'Angleterre et le pays de Galles, les chiffres ne donnent pas l'image exacte des faits, parce que dans l'intervalle une partie de la race anglaise était allée peupler des parties du monde jusque-là habitées par quelques races sauvages.

On a peu de raisons d'attribuer cet accroissement de la population au nombre croissant des naissances. Il faut l'attribuer à une diminution des décès redevable en partie au progrès des sciences médicales, mais beaucoup plus, selon moi, à une prospérité grandissante causée par la révolution industrielle. De l'année 1841, date où le coefficient des naissances commence à être recensé en Angleterre, jusqu'aux années 1871-1875, la natalité est restée à peu près constante vers le maximum de 35,5. A ce moment, deux événements se produisirent : la loi sur l'instruction obligatoire de 1870 et, en 1878, la poursuite contre Bradlaugh pour propagande malthusienne. Et, à partir de ce moment, on trouve que le coefficient de la natalité diminue d'abord lentement, puis avec une rapidité catastrophique. La loi de l'instruction obligatoire nous fournit une cause de cette décroissance, car elle marquait le moment où l'enfant cessait d'être un capital rémunérateur pour ses parents. En 1878, Bradlaugh fournissait les moyens d'éviter d'avoir des enfants, et de 1911 à 1915, la natalité tomba à 23,6. Dans le premier trimestre de 1929, elle descendait à 16,5. Si la population anglaise augmente lentement, c'est grâce aux progrès de la médecine et de l'hygiène, mais elle approche rapidement d'un chiffre stationnaire. La population française est, comme chacun sait, stationnaire depuis de longues années.

La chute de la natalité a été rapide dans toute l'Europe occidentale. Les seules exceptions sont les pays arriérés comme le Portugal. Cette baisse est plus marquée dans les villes que dans les campagnes. Elle a débuté par les classes riches et s'est étendue aujourd'hui à toutes les classes sociales urbaines et industrielles. Il y a toujours un coefficient de naissance plus élevé chez les pauvres, mais les quartiers pauvres de Londres ont moins d'enfants que les riches n'en avaient il y a dix ans. Pourtant, quelques-uns nient cette chute, qui est due, comme chacun sait, à l'usage des anticonceptionnels et à l'avortement. Il n'y a pas de raison pour que cela cesse et pour que la population reste stationnaire. Cet arrêt peut se changer en décroissance, et le résultat final sera l'extinction de la plupart des races civilisées.

Avant de discuter utilement ce problème, il est nécessaire de tirer au clair nos propres désirs. Il y a, pour tout état de la science économique, un stade que Saunders appelle une densité optimale de la population, c'est-à-dire une densité qui donne un maximum de revenus par tête d'habitant. Si la population tombe au-dessous de ce niveau ou le dépasse, le niveau général du bien-être économique s'en ressent. Les progrès de la science économique font croître en général la densité optimale de la population. Au stade des communautés primitives chasseresses, un homme par mile carré représente la densité convenable, tandis qu'au stade des sociétés industrielles avancées, le chiffre de plusieurs centaines par mile carré n'est pas excessif. Cela n'empêche pas que, depuis la guerre, l'Angleterre soit encore surpeuplée. La France n'est pas dans ce cas, l'Amérique moins encore. Mais il n'est pas probable que la France, ni aucune contrée européenne, puisse gagner en prospérité par une élévation de sa population. Ce qui prouve alors qu'au point de vue économique, il n'est pas utile que la population augmente. Ceux qui le souhaitent sont inspirés par leurs opinions militaristes ; mais sans doute leur désir de voir croître la population n'est pas sincère, puisque c'est pour qu'elle soit fauchée dès que viendra la guerre qu'ils appellent. En réalité, les nationalistes soutiennent qu'il vaut mieux restreindre la population par la mort sur les champs de bataille que par l'usage des anticonceptionnels. C'est une opinion que professent seulement ceux qui n'ont pas suffisamment réfléchi et qui souffrent d'une stupidité naturelle. A part ces arguments qui portent sur la guerre, nous avons des raisons de nous réjouir que la connaissance des procédés anticonceptionnels permette aux populations civilisées de rester stationnaires.

Ce serait tout différent si la population venait à décroître effectivement. Car une diminution ininterrompue annoncerait l'extinction définitive des peuples civilisés, et nous ne pouvons la désirer. L'usage des anticonceptionnels est devenu un élément caractéristique de la pratique courante de toutes les nations civilisées ; il ne pourra être aboli ; il est donc sage d'accueillir favorablement l'action que l'on peut engager pour en limiter l'usage, de manière à maintenir la population à son niveau actuel. Je ne crois pas que ce soit bien difficile : les motifs qui font limiter la famille sont pour la plupart, sinon tous, d'ordre économique, et le coefficient de la natalité pourrait être relevé par une diminution du coût de l'entretien des enfants, ou s'il y a lieu, en les faisant devenir de réelles sources de revenus pour leurs parents. De telles mesures seraient très dangereuses dans notre monde de nationalisme, car elles seraient appliquées dans un but de prépondérance militaire. Imaginez, en effet, les premières nations militaires en train d'ajouter à la course aux armements une course au peuplement avec le mot d'ordre : « Il faut de la chair à canon. » Ici encore, la nécessité absolue d'un gouvernement international s'impose si l'on veut que la civilisation survive. Le gouvernement international aurait à promulguer des décrets pour limiter la vitesse à laquelle il serait permis à une nation militaire de s'accroître. L'hostilité entre le Japon et l'Australie illustre bien la gravité de ce problème. La population du Japon augmente très vite, celle de l'Australie est plutôt lente (abstraction faite de l'immigration). C'est l'origine d'une hostilité dont le traitement est extrêmement difficile, puisque, des deux côtés, on peut invoquer des principes justes en apparence.

Le problème de la population est double. Il faut se prémunir contre un trop rapide accroissement de la population et obvier à une décroissance. Le danger de la surpopulation existe dans les vieux pays comme le Portugal, l'Espagne et le Japon. Le danger d'insuffisance de population ne menace encore que les pays de l'Europe occidentale. Il existerait en Amérique si la population américaine ne dépendait que des naissances pour son accroissement. Mais l'immigration compense suffisamment le faible chiffre des naissances. Nos habitudes séculaires de pensée ne sont pas encore familiarisées avec le nouveau danger. On n'a trouvé jusqu'ici pour le combattre que les homélies de la propagande antimalthusienne. Les statistiques démontrent que ces méthodes sont inopérantes contre un usage qui fait aujourd'hui partie intégrante de la vie civilisée. L'habitude de faire abstraction de tout ce qui touche la sexualité est si profondément enracinée chez les gouvernants et chez les personnes influentes, que l'on ne peut s'attendre à la voir cesser brusquement. Elle est pourtant regrettable et il faut espérer que lorsque la jeune génération sera au pouvoir elle sera plus raisonnable à cet égard que ses devancières. Il faut espérer aussi qu'elle reconnaîtra que les pratiques anticonceptionnelles sont inévitables, qu'elles sont désirables tout le temps qu'elles ne causent pas une diminution réelle de la population, et qu'elles constituent la seule mesure adéquate pour toute nation où cette diminution a commencé à faire sentir l'allègement des charges pécuniaires que créent les enfants.

Sous ce rapport il est une disposition de notre code moral qui pourrait être modifiée avec avantage. En Angleterre, plus de deux millions de femmes sont en excès sur le nombre des hommes et sont condamnées par les conventions à rester stériles. Ce qui est sans doute pour elles une grande privation. Si les usages admettaient la fille mère et rendaient tolérable sa situation économique, on peut croire que beaucoup de femmes, aujourd'hui condamnées au célibat, auraient des enfants. La stricte monogamie est fondée sur l'hypothèse d'un nombre à peu près égal de femmes et d'hommes. Là où cette égalité n'existe pas, la monogamie implique une grande cruauté envers ceux que l'arithmétique contraint à demeurer célibataires, et si, de plus, on a raison de désirer un accroissement, cette cruauté devient publiquement et individuellement indésirable.

Plus la science progresse, plus il devient possible de contrôler, par des dispositions légales, des forces qui apparaissaient comme des forces fatales de la nature. L'accroissement de la population depuis l'avènement du christianisme a été laissé aux aveugles opérations de l'instinct. Mais le moment approche où cet instinct sera délibérément contrôlé. Si l'on prévoit un contrôle administratif des naissances, il faut cependant, pour que ce contrôle soit bienfaisant, qu'il s'agisse d'un État international et non d'un de nos États militaristes !

17

L'eugénisme

L'eugénisme est une tentative pour l'amélioration de la race par un choix de méthodes définies. C'est l'idée darwinienne qui a inspiré l'eugénisme et c'est un fils de Charles Darwin qui est président de la Société eugénique. Mais le vrai promoteur des idées eugénistes est Francis Galton qui a énergiquement mis en relief le facteur héréditaire dans les conquêtes de l'humanité. De nos jours, surtout en Amérique, l'hérédité est devenue une question politique. Les conservateurs américains soutiennent que la personnalité définitive d'un homme adulte vient de caractères congénitaux, tandis que les radicaux soutiennent au contraire que l'éducation est tout et que l'hérédité n'est rien.

Je ne puis adhérer ni à l'une ni à l'autre de ces opinions extrêmes, ni aux prémisses qui leur sont communes et qui posent, par exemple, que les Italiens et les Slovaques sont inférieurs, en tant que « produits finis », aux Américains de naissance affiliés au Ku Klux Klan. On n'a pas encore de données qui nous permettent de déterminer, sous le rapport des facultés mentales, la part qui est due à l'hérédité et celle qui est due à l'éducation. Pour qu'il fût possible d'examiner scientifiquement cette question, il faudrait prendre des milliers de paires de jumeaux, les séparer dès leur naissance et élever chacun de la manière la plus différente possible.

Mais cette expérience n'est pas praticable aujourd'hui. Mon avis, qui n'a pas la prétention d'être scientifique, est que, d'une part, la mauvaise éducation peut faire la perte de n'importe qui et, en réalité, c'est la majorité qui est ainsi perdue. D'autre part, ce ne sont que les hommes naturellement doués qui peuvent atteindre à la parfaite excellence dans un domaine quelconque et l'éducation la mieux conduite ne pourrait faire un grand pianiste d'un enfant médiocrement doué, la meilleure école du monde ne pourrait faire de nous tous des Einstein. Je ne crois pas que Napoléon n'eût pas des dons naturels supérieurs à ceux de ses condisciples de l'École de Brienne et qu'il ait tout simplement appris la stratégie en voyant sa mère mener la bande indisciplinée de ses frères. Je suis convaincu que dans ces cas, et dans les autres cas moins remarquables, les aptitudes naturelles sont la cause des effets que l'éducation la plus heureusement conduite ne produit pas avec les sujets médiocres. Des faits patents imposent cette conclusion. Il est par exemple des caractéristiques, comme la forme de la tête, qui peuvent bien nous indiquer si l'homme à qui nous avons affaire est un imbécile... et que l'on peut difficilement regarder comme un résultat de l'éducation. Pas même les plus fanatiques des radicaux ne peuvent nier que l'idiotie, l'imbécillité ne soient congénitales et tous ceux qui ont le sens de la symétrie et de la statistique penseront qu'il y a également à l'autre extrême un pourcentage correspondant d'individus anormalement doués d'aptitudes géniales, et l'on admettra donc sans plus de discussion que les humains diffèrent en capacité intellectuelle congénitale. On supposera aussi, ce qui est peut-être plus contestable, que les gens intelligents sont préférables à ceux qui ne le sont pas. Ces deux points étant admis, les eugénistes tiennent les fondements de leur cause. Il ne faudrait donc pas en faire fi dans son ensemble, quelle que soit la fausseté des détails que présentent beaucoup de ses défenseurs. Une masse extraordinaire de sottises a été écrite sur l'eugénisme. Ses avocats ajoutent à la solide base scientifique de leur thèse des propositions sociales d'une valeur plus douteuse : par exemple, que la vertu est en raison directe de la fortune, que l'héritage de la pauvreté (qui n'est, hélas ! que trop commun) est un phénomène biologique et non social et que par conséquent, si on pouvait amener les riches au lieu des pauvres à engendrer, tout le monde serait riche. On mène grand bruit sur la supériorité prolifique des pauvres ; je ne puis, pour ma part, la croire regrettable puisque je n'ai aucune preuve de la supériorité intellectuelle des riches. Mais cette différence de fécondité cessera bientôt, car les naissances décroissent rapidement chez les pauvres aussi. Les difficultés que les gouvernants et la police créent à ceux qui voudraient se procurer des renseignements sur les procédés anticonceptionnels tendent à accuser cette différence inacceptable. Le résultat de cette politique est de priver les gens insuffisamment instruits des informations qu'ils ne peuvent acquérir tout seuls et il arrive aussi que les illettrés et les ignorants ont de plus nombreuses familles que ceux qui sont plus éclairés. Mais les gens les plus stupides eux-mêmes auront avant longtemps, soit obtenu les renseignements désirés, soit, ce qui je le crains est déjà un résultat assez courant de l'obscurantisme des gouvernants, trouvé des personnes consentant à l'avortement[1].

L'eugénisme peut être positif, il peut encourager les bonnes souches ; il est négatif s'il se borne à décourager les mauvaises. C'est l'eugénisme négatif qui est plus praticable ; il a fait en Amérique des progrès considérables et la stérilisation des inaptes est dans l'ordre des mesures politiques possibles d'ici peu en Angleterre. Les objections qui viennent naturellement à cette mesure ne sont pas soutenables. Les femmes atteintes de débilité mentale sont susceptibles comme chacun sait de se laisser faire un grand nombre d'enfants naturels qui n'ont absolument aucune valeur pour la collectivité. Ces femmes seraient elles-mêmes plus heureuses si elles étaient rendues stériles car ce n'est évidemment pas par goût de la puériculture qu'elles deviennent grosses. Les mêmes observations s'appliquent aux hommes faibles d'esprit. Ce système comporte naturellement de graves dangers puisque l'autorité peut facilement arriver à considérer toute opinion originale ou toute opinion contraire aux siennes comme une preuve de débilité mentale. Mais c'est la peine de courir ces risques vu le nombre considérable d'idiots et de débiles mentaux supprimés par de telles mesures.

Ces mesures de stérilisation doivent se limiter précisément à la débilité mentale. On ne peut approuver des lois comme celles de l'État d'Idaho qui permettent la stérilisation des débiles mentaux,

---

1. D'après Julius Wolf, l'avortement joue un plus grand rôle que les anticonceptionnels dans la chute de la natalité en Allemagne. Il estime à 600 000 le chiffre des avortements provoqués chaque année. En Angleterre, malgré l'absence de documents, on peut supposer que les faits ne sont pas bien différents.

des épileptiques, des criminels de profession, des dégénérés et des pervertis sexuels. Les deux dernières catégories sont très vagues et leur définition pourrait varier suivant les pays. Les lois de l'Idaho eussent justifié la stérilisation de Socrate, de Platon, de Jules César et de saint Paul. Au surplus, les criminels professionnels ou récidivistes peuvent être victimes de quelque désordre nerveux non congénital, qui pourrait, en principe, être guéri, par exemple par la psychanalyse, mais qui en tout cas n'est pas héréditaire.

En Angleterre, comme en Amérique, les lois criminelles sont formées dans l'ignorance complète des études psychanalytiques et elles assimilent des types de désordres mentaux entièrement différents, à cause de quelques ressemblances entre certains symptômes. C'est que nos législateurs sont en retard d'un demi-siècle sur la science de leur époque. Ce qui illustre aussi le danger qu'il y a de légiférer en ces matières, avant que la science soit arrivée à des conclusions stables et indiscutées pendant plusieurs décennies au moins, c'est que de fausses idées s'incorporent ainsi aux codes, et qu'il en résulte un retard considérable dans l'application des théories plus exactes. La débilité mentale est à mon sens la seule affection suffisamment définie pour faire en toute sûreté l'objet des dispositions légales sur la matière. Elle peut être définie d'une manière objective tandis que la dégénérescence morale, par exemple, est affaire d'opinion personnelle. La même personne en qui les uns voient un dégénéré moral peut être considérée par d'autres comme un prophète ou un saint.

Le champ d'action de la loi pourrait s'étendre un jour, mais pour l'instant nos connaissances scientifiques ne sont pas suffisamment au point et il est dangereux qu'une communauté permette à ses réprobations morales de se déguiser sous le masque de la science ainsi que cela s'est produit sans doute dans plusieurs États américains.

J'en arrive maintenant à l'eugénisme positif, dont les possibilités sont plus intéressantes encore quoiqu'elles appartiennent encore à l'avenir.

L'eugénisme positif consiste dans l'encouragement aux hommes et aux femmes de valeur à faire beaucoup d'enfants. C'est le contraire qui arrive le plus souvent. Si un garçon des écoles primaires, remarquablement doué, s'élève jusqu'aux professions libérales, il ne se mariera probablement que vers trente-cinq ou quarante ans tandis que dans le milieu d'où il sort, on se marie généralement vers vingt-cinq ans. Le coût de l'éducation est une charge très sérieuse dans les classes cultivées et limite très sévèrement les familles. Il est probable que la moyenne intellectuelle est, dans ces classes, assez supérieure à la plupart des autres et c'est pourquoi cette limitation est regrettable. Les mesures les plus simples seraient d'accorder la gratuité des frais scolaires, y compris l'université, à leurs enfants. Ce serait, pour parler net, accorder une récompense au mérite des parents plutôt qu'à celui des enfants. Ce qui empêcherait cette réforme, c'est l'esprit démocratique de notre temps. L'idée de l'eugénisme est fondée sur l'hypothèse de l'inégalité des hommes. Il est donc très difficile, politiquement, d'appliquer des idées eugénistes dans une collectivité démocratique. Ce qui frappe les démocraties, ce n'est pas l'existence d'une minorité d'hommes inférieurs, idiots, débiles mentaux, etc., mais l'idée d'une minorité de gens supérieurs et c'est la première de ces idées qui plaît à la majorité.

Néanmoins, ceux qui ont réfléchi à cette question savent que, malgré les difficultés présentes qui rendent malaisée la détermination des caractères des meilleures espèces, il y a des différences que l'on pourra mesurer avant longtemps. Allez donc dire à un fermier de donner à tous ses taureaux une chance égale. En pratique, le taureau étalon est soigneusement sélectionné d'après les qualités laitières de ses ancêtres femelles. Cet élevage scientifique a énormément amélioré toutes les races d'animaux domestiques, et il n'est pas permis de douter que le genre humain ne puisse être dirigé dans le sens voulu. Il est naturellement plus difficile de fixer ce sens. Si nous élevions les hommes pour leur force physique, nous diminuerions leurs cerveaux, si nous cultivions leurs aptitudes intellectuelles nous les rendrions plus sujets aux maladies. Il se peut encore qu'en essayant d'assurer un certain équilibre émotif, nous diminuions leurs cerveaux. Les connaissances que ces problèmes exigent n'existent pas encore, mais il est fort possible que d'ici un siècle la science de l'hérédité et la chimie biologique aient marché à pas de géant et permettent d'obtenir une race humaine supérieure à celle que nous connaissons aujourd'hui.

Pour appliquer des connaissances scientifiques de cet ordre, il faudrait nécessairement bouleverser la famille plus radicalement encore que ne le proposent les suggestions qui précèdent. Si l'« élevage » scientifique était pratiqué sérieusement, il serait nécessaire de sélectionner dans chaque génération 2 ou 3 % des mâles et 25 % environ des femelles pour la perpétuation de l'espèce. On instituerait au moment de la puberté un examen à la suite duquel les candidats inaptes seraient rendus stériles. Le père n'aurait pas plus de rapports avec ses rejetons que l'étalon ou le taureau de haras, et la mère serait une professionnelle spécialisée distincte des autres femmes par sa conduite dans la vie. Je ne puis dire que cet état de choses soit sur le point de se réaliser et on ne peut qu'éprouver une profonde aversion pour de telles perspectives. Cependant l'examen objectif de la question peut permettre, sur ce plan, la promesse de résultats remarquables. Supposons un moment pour les besoins de la cause qu'il soit adopté au Japon, par exemple ; au bout de trois ou quatre générations, la plupart des Japonais seraient aussi forts que des lutteurs de foire, aussi malins qu'Edison, et si le reste du monde continuait à s'en remettre à la nature, il serait incapable de résister à une telle nation. Les Japonais ayant atteint la supériorité trouveraient sans doute le moyen d'employer comme soldats les hommes d'autres nations et compteraient sur leur technique scientifique pour la victoire dont ils seraient pratiquement sûrs. Avec un tel système, il serait facile d'enseigner à la jeunesse un dévouement aveugle à l'État. Peut-on affirmer qu'une telle évolution soit impossible à l'avenir ?

Il est une forme d'eugénisme fort prisée des politiciens et des journalistes et qu'on pourrait appeler l'eugénisme racial. Elle consiste à prétendre qu'une race ou une nation (il va sans dire, celle à laquelle l'auteur appartient) est supérieure aux autres et qu'elle devrait employer sa puissance militaire à augmenter ses effectifs aux dépens des races inférieures. Le plus remarquable exemple de cette propagande des races nordiques s'observe aux États-Unis, qui ont réussi à faire reconnaître leur politique légale de l'immigration. Cette espèce d'eugénisme invoque le principe darwinien de la victoire du plus fort. Remarquons, en passant, que ses plus ardents défenseurs considèrent comme illégal l'enseignement de l'évolutionnisme.

Sans doute, on ne peut douter que l'Amérique du Nord, l'Australie, la Nouvelle-Zélande contribuent plus effectivement à la civilisation du monde que si elles avaient été peuplées de leurs aborigènes sauvages. Mais quand il s'agit de distinguer entre les races européennes, une masse de fausse science est apportée en témoignage à l'appui des préjugés politiques. Cette remarque ne s'applique pas moins aux Jaunes, qui ne peuvent être considérés comme inférieurs à nos nobles personnes. Dans ce cas l'eugénisme racial n'est qu'une excuse au chauvinisme.

J. Wolf[2] donne un tableau de l'excès des naissances sur les décès par 1 000 habitants dans divers pays. La France donne le chiffre le plus bas (1,2), puis viennent la Suède (5,8), l'Inde britannique (5,9), la Prusse (6,2), l'Angleterre (6,2), le Japon (14,6), la Russie (19,5) et l'Équateur (23,1). La Chine ne figure pas dans ce tableau puisqu'on n'a pas de chiffres pour elle. Wolf en conclut que le monde occidental sera subjugué par l'Orient. Ce n'est même pas la peine d'essayer de répondre à l'argument en proposant l'Équateur comme la nation de l'avenir. Mais ce que nous disions de la natalité décroissante chez les riches comme chez les pauvres de Londres peut s'appliquer à l'Orient. L'Orient en s'occidentalisant verra décroître le chiffre de ses naissances comme l'Occident. Or, un pays, pour être redoutable militairement, doit s'industrialiser, et l'industrialisation produit une mentalité qui amène la limitation de la famille. Nous ne sommes donc pas forcés de conclure à la domination de l'Orient que le chauvinisme occidental affecte de redouter sous l'inspiration de l'ex-kaiser, domination dont l'avènement, du reste, ne serait peut-être pas un grand malheur. Mais nous sommes forcés de reconnaître, au contraire, qu'il n'y a pas de solides raisons de compter sur une telle hégémonie orientale. Néanmoins, les fauteurs de guerre continueront à se servir de cet épouvantail, avec les autres, jusqu'à ce qu'une autorité internationale puisse assigner un coefficient d'augmentation aux populations des divers États.

Ici encore, nous sommes en présence des dangers qui menacent l'humanité si la science continue à progresser, tandis que l'anarchie internationale continue à régner. La science nous permet de réaliser nos buts, mais si nos buts sont malfaisants, le résultat est désastreux. Si le monde reste chargé de méchanceté et de haine, plus il deviendra scientifique, plus il deviendra horrible. Le progrès humain doit consister essentiellement à diminuer la virulence des passions de l'homme.

2. Julius Wolf, *Die Neue Sexualmoral und das Geburtenproblem unsere Tage*, 1928.

Dans une très large mesure ses passions ont pris naissance dans une mauvaise éthique sexuelle et dans une éducation défectueuse ; dans l'intérêt de l'avenir de la civilisation, une nouvelle et meilleure éthique sexuelle est indispensable ; la réforme de la morale sexuelle est une des nécessités vitales de notre époque.

Du point de vue de la morale individuelle, l'éthique sexuelle, si elle est scientifique et exempte de superstition, accordera la première place aux raisons eugéniques. C'est-à-dire que même si les contraintes actuelles imposées à l'amour pouvaient être relâchées, un homme et une femme consciencieux ne se mettraient pas à procréer, sans le plus sérieux examen de la valeur probable de leur progéniture. Les anticonceptionnels ont rendu la procréation volontaire et l'ont soustraite au mécanisme inévitable des fonctions biologiques. Pour plusieurs raisons économiques déjà examinées dans les chapitres précédents, il semble probable que le père aura moins d'importance pour l'éducation et la subsistance des enfants. Il n'y aura donc pas de raison qu'une femme choisisse comme père de ses enfants l'homme qu'elle préfère comme amant ou comme compagnon. La femme de l'avenir pourra même éviter cette obligation sans sacrifier en rien son bonheur. Il sera encore plus facile aux hommes de choisir les mères à leurs enfants. Ceux qui pensent comme moi que la liaison sexuelle n'est affaire sociale que dans la mesure où naissent des enfants, doivent tirer, comme moi, de ces bases une double conclusion.

D'un côté l'amour sans enfant est libre, et la procréation des enfants doit être plus soigneusement réglementée qu'elle ne l'est aujourd'hui. Il ne serait plus nécessaire pour que la procréation fût vertueuse que certaines paroles rituelles fussent prononcées ou que certaines formules fussent consignées sur un registre, car ces formalités ne peuvent garantir la bonne santé ou l'intelligence des enfants. L'on exigerait donc que l'homme et la femme en eux-mêmes et dans leur hérédité réunissent les conditions qui permettent de donner naissance à des enfants sains d'esprit et de corps. Lorsque la science sera devenue capable de se prononcer avec plus de certitude dans ce domaine, le sens moral de la communauté pourra devenir plus exigeant du point de vue eugénique. Les hommes dont l'hérédité sera supérieure seront recherchés pour servir de pères tandis que d'autres, peut-être acceptables comme amants, pourront se voir refuser le droit de paternité.

L'institution du mariage dans sa forme actuelle est telle jusqu'ici que les possibilités pratiques de l'eugénisme semblent encore très réduites. Mais il n'y a pas lieu de supposer que les obstacles à l'eugénisme subsisteront indéfiniment puisque l'usage des anticonceptionnels est en train de marquer une distinction entre la procréation et les liaisons sexuelles sans enfants. La grave signification et la haute fonction sociale que les moralistes d'autrefois attachèrent au mariage deviendront plus scientifiques dans leurs règles et seront réservées à la procréation seulement.

Les perspectives de l'eugénisme, quoiqu'elles ne soient vues que d'une petite élite exceptionnellement cultivée, prendront un jour place dans les codes. L'idée que la science puisse intervenir dans nos passions personnelles nous répugne, sans aucun doute, mais cette intervention serait bien moindre que celle que la religion s'est arrogé le droit d'exercer pendant des siècles. La science est nouvelle dans le monde et elle ne possède pas encore l'autorité qui revient à la tradition religieuse. Mais cette autorité même peut obtenir par la suite le même degré de soumission qui marqua le règne de la religion. Le désir d'une vie meilleure pour la postérité ne suffit pas pour dominer la moyenne des hommes aux heures de passions, mais s'il devenait une partie de la morale positive avec la sanction non seulement de la louange et du blâme, mais aussi de subventions, il ne pourrait plus être ignoré de personne.

La religion existe depuis l'aube des époques historiques tandis que la science n'existe que depuis quatre siècles au plus. Lorsque la science sera ancienne et vénérable, elle dominera notre vie comme aujourd'hui la religion. On peut prévoir cependant une époque où ceux qui ont à cœur la liberté de l'esprit humain s'insurgeront contre la tyrannie de la science. Pour l'instant, s'il doit exister une tyrannie, il vaut mieux qu'elle soit scientifique.

18

La sexualité et le bien-être individuel

Reprenons ici sous le rapport du bonheur et du bien-être individuel l'objet de nos premiers chapitres. Ce n'est plus seulement la période active de la vie sexuelle ni les relations sexuelles proprement dites qui nous retiendront, mais aussi l'enfance, l'adolescence, la vieillesse que la morale sexuelle juge de diverses manières, en bien ou en mal, selon les circonstances. C'est dès l'enfance que la morale conventionnelle agit sous la forme des tabous sexuels. On apprend à l'enfant dès un âge très tendre à ne pas toucher certaines parties de son corps en présence des grandes personnes, à parler tout bas lorsqu'il veut satisfaire un besoin d'excrétion et à avoir soin d'être seul pour cela. Et c'est ainsi que certaines parties du corps sont taboues. L'enfant est incapable de s'expliquer ces interdictions, enveloppées de mystère. Je connais aujourd'hui des hommes d'un certain âge à qui leurs parents, les voyant toucher leurs parties, avaient dit : « Je préférerais te voir mourir plutôt que te voir faire ces choses. » Les effets de cet enseignement sont loin d'avoir réalisé les vœux du moraliste conventionnel. Si l'on ne menace plus guère aujourd'hui les enfants de les châtrer, on croit qu'il convient de leur prédire la folie s'ils se masturbent et il en résulte qu'un sentiment profond de crainte et de péché s'associe à la sexualité. Cette association est profonde et envahit l'inconscient.

C'est le sadisme et le masochisme (quoiqu'ils soient normaux dans leur forme bénigne) qui sont liés dans leurs pernicieuses manifestations au sens du péché. Un masochiste est un homme qui a le sens aigu de sa propre culpabilité, un sadique est plus conscient de la culpabilité de la femme comme tentatrice. Ces effets montrent combien est profonde la première impulsion produite par un enseignement moral d'une injuste sévérité.

L'enfance et la jeunesse sont en effet une période de la vie où les coups de tête, les incartades et les infractions aux défenses sont naturels et spontanés et ne sont pas regrettables s'ils ne vont pas trop loin. Mais les péchés contre les règles de la morale sexuelle sont traités par les grandes personnes d'une manière différente de toutes les autres infractions, et les enfants les placent dans une catégorie toute différente. Si l'enfant vole un fruit vous pourrez paraître ennuyé, vous le tancerez vertement, mais vous ne paraîtrez éprouver aucune horreur morale et vous ne donnerez pas à l'enfant l'impression que quelque chose d'épouvantable s'est produit. Mais si l'enfant est pris sur le fait, quand il se masturbe, par une grande personne de la vieille école, il sera réprimandé sur un ton qu'il n'entend en aucune autre occasion. L'enfant ému par cette gravité croit sincèrement que la masturbation est une chose aussi effrayante que vous le dites. Il continue cependant. C'est ainsi que l'on plante les germes d'une morbidité qui se prolonge toute la vie. Dès ses plus jeunes années l'enfant se regarde comme un pécheur. Il apprend à pécher en secret, et se console à moitié que son péché soit ignoré. Dans sa première morale il cherche à se venger du monde en punissant ceux qui sont moins heureux que lui à cacher leur faute et c'est ainsi qu'il devient hypocrite et cruel.

Ce n'est pas le péché, le remords et la crainte qui doivent dominer la vie des enfants. Les enfants doivent être heureux, gais et spontanés, ils ne doivent pas se détourner de la connaissance des faits naturels. L'éducation a été souvent conçue comme le dressage des ours de foire. On sait comme on apprend à ces animaux à danser : ils sont placés sur une plaque chauffée qui les oblige à danser parce que leurs pattes seraient brûlées si elles y restaient toujours posées, et pendant ce temps on leur joue un air de flûte. Plus tard, l'air de flûte suffira à les faire danser. Il en est de même pour les enfants que les grandes personnes réprimandent tout le temps qu'ils restent conscients de leurs organes sexuels. Ces réprimandes suffiront plus tard à les troubler et à rendre misérable leur vie sexuelle.

Pendant l'adolescence, les misères causées par cette morale conventionnelle de la sexualité sont encore plus graves que pendant l'enfance. Beaucoup de garçons sont terrifiés par les émissions séminales nocturnes. Ils se sentent assaillis de désirs qu'on leur a appris à juger coupables. Ces désirs qui sont forts deviennent des obsessions qui les tourmentent nuit et jour. Chez les meilleurs sujets, les obsessions coexistent avec des élans vers la beauté et la poésie, vers l'amour idéal, et grâce aux éléments manichéens de l'enseignement chrétien, les instincts charnels et les causes d'idéalisme peuvent être complètement dissociés et même peuvent entrer en conflit. Sur ce point la confession d'un de mes amis peut être citée comme un exemple type : « Ma propre adolescence présenta cette dissociation d'une manière bien nette. Je lisais Shelley pendant des heures, et sentimentalisais sur les vers :

> *Le désir du phalène pour l'étoile*
> *Et de la nuit pour l'aube.*

puis je descendais de ces hauteurs sublimes pour tâcher d'épier la bonne qui se déshabillait. Ces dernières impulsions étaient la source de profonds remords, la première avait quelque chose de niais, puisque cet idéalisme n'était qu'un dérivatif de ma sotte peur de la sexualité. »

On sait que l'adolescence est une époque de fréquents désordres nerveux. Miss Read, dans son livre sur Samoa, affirme que les troubles de l'adolescence sont inconnus dans cette île et elle attribue ce fait à la liberté sexuelle qui y règne. Il est vrai que l'activité des missionnaires la refrène quelque peu. Quelques-unes des jeunes filles que l'auteur avait interrogées vivaient à la maison même de la mission. Elles s'étaient adonnées à la masturbation et à l'homosexualité. Nos écoliers anglais ne sont pas bien différents à cet égard de celles qui vivaient à la maison de la mission de Samoa. Mais l'effet psychologique, qui est peut-être inoffensif à Samoa, est désastreux chez l'écolier anglais qui respecte cet enseignement conventionnel tandis que les insulaires de Samoa regardent le missionnaire comme un Blanc, dont il ne faut pas trop choquer les goûts bizarres.

Pour la plupart des femmes, qui en l'état actuel des choses doivent rester célibataires, la moralité conventionnelle est pénible. On voit quelques vieilles filles à l'austère vertu, dont la vie peut à d'autres égards mériter notre admiration, mais je crois que c'est le contraire qui est la règle. La femme qui n'a aucune expérience de la sexualité et qui a estimé important de garder sa virginité s'engage dans une réaction négative tout imprégnée de crainte et de remords, tandis qu'une jalousie inconsciente lui inspire la condamnation des activités normales chez autrui, le désir de punir ceux qui jouissent de ce qui lui a été interdit. La timidité intellectuelle est la conséquence la plus courante et la plus fâcheuse de la virginité. Il n'existe aucune raison sérieuse pour justifier les misères et la perte d'énergie que cette situation entraîne.

Le mariage qui est la seule issue que les convenances permettent à la sexualité souffre de la rigueur des règles morales. Les complexes acquis dans l'enfance, l'expérience des hommes avec les prostituées, l'aversion de l'amour inculquée aux jeunes filles dans le but de sauvegarder leur vertu, toutes ces circonstances se liguent contre la satisfaction sexuelle des époux. Une jeune fille bien élevée, si ses instincts sont véhéments, sera incapable de distinguer un flirt d'une sérieuse affinité. De là les unions mal assorties. De plus, la vie commune est rendue difficile intellectuellement et physiquement, car la femme n'est pas habituée à parler librement des choses sexuelles ; l'homme n'y est habitué qu'avec les prostituées. Et pour l'intérêt le plus intime et le plus vital de leur union, les époux sont réticents, effarouchés et gauches. L'homme peu à peu finit par se persuader que les prostituées peuvent lui donner plus de satisfaction que sa femme légitime dont la froideur le blesse, tandis qu'elle est probablement elle-même en train de souffrir, et qu'il ne sait comment éveiller en elle le goût de l'amour. Voilà quelles misères découlent de notre conduite de réticences et de convenances. C'est ainsi que, depuis l'enfance jusqu'à l'adolescence et l'âge mûr, la vieille morale a pu empoisonner l'amour et le plonger dans la tristesse, la crainte, le remords, la discorde, créant deux régions distinctes : celle des impulsions physiques et celle de l'idéalisme amoureux, rendant l'une brutale et l'autre stérile. La vie ne doit pas être ainsi vécue ; les natures animale et spirituelle ne doivent pas se faire ainsi la guerre. Elles ne sont nullement incompatibles et l'une et l'autre ne portent leurs fruits que par la fusion. L'amour de l'homme et de la femme constitue l'élément essentiel de la vie émotionnelle de l'humanité. En dégradant l'amour sexuel, la morale conventionnelle a cru exalter l'amour paternel et maternel. L'amour des parents pour les enfants qui sont le fruit de l'amour sexuel a souffert de cette dégradation. On peut les aimer d'une manière plus robuste et plus saine, dans le sens des lois naturelles, plus simple, plus directe, plus aimable et moins égoïste que cela n'est possible à des parents frustrés et affamés de satisfactions charnelles, et enclins à chercher auprès de leurs enfants quelques parcelles de l'aliment passionnel qui leur a été refusé, faussant ainsi la sensibilité des enfants et plantant les germes du même mal dans les générations futures. La peur de l'amour qui est cause de ces misères n'est que la peur de la vie. Et ceux qui craignent la vie sont déjà aux trois quarts morts.

19

Valeur humaine de l'amour

L'écrivain qui parle de la sexualité court toujours le risque d'être accusé de souffrir d'une obsession sexuelle par ceux qui croient ce sujet inconvenant. On suppose qu'il n'encourrait pas la censure des personnes pudibondes s'il n'était tourmenté lui-même par un intérêt tout à fait hors de proportion avec l'importance de la question. Cette attitude ne se fait sentir que contre ceux qui attaquent l'éthique conventionnelle. Ceux qui encouragent la persécution des prostituées, ceux qui assurent la promulgation des lois théoriquement dirigées contre la traite des Blanches, mais qui en pratique ne se font sentir que sur des liaisons extraconjugales volontaires, ceux qui dénoncent les jupes courtes et les bâtons de rouge et ceux qui espionnent sur les plages dans l'espoir de découvrir des costumes de bain indécents ne sont nullement regardés comme des victimes d'une obsession sexuelle, mais cela n'empêche pas qu'ils sont probablement beaucoup plus malades que l'écrivain qui réclame une plus grande liberté sexuelle. Une morale sexuelle férocement rigide n'est qu'une réaction contre des sentiments libidineux et l'homme qui lui donne expression est généralement assiégé de pensées lubriques, non par leur contenu propre, mais par le virus puritain qui empêche cette victime de la morale traditionnelle de réfléchir sainement sur la matière. Je suis entièrement d'accord avec l'Église : l'obsession sexuelle est un mal, mais ses méthodes pour la guérir n'ont pas mes suffrages. Il est notoire que saint Antoine était plus obsédé que les plus grands débauchés. Et l'on ne se retient de citer d'autres exemples que par crainte de blesser. L'amour est un besoin naturel comme le boire et le manger.

Si nous blâmons le glouton ou l'ivrogne, c'est qu'un intérêt, qui a droit à une place légitime dans l'existence, a usurpé une part excessive de leurs pensées et de leurs sentiments. Mais nous ne blâmons pas un homme pour la jouissance naturelle et normale qu'il prend à consommer des quantités raisonnables de nourriture. Les ascètes l'ont fait, il est vrai. Ils ont considéré qu'un homme devait réduire sa nourriture au minimum, mais cette opinion est rare aujourd'hui et l'on peut la négliger. Les puritains dans leur détermination d'éviter les péchés de la chair furent plus chatouilleux sur ce chapitre que l'on ne le fut jamais pour les plaisirs de la table.

Un critique du puritanisme au XVIIIe siècle disait :

> *Voulez-vous des nuits folâtres et de joyeux soupers ?*
> *Tenez table avec les saints et votre lit chez les pécheurs.*

Ces vers semblent indiquer que les puritains ne furent pas plus heureux dans leur entreprise de répression de nos passions charnelles ; ce qu'ils enlevaient à la concupiscence allait fortifier le péché de la gourmandise qui, pour le catholicisme, est au nombre des péchés capitaux. On se rappelle, en effet, que Dante loge les gourmands dans un des cercles infernaux les plus profonds. Mais la gourmandise reste un péché bien imprécis, puisqu'il est difficile de distinguer où commence la dose du plaisir permis. Viendra-t-on nous dire qu'il est coupable de manger tout ce qui n'est pas nourrissant ? En ce cas, la moindre amande salée nous ferait encourir la damnation éternelle. Mais tout cela est déjà bien inactuel. Nous reconnaissons le gourmand à sa mine, et si parfois nous sentons quelque mépris pour lui, nous ne le réprouvons pas très sévèrement et l'obsession anormale du désir de nourriture est assez rare parmi ceux qui n'ont pas souffert de privations. La plupart des gens mangent et pensent à autre chose jusqu'au repas suivant. Ceux qui, par contre, se privent de tout, excepté du minimum nécessaire à la prolongation de la vie, sont obsédés par des visions de festins plantureux et rêvent que des démons viennent leur servir des fruits délicieux. Les explorateurs perdus sur la banquise, réduits à un régime d'huile de baleine, passent leurs jours à composer le menu du dîner qu'au retour ils se paieront au Carlton.

Tout cela pour nous montrer que, si l'on veut éviter l'obsession sexuelle, il ne faut pas que la morale considère l'amour du même œil dont les ermites de la Thébaïde voyaient la bonne chère. L'amour charnel est un besoin naturel de l'homme au même titre que le boire et le manger.

Les différences psychologiques mises à part, les désirs de la chair sont analogues à la faim et à la soif. Le désir est prodigieusement aiguisé par l'abstinence et il est calmé par la satisfaction. Tant qu'il presse, il ferme le champ de la conscience à tout le reste du monde. Tous les autres intérêts s'évanouissent dans l'instant et l'homme peut commettre des actes qui lui paraîtraient insensés à d'autres moments. En outre, comme pour le boire et le manger, le désir est très vivement stimulé par les interdictions. Qui n'a vu des enfants refuser des pommes au dessert et s'en aller tout droit pour en voler au verger, même si les pommes du dessert sont mûres et celles du verger vertes ? Il ne semble pas que l'on puisse nier que le désir des boissons soit aujourd'hui plus fort chez l'Américain riche qu'il ne l'était il y a vingt ans. C'est de la même manière que l'enseignement chrétien et la domination du christianisme ont considérablement augmenté l'attrait de l'amour.

La génération qui, la première, cessera entièrement d'ajouter foi à la morale conventionnelle se livrera nécessairement aux licences charnelles avec infiniment plus d'excès que celles dont les idées sur le sexe ne seront plus affectées, ni dans un sens ni dans l'autre, par des croyances superstitieuses. C'est la liberté seule qui empêchera l'obsession sexuelle, mais la liberté elle-même n'aura pas cet effet si elle ne devient pas coutumière et si elle ne s'accompagne pas d'une sage éducation. Je tiens à répéter énergiquement que la préoccupation excessive de ce sujet est un mal et ce mal est fort répandu aujourd'hui, surtout en Amérique, où je le trouve particulièrement prononcé parmi les moralistes les plus austères qui manifestent une disposition remarquable à recueillir les calomnies que l'on colporte sur leurs adversaires. Le gourmand, le débauché, l'ascète sont des êtres absorbés par leur moi et dont l'horizon est limité par leurs propres désirs, soit parce qu'ils sont sacrifiés, soit parce qu'ils sont déchaînés.

Un homme sain ne concentre pas ses préoccupations sur lui-même. Il cherchera autour de lui et trouvera par le monde des objets dignes de son attention. L'égotisme est une maladie des instincts contrariés. Et ce n'est pas en contrariant leurs impulsions naturelles que l'on produira des hommes et des femmes forts, mais par le développement égal et l'équilibre de toutes les tendances essentielles au bonheur.

Il ne doit donc pas exister plus de freins dans le domaine sexuel que dans celui de la nutrition. Quand il s'agit des aliments, nous avons trois espèces de restrictions : les lois, les usages, la santé. Nous jugeons qu'il est mauvais de manger plus que notre part et de prendre celle du voisin et de nous empiffrer jusqu'à nous rendre malades. Des contraintes de ce genre existent pour l'amour, mais elles sont plus complexes et impliquent une plus grande maîtrise de soi. En outre, comme un être humain ne doit pas avoir un droit de propriété sur son semblable, ce que la loi doit défendre n'est pas l'adultère, mais le rapt qui, de toute évidence, doit être interdit.

Les limites qui peuvent être imposées sous le rapport de la santé concernent exclusivement les maladies vénériennes, sujet que nous avons déjà traité à propos de la prostitution. Il est évident que la diminution de la prostitution professionnelle est le meilleur moyen de traiter ce mal, et cette liberté qui grandit depuis quelques années parmi les jeunes aura pour conséquence un recul de la prostitution.

Une éthique sexuelle intelligente ne peut concevoir la sexualité comme un simple appétit physique et une source possible de dangers. Ces deux points de vue sont importants, mais il ne faut pas oublier que la sexualité est liée aux plus précieuses jouissances de la vie, l'amour poétique, le bonheur conjugal et l'art. Nous avons déjà parlé des deux premiers. L'art, selon quelques-uns, est indépendant de l'amour, mais c'est une opinion qui a aujourd'hui moins de partisans qu'autrefois. Il est bien clair que le mobile de toute création esthétique est psychologiquement associé au désir amoureux, par un rapport qui n'est pas nécessairement direct ou évident, mais qui n'en est pas moins profond. Pour que l'instinct sexuel puisse conduire à l'expression artistique, certaines conditions sont nécessaires. Tout d'abord, il faut des dons artistiques. Mais ces dons paraissent communs à certaines époques et rares à d'autres. C'est ce qui nous fait penser que le milieu joue un rôle important dans le développement des impulsions artistiques. Il doit exister une certaine liberté, non pas celle de récompenser l'artiste, mais celle qui lui évite de devenir fatalement un Philistin. Lorsque Jules II emprisonne Michel-Ange, il n'entrave nullement cette liberté nécessaire à l'artiste. Il l'emprisonna parce qu'il tenait cet artiste pour un homme important qui ne tolérerait pas d'être insulté par un homme dont la dignité fût rien de moins que papale. Quand, par contre, un artiste est obligé de flagorner de riches patrons et des conseillers municipaux pour obtenir des commandes, et d'adapter son œuvre à leur canon esthétique, c'en est fait de sa liberté artistique. Lorsqu'il est forcé, par crainte de la persécution sociale et économique, de subir les liens d'un mariage qui lui est intolérable, il est privé de l'énergie requise pour la création artistique. Les sociétés qui furent vertueuses n'ont pas produit un grand art. Celles où l'art a été florissant étaient composées d'hommes que l'État d'Idaho, par exemple, eût rendus stériles. L'Amérique, aujourd'hui, importe presque tous les talents d'Europe, où la liberté s'attarde encore. Mais déjà l'américanisation de l'Europe lui impose de se tourner vers les pays sauvages. Le dernier foyer de l'art semble n'être plus que les plateaux du Tibet ou le Haut-Congo. L'extinction définitive de l'art européen ne peut être différée plus longtemps, car les munificences que l'Amérique est prête à prodiguer aux artistes étrangers sont telles qu'elles ne manqueront pas de produire leur mort artistique. L'art du passé avait une base populaire qui dépendait de la joie de vivre. La joie de vivre en retour dépend d'une certaine spontanéité devant l'amour. Là où l'amour est opprimé, il ne reste plus que le travail et un évangile du travail n'a jamais donné aucun travail qui valût la peine d'être fait. Que l'on ne me dise pas que le total des accouplements, par nuit ou par jour, du peuple d'Amérique a été calculé et qu'il est pour le moins aussi grand par habitant que dans tous les autres pays. J'ignore si une telle statistique est exacte et je ne tiens nullement à la nier. Car l'une des plus dangereuses erreurs du moraliste conventionnel est de réduire l'amour au coït pour être plus sûr de le battre en brèche. A ma connaissance, aucun homme civilisé, aucun sauvage ne satisfait ses instincts par l'acte sexuel pur et pour que les impulsions qui nous meuvent soient satisfaites, il faut qu'il y ait recherche et cour et il faut qu'il y ait amour. Sans ces éléments, la fringale sexuelle peut être calmée, mais un appétit spirituel reste inapaisé, en dehors duquel nulle satisfaction profonde n'est possible. La liberté sexuelle nécessaire à l'artiste est donc la liberté d'aimer, non la liberté de soulager les besoins physiques avec quelque femme indifférente. Et la liberté d'aimer est par-dessus tout ce que le moraliste bien-pensant est bien décidé à nous refuser. Si l'art doit renaître après l'américanisation du monde, il faudra que les moralistes deviennent moins moraux et ses immoralistes moins immoraux, il faudra en un mot que les plus hautes valeurs qui forment le contenu de l'amour et la possibilité du bonheur d'aimer aient plus de prix qu'un compte en banque. Rien n'est plus pénible au voyageur qui parcourt l'Amérique que ce désert de joies qui l'environne. La jouissance y est frénétique et orgiaque. C'est une occasion d'oubli, non pas l'expression ravie des puissances de l'être. Des hommes, dont les grands-pères ont dansé au son des fifres dans les villages de la Pologne ou des Balkans, sont tout le jour collés à leur bureau parmi des machines à écrire, des téléphones, sérieux, importants et médiocres. Ils s'esquivent le soir pour se saouler et s'étourdir d'un tapage nouveau ; ils s'imaginent trouver là le bonheur tandis qu'ils ne tiennent que l'oubli convulsé, imparfait, d'une implacable routine d'affaires, exploitant d'autres créatures humaines, mercenaires dont l'âme est esclave.

Je n'entends pas affirmer que tout ce qu'il y a de mieux dans la vie relève de l'amour. Je ne crois pas que la science théorique dépende d'elle le moins du monde. Pas plus, du reste, qu'un certain nombre d'autres activités sociales importantes. Les mobiles des désirs complexes de l'homme adulte peuvent être classés sous trois chefs. La volonté de puissance, l'amour et les affections parentales, telles me paraissent être les sources de la plupart des activités de l'homme. L'ambition commence la première et finit la dernière. L'enfant, qui a si peu de pouvoir, est dominé par le désir d'en avoir. Son autre désir dominant est la vanité, la peur d'être blâmé ou d'être négligé, le désir d'être loué. C'est la vanité qui fait de lui un être social et lui donne les vertus nécessaires à la vie commune. La vanité est un mobile très intimement mêlé à la sexualité, quoiqu'on puisse les séparer théoriquement. Mais la volonté de puissance semble avoir peu de rapports avec la sexualité. C'est la volonté de puissance autant que la vanité qui porte l'enfant à étudier ses leçons et à développer ses muscles. Il faudrait, je pense, rattacher la curiosité et le désir de connaissance à la volonté de puissance, et la science, hormis quelques sections de la biologie et de la psychologie, viendrait se placer en dehors du domaine des sentiments sexuels. Comme Frédéric II n'est plus, cette opinion doit rester plus ou moins hypothétique. S'il vivait encore, il l'eût vérifiée en faisant châtrer un mathématicien célèbre et un musicien éminent et il en eût observé les effets sur leurs travaux. Je suis porté à croire que, chez le premier, l'effet eût été nul et chez le second considérable.

S'il en est ainsi, comme la poursuite du savoir est un des plus précieux éléments de la nature humaine, une part considérable de l'activité humaine est soustraite à la domination de la sexualité. L'ambition est aussi le mobile de toute l'activité politique dans le sens le plus large du mot. Certes, un grand politique n'est pas indifférent au bien public ; je crois même, au contraire, que chez lui, le sens paternel s'est étendu à la communauté. Mais s'il n'a pas une volonté de puissance très vigoureuse, il ne peut fournir tous les efforts nécessaires au succès d'une grande ambition politique. J'ai connu beaucoup d'esprits très nobles dans la vie publique qui, faute d'une dose suffisante d'ambition personnelle, trouvaient rarement l'énergie de réaliser le bien qu'ils avaient en vue. Abraham Lincoln fit à deux sénateurs récalcitrants un discours qui commençait et finissait par les mots : « Je suis le Président des États-Unis, ceint d'une redoutable puissance. » Comment nier le plaisir qu'il devait trouver à ces affirmations ? Mais dans tout le domaine de la politique, en bien et en mal, les deux forces maîtresses sont le facteur économique et la volonté de puissance. Un essai d'interprétation exclusive de la politique par la théorie freudienne est, à mon sens, une erreur.

Si ce qui précède est juste, la plupart des grands hommes, en dehors des artistes, ont été mus par des motifs étrangers à la sexualité. Dans le cas où de telles activités persistent et doivent, sous leurs plus humbles formes, devenir communes, il est nécessaire que la sexualité n'obscurcisse pas le reste de la nature émotive et passionnelle de l'homme. Le désir de comprendre le monde et de le réformer sont les deux grands ressorts du progrès, sans lesquels toute société végète ou régresse nécessairement. Il est possible que la satisfaction et la plénitude du bonheur soient aussi, comme l'amour, un obstacle au désir de la science et du progrès. Lorsque Cobden voulut embrigader John Bright dans la campagne libre-échangiste, il lui adressa un appel personnel qui s'inspirait du chagrin que Bright venait d'éprouver de la mort récente de sa femme. Il se peut que sans ce chagrin, Bright eût éprouvé moins de sympathie pour le malheur d'autrui. Beaucoup d'hommes se sont pareillement engagés dans une lutte tout idéale par désespoir de trouver le bonheur. La douleur est un aiguillon précieux pour les hommes d'une certaine énergie, et d'autre part l'homme parfaitement heureux ne cherche pas à devenir plus heureux. Mais je ne puis admettre que cela soit un devoir de fournir aux autres hommes une part de souffrances sous prétexte qu'elle pourra leur être féconde ! Presque toujours, la douleur ne fait qu'écraser et il vaut mieux s'en remettre à tous les hasards auxquels notre existence est sujette. Tant que la mort existera, la douleur existera aussi, et tant qu'il y aura douleur, il ne pourra jamais s'agir d'accroître cet héritage de douleur, même si quelques rares esprits ont su le transmuer en quelque chose de très précieux.

Conclusion

Au cours de cette discussion, nous avons été conduits à quelques conclusions, les unes historiques, les autres morales.

Historiquement, nous avons vu que la moralité sexuelle telle qu'elle se présente dans les sociétés civilisées émane de deux sources différentes. D'un côté, le désir de certitude de la paternité, de l'autre une croyance ascétique dans la malignité de l'amour. La morale des époques préchrétiennes et de l'Extrême-Orient, jusqu'à nos jours, ne dérivait que de la première source, excepté dans l'Inde et la Perse, d'où l'ascétisme semble être né et s'être répandu par le monde. Le désir d'associer la filiation n'apparaît pas chez les races arriérées qui sont ignorantes du rôle même que joue le mâle dans la génération. Bien que la jalousie masculine impose déjà certaines limites à la licence des femelles, les femmes sont beaucoup plus libres dans ces collectivités que dans les collectivités patriarcales. Il est clair que dans la transition entre les deux stades, il dut se produire des frictions très importantes ; les restrictions à la liberté de la femme paraissaient sans doute nécessaires aux hommes qui s'intéressaient à leur rôle de père. Un homme ne devait pas commettre d'adultère avec une femme mariée. Mais à part cela, il était libre.

Avec l'avènement du christianisme, un nouveau motif d'éviter le péché de la chair intervint et la règle morale devint la même en théorie pour les hommes et les femmes, bien qu'en pratique, la difficulté de l'appliquer aux hommes ait toujours déterminé une plus grande tolérance pour leurs manquements. A l'origine, la moralité sexuelle avait une intention biologique intégrale, c'est-à-dire celle d'assurer aux enfants en bas âge la protection de leurs deux parents. Cette intention sombre dans la théorie chrétienne, bien qu'elle subsiste dans la pratique.

Plus récemment, les éléments chrétiens et préchrétiens semblent présenter des signes de transformation. L'élément chrétien n'a plus son ascendant initial à cause du déclin de l'orthodoxie religieuse et de l'affaiblissement de la foi. Les hommes et les femmes nés dans ce siècle, quoiqu'ils gardent inconsciemment les anciennes attitudes, ne croient plus que la fornication soit un péché en soi. Quant aux éléments préchrétiens de la morale sexuelle, l'usage des anticonceptionnels est en train d'en avoir raison. Certes, cette évolution n'est pas encore achevée parce que les procédés anticonceptionnels ne sont pas encore tout à fait sûrs, mais on peut espérer qu'avant longtemps de très grands progrès seront accomplis sur ce point. En ce cas, il ne sera plus nécessaire pour assurer la filiation que les femmes s'abstiennent de tous rapports sexuels en dehors du mariage. On objectera qu'il sera, dès lors, possible à la femme de trahir son mari. Mais les femmes l'ont toujours fait sans cela, depuis les époques les plus reculées. Il n'est pas du tout impossible que la jalousie du mari s'accommode des nouvelles conditions. En Orient, les maris ont toujours toléré de la part des eunuques des libertés qu'un Européen ne souffrirait pas. C'est parce que l'eunuque ne fait intervenir aucun élément de doute dans la paternité. Il est possible qu'une tolérance de ce genre puisse s'étendre aux liaisons que des femmes pourraient avoir, en dehors de toute intention de fonder une nouvelle famille.

La famille biparentale peut donc survivre à l'avenir sans exiger des femmes de si grands sacrifices de continence. L'autre facteur qui précipitera la transformation de la morale sexuelle est l'intervention de l'État pour la subsistance des enfants. Jusqu'ici le changement n'affecte que la classe ouvrière, mais cette classe forme, après tout, la majorité, et il est probable que la substitution de l'État au père s'étendra graduellement à toutes les classes sociales.

Si l'État venait ainsi à assurer les fonctions de protection et de subsistance que le père a remplies jusqu'ici, ce dernier ne serait plus d'aucune utilité. Quant à la mère, deux possibilités s'offrent : elle pourra continuer à travailler et confier l'enfant à des institutions publiques, ou bien elle pourra être, si la loi en décide ainsi, subventionnée par l'État. Il semble donc que les forces économiques conduisent à l'élimination du père et, dans une certaine mesure, de la mère. Ainsi donc, toutes les raisons en faveur de la vieille morale auront disparu et de nouveaux principes auront à être trouvés pour les fondements d'une nouvelle éthique.

La dissolution de la famille, si elle vient à se produire, n'est pas un sujet d'allégresse. L'affection des parents est importante pour les enfants, et les institutions publiques, si elles existent à une vaste échelle, auront un caractère administratif cruel aux enfants. Une différence importante en résultera, car l'influence de la famille différencie les enfants. En ce cas, si un État rigoureusement international ne s'est pas établi tout d'abord, on inculquera aux enfants des différents pays un patriotisme virulent qui rendra certaines les exterminations mutuelles. La nécessité d'un État international s'impose aussi au point de vue de la population ; à son défaut, les nationalistes auront des motifs d'encourager les naissances et de provoquer un excès de population dont la guerre seule pourra disposer.

Tandis que les questions sociales sont souvent difficiles et complexes, les questions personnelles sont, à mon sens, très simples. La notion du péché de la chair a fait à l'individu un mal que l'on a tu jusqu'aujourd'hui — un mal qui commence dès le bas âge et sévit pendant toute son existence. En tenant l'amour sexuel dans cette prison, la moralité conventionnelle a enchaîné en même temps toutes les autres formes de sentiments d'amitié et a rendu les hommes moins généreux, plus égoïstes et plus cruels. Quelle que soit l'éthique sexuelle observée, elle doit être affranchie de toute superstition et doit avoir des fondements démontrables et acceptables. La sexualité ne peut se passer d'une éthique, pas plus que le commerce, les sports et la recherche scientifique ou toute autre forme de l'activité humaine. Mais elle doit se débarrasser d'une morale uniquement fondée sur les vieilles interdictions imposées par des hommes incultes à une société disparue, totalement différente de la nôtre. Dans ce domaine, comme en économie et dans la politique, notre morale est encore dominée par des craintes rendues irrationnelles par les découvertes modernes, dont les bienfaits restent vains faute d'une adaptation psychologique convenable.

Il est vrai que cette transition de l'ancien système au nouveau a ses difficultés comme toutes les autres. Ceux qui défendent une innovation en morale sont invariablement accusés, comme Socrate, de corrompre la jeunesse. Et cette accusation n'est pas tout à fait sans fondement, même si, en fait, la nouvelle éthique qu'ils prêchent devait être acceptée dans son intégralité. Les nouveaux dogmes ébranlent toutes les autres éthiques sociales. Ceux qui connaissent l'Orient musulman affirment qu'en cessant de croire qu'il faille prier cinq fois par jour, le musulman a cessé de respecter d'autres règles morales importantes.

Le principe général sur lequel repose la nouvelle morale diffère de la morale puritaine en ce que l'instinct est plutôt éduqué que contrecarré. Avec cette formule, la nouvelle règle morale peut obtenir l'adhésion d'un grand nombre, mais elle n'aura de réalité que si elle est appliquée avec toutes ses conséquences et observée dès l'âge le plus tendre. La morale que je défends ici ne consiste pas à dire aux enfants et aux adultes : « Cédez à vos impulsions et faites comme il vous plaît », car il faut dans la vie un esprit de continuité, il faut des efforts durables dirigés vers des buts qui ne sont pas immédiatement profitables et pas toujours attrayants. Il y a aussi les égards dus à autrui, et il faut les règles de l'équité. Mais il ne faudrait pas regarder cependant la maîtrise de soi comme un but qui se suffise à lui-même, et nos conventions morales doivent être telles que le besoin de cette force soit réduit au minimum. La maîtrise de soi est comparable à l'usage des freins qui ne sont utiles que lorsqu'on s'est engagé dans une fausse direction, mais très nuisibles quand on va dans la bonne. L'exercice habituel d'une maîtrise de soi difficultueuse produit un effet très nuisible sur les énergies qui restent aux activités utiles. La maîtrise de soi gaspille ces énergies en frictions internes au lieu de les libérer au-dehors.

La mesure dans laquelle la maîtrise de soi est nécessaire dans la vie dépend du traitement auquel sont soumis les instincts dès les premières années. Les instincts de l'enfance peuvent conduire à des activités utiles ou malfaisantes. Le rôle de l'éducateur est d'engager l'instinct dans les voies où il sera la source des bonnes activités. Si cette tâche est menée à bien, l'homme et la femme pourront vivre une vie féconde sans avoir à exercer un empire rigoureux sur leurs passions, à l'exception peut-être de quelques crises très rares. D'autre part, si l'éducation première a consisté dans le pur et simple refoulement des instincts, les actions auxquelles ils nous portent plus tard dans la vie seront nuisibles et auront toujours à être refrénées par la volonté.

Ces considérations générales s'appliquent avec une exactitude toute particulière aux instincts sexuels, à cause de leur grande puissance et à cause de la préoccupation dont ils furent l'objet de la part des conventions morales. Le moraliste bien-pensant paraît croire que si ces instincts n'étaient pas refrénés, ils auraient dégénéré en tendances vulgaires, grossières et anarchiques. Qu'on soit assez amoureux pour garder une fidélité si entière que, de part et d'autre, les tentations d'infidélité ne se présentent même pas, cela, il va sans dire, est bien, mais c'est assurément un mal certain de traiter l'infidélité comme une faute terrible.

En un mot, les instincts raisonnablement dirigés ont de meilleurs produits qu'une éducation calviniste inspirée par le dogme du péché originel. Un des plus importants bienfaits de la psychanalyse fut de dénoncer les désastreuses conséquences des prohibitions et des menaces aux enfants. Pour lutter contre ces effets, il faut toute la technique et la durée d'un traitement psychanalytique. Cela n'est pas vrai seulement pour des névropathes avérés, mais pour des personnes saines en apparence. Cette conception s'explique par l'observation de ceux qui ont fixé les inhibitions habituelles dès leur jeune âge et ont essayé de les ignorer par la suite. Chez ces hommes, les premières interdictions agissent encore, même lorsqu'ils ne réussissent pas à dompter leurs instincts. Ce que l'on appelle la *conscience*, c'est-à-dire l'acceptation irraisonnée et plus ou moins inconsciente des préceptes enseignés dès l'enfance, oblige l'homme à penser que tout ce que ces préceptes interdisent est un péché, et ce sentiment persiste en dépit des convictions intellectuelles contraires. La personnalité est donc divisée, pour son malheur, en deux régions où l'instinct et la raison ne s'accordent plus et où celle-ci s'anémie, tandis que celui-là devient trivial et grossier ; c'est pourquoi il est difficile de juger une nouvelle morale avant qu'elle ne soit appliquée dans l'éducation de la toute première enfance.

La morale sexuelle doit découler de certains principes généraux entre lesquels il y a une assez grande possibilité d'accords, malgré les conséquences différentes que l'on peut en tirer. La première conquête que l'on doit assurer, c'est la possibilité entre l'homme et la femme d'un amour qui exalte toute la personnalité de l'un et l'autre. Cet amour, comme tout ce qui est grand et précieux, exige son éthique propre et souvent entraîne un sacrifice de l'individualité la moins forte — sacrifice qui doit être volontaire, car autrement il détruirait les fondements mêmes de l'amour dans l'intérêt duquel il est offert.

La plupart des hommes et des femmes, en l'état actuel des choses, sont incapables, en mariage, d'un amour aussi généreux et sincère qu'il aurait pu l'être si leur enfance n'avait été paralysée par les tabous. Ils arrivent au mariage ou bien sans expérience de l'amour, ou bien avec une expérience clandestine et honteuse, et comme la jalousie est consacrée par la morale bien-pensante, ils se croient le droit de se garder mutuellement dans une prison morale.

La conception du mariage que ce livre préconise n'a rien de licencieux ; elle demande autant de maîtrise de soi que la doctrine traditionnelle, mais c'est une maîtrise de soi contre toute ingérence dans les libertés d'autrui plutôt que contre la liberté de nos propres impulsions. On peut espérer qu'avec une éducation sensée, ce respect de la personnalité d'une autre créature humaine deviendra relativement aisé.

Le mariage doit être essentiellement la pratique de ce respect mutuel de la personnalité, allié à une profonde intimité physique, intellectuelle et spirituelle qui fait de l'amour entre la femme et l'homme la plus féconde des expériences de la vie.

LES DÉMÊLÉS
DE
BERTRAND RUSSELL
AVEC
L'ENSEIGNEMENT
SUPÉRIEUR AMÉRICAIN

Par Paul Edwards
professeur à l'Université
de New York

1

En 1940, les membres de la section de philosophie du Collège de la Ville de New York proposèrent de repourvoir l'une de leurs chaires, devenue vacante, en l'offrant à Bertrand Russell qui, à cette époque, enseignait à l'Université de Californie[1].

Cette suggestion fut accueillie avec enthousiasme par le corps des professeurs, par le président en exercice, par le Comité de l'enseignement supérieur, ainsi que par la direction elle-même, qui a normalement le pouvoir d'entériner les nominations.

Aucun professeur de la qualité de Bertrand Russell, ni de son prestige, n'avait occupé jusqu'ici une chaire de ce collège. Dix-neuf membres sur les vingt-deux que compte la direction assistèrent à la réunion où cette nomination fut examinée, et ils émirent tous un vote favorable. Lorsque Bertrand Russell eut accepté l'invitation qui lui avait été faite, le président de la direction lui envoya la lettre suivante :

Cher Professeur Russell,

Je suis très sensible au privilège qui m'échoit, en ayant l'honneur de vous faire savoir que vous êtes nommé professeur de philosophie au Collège de la Ville de New York pour la période qui s'étend du 1er février 1941 au 30 juin 1942, à la suite de la décision prise par le Comité de l'enseignement supérieur, au cours de sa réunion du 26 février 1940.

---

1. Pour écrire ce récit, un livre remarquable m'a été utile : *le Cas de Bertrand Russell*, publié par le professeur Horace M. Kallen et feu John Dewey (The Viking Press, 1941). Je dois beaucoup également aux essais de Kallen, Dewey et Cohen.

Je sais que votre présence contribuera à donner de l'éclat à notre collège, et qu'elle permettra à ce dernier d'approfondir les bases de son enseignement philosophique.

En même temps, le président en exercice envoya un communiqué à la presse, soulignant que le Collège était particulièrement heureux de s'assurer les services d'un humaniste de réputation mondiale comme Bertrand Russell.

Afin de mieux comprendre les événements qui ont suivi, il convient de préciser que l'activité de Bertrand Russell se limitait à faire les trois séries de cours suivants :

1. Étude des notions modernes de la logique dans ses relations avec les sciences, les mathématiques et la philosophie.
2. Philosophie des mathématiques.
3. Relation entre les sciences pures et les sciences appliquées et interférences de la métaphysique avec les théories scientifiques.

Il importe de noter qu'à l'époque de cette nomination seuls les adultes pouvaient assister aux cours dans lesquels Bertrand Russell était censé engager ses opinions personnelles.

2

Quand la nomination de Bertrand Russell fut rendue publique, l'évêque Manning, de l'Église épiscopale protestante, adressa une lettre à tous les journaux de New York pour y stigmatiser la décision prise par le Comité de l'enseignement supérieur : « Que dire des collèges et des universités, écrivait-il, qui proposent à notre jeunesse, comme professeur de philosophie, un homme connu de tous pour faire de la propagande à la fois contre la religion et contre la morale, et qui prétend justifier l'adultère ? Est-il quelqu'un d'assez inconscient de l'avenir de notre pays pour désirer voir un tel enseignement se répandre, avec l'approbation de nos collèges et de nos universités ? »

L'évêque revint à la charge quelques jours plus tard : « *Il est des gens dont le désordre moral est tel, précisait-il, qu'ils ne voient même pas ce que peut avoir de regrettable la nomination de quelqu'un qui a pu écrire qu'*il n'y a pas de critère moral en dehors des estimations humaines. »

Remarquons en passant que si l'on exigeait des professeurs de philosophie qu'ils rejettent l'éthique relativiste sous ses différentes formes, ainsi que le demande l'évêque Manning, la moitié d'entre eux devraient être révoqués sur-le-champ.

La lettre de l'évêque fut à l'origine d'une campagne de calomnies et d'intimidations demeurée sans égale dans l'histoire américaine, depuis Jefferson et Thomas Paine. Les journaux ecclésiastiques, la presse Hearst et presque tous les dirigeants du parti démocrate firent chorus.

La désignation de Bertrand Russell, disait The Tablet, *est ressentie* « *comme un choc brutal, comme une insulte faite aux vieux New-Yorkais et à tous les vrais Américains* ». *L'auteur de ce libelle exigeait que la nomination fût rapportée. Il revint à la charge dans un article de première page où il traitait Bertrand Russell de* professeur de paganisme. *Il ajoutait que* « *ce représentant de la philosophie anarchiste et nihiliste de Grande-Bretagne s'était rendu si odieux par son panégyrique de l'adultère qu'un de ses amis l'avait rossé* ». *L'hebdomadaire des jésuites,* America, *fut encore plus aimable. Il désignait Bertrand Russell, ce divorcé, comme* « *un défenseur forcené de la dépravation sexuelle, qui initiait en ce moment même les étudiants de l'Université de Californie à ses théories libertaires sur le relâchement sexuel, sur la promiscuité amoureuse et l'union libre ; comme un corrupteur trahissant sa propre intelligence et sa propre conscience, professeur d'immoralité et d'irréligion, que les Anglais honnêtes avaient banni de leur pays* ».

Les lettres que reçurent les rédacteurs en chef de ces journaux furent encore plus excessives. « *Si la direction de l'enseignement supérieur n'annule pas sa décision, disait notamment l'un des correspondants de* The Tablet, *alors sauve qui peut ! Cela signifiera que le serpent est dans l'herbe, le ver dans le fruit. Si seulement Bertrand Russell était sincère envers lui-même, il ne pourrait pas ne pas dire comme Jean-Jacques Rousseau :* Je ne peux regarder un seul de mes livres sans frissonner. Au lieu d'instruire, je corromps, au lieu de nourrir, j'empoisonne. Mais la passion m'aveugle et, en dépit de mes beaux discours, je ne suis qu'une canaille. » *La lettre était la copie d'un télégramme envoyé au maire La Guardia et qui se terminait par cet appel pathétique : « Je supplie Votre Honneur de protéger notre jeunesse de la funeste influence que peut exercer ce singe de génie, cet envoyé du diable sur la terre, par sa plume empoisonnée. »*

*Le résultat fut que l'un des membres du comité, de surcroît un dirigeant laïc de l'Église protestante épiscopale des plus influents, demanda que la nomination fût à nouveau examinée. Il déclara n'avoir eu que des notions vagues sur les théories de Bertrand Russell et qu'il aurait voté contre leur auteur s'il les avait mieux connues. La séance extraordinaire, au cours de laquelle on allait tout remettre en cause, devait avoir lieu très rapidement. Aussi bien les fanatiques se déchaînèrent-ils afin d'intimider les membres du comité. Le directeur de l'*American Youth League *annonça que le groupement qu'il représentait désapprouvait les idées de Bertrand Russell sur les dortoirs mixtes. Le journal de Hearst,* Journal-American, *demandait au Comité de l'enseignement supérieur qu'une enquête soit ouverte. Il affirmait notamment que Russell encourageait le régime matriarcal et les naissances illégitimes ; que l'éducation des enfants, selon lui, devait répondre aux conceptions d'un État strictement laïque. Pour augmenter le poids de ses arguments, il cita un texte que Bertrand Russell avait écrit plusieurs années auparavant, en le privant bien entendu d'un contexte indispensable, et qui permettait de faire passer celui-ci pour un adepte du communisme.*

Dès lors, Bertrand Russell, dont l'hostilité au communisme soviétique était notoirement connue, fut considéré comme un communiste en puissance. De tous les traits qui caractérisent cette levée de boucliers, le plus détestable fut sans aucun doute cette déformation délibérée de la vérité.

De nombreuses organisations intéressées à l'enseignement américain présentèrent des motions demandant l'éviction de Bertrand Russell, ainsi que celle de tous les membres du comité qui avaient voté en sa faveur. Citons The Sons of Xavier, *émanation du* Catholic

Central Verein of America, The Ancient Order of Hibernians, The Knights of Columbus, The Guild of Catholic Lawyers, The Saint Joan of Arc Holy Name Society, The Metropolitan Baptist Ministers Conference, The Midwest Conference of the Society of New England Women, The Empire State Sons of the American Revolution. *La presse s'en mêla en publiant les harangues illuminées que prononçaient certains ecclésiastiques, dont les attaques se concentraient de plus en plus sur les deux chefs d'accusation suivants : Bertrand Russell étant étranger, l'enseignement dans un collège américain devait de toute façon lui être interdit et cela d'autant plus que ses idées sur la sexualité constituaient une invitation au crime.*

Le professeur d'éloquence sacrée au Redemptorist Seminary of Esopus, *de New York, alla jusqu'à proposer de faire poursuivre le Comité de l'enseignement supérieur par la police fédérale. « On apprend aux jeunes gens de notre ville, disait-il, que le mensonge est une forme d'invention, que le vol, le banditisme et le pillage ont leur raison d'être, que les crimes les plus abominables peuvent se justifier, comme le crurent les étudiants Loeb et Léopold, de l'Université de Chicago, quand ils assassinèrent un de leurs camarades. » Les allusions à l'amour libre préconisé par Bertrand Russell, à la promiscuité sexuelle des jeunes gens, à la haine qui est due aux parents y revenaient comme un leitmotiv.*

Un autre orateur découvrait des rapports entre la pensée de Russell et le sang qui continuait à couler à travers le monde. Au cours du repas de communion annuelle de la Holy Name Society of the New York Police Department, *un ecclésiastique prit la parole pour déclarer que sans aucun doute personne n'était aussi bien placé qu'un policier pour juger l'apologie du triangle conjugal. Ce sont les policiers en effet qui en ramassent les victimes, en général dans une mare de sang. Il termina sa diatribe par ces mots : « J'ose donc espérer que vous vous joindrez à moi pour exiger que tout professeur coupable d'enseigner des idées subversives, destinées à accroître le nombre de ce genre de tragédies, par la parole comme par ses écrits, ne reçoive d'aide ni des autorités de notre ville ni de nos contribuables. »*

Comme le maire La Guardia observait délibérément le silence, de nombreux hommes politiques du parti démocrate commencèrent à s'agiter. Leur conception de la liberté universitaire fut particulièrement mise en lumière par le premier assistant du procureur de l'État de New York, président des Sons of Xavier, *lorsqu'il protesta contre l'usage fait de l'argent des contribuables pour payer l'enseignement d'une philosophie de la vie qui nie Dieu et la morale, et qui prend le contre-pied des principes religieux du pays, du gouvernement et du peuple.*

Trois jours avant la réunion du comité, le président du Bronx (l'un des gros bonnets responsables de cette nouvelle Inquisition) présenta au conseil municipal une motion sommant le comité d'annuler la nomination de Bertrand Russell. Celle-ci fut votée par seize voix contre cinq. Rendons hommage à ce propos au courage du républicain Stanley Isaacs, qui défendit Bertrand Russell et le Comité de l'enseignement supérieur sans faiblir un instant. En outre, le conseil municipal annonça que lors de la discussion du prochain budget, il prendrait position de telle sorte qu'un redressement des esprits eût lieu et que de tels accidents ne pussent se reproduire. Ce fut encore une attitude modérée par comparaison avec celle de certain président de société qui déclara, au cours d'une manifestation monstre, que si Russell n'était pas évincé, il s'emploierait à faire supprimer totalement le crédit de sept millions cinq cent cinquante mille dollars affecté à l'entretien des collèges municipaux pour l'année 1941 ; que, pour sa part, il ferait tout ce qu'il pourrait pour que les collèges soient parfaitement pieux et américains, à défaut de quoi il demanderait leur fermeture.

D'autres orateurs prirent la parole au cours de cette manifestation. Certains déclarèrent tout simplement que Bertrand Russell était un chien *et que, si le système d'immigration était bien fait, un tel va-nu-pieds ne pourrait pas approcher le rivage américain de plus de deux mille kilomètres. « Mais puisqu'il est là, s'écria l'archiviste déchaînée du comté de New York, il faut le couvrir de goudron, le rouler dans des plumes et le chasser ainsi de notre pays. »*

3

Si les fanatiques étaient puissants sur le plan de la politique locale, les défenseurs de l'indépendance universitaire ne l'étaient pas moins dans les principaux collèges et universités du pays. De nombreux présidents de collège tentèrent de défendre Bertrand Russell, ainsi que les présidents et les ex-présidents de sociétés savantes telles que la Phi Beta Kappa, *l'*American Mathematical Association, *l'*American Sociological Association, *l'*American Historical Association, *l'*American Philosophical Association, *l'*American Association of University Professors *et de nombreuses autres. Dix-sept des savants les plus éminents du pays adressèrent une lettre au maire La Guardia pour protester contre « l'attaque en règle provoquée par la nomination d'un des plus grands philosophes actuels, Bertrand Russell ». La lettre continuait en ces termes : « Si cette offensive atteignait son but, aucun collège, aucune université ne serait à l'abri de l'inquisition qu'exercent les ennemis de la libre recherche. Recevoir l'enseignement d'un homme du niveau intellectuel d'un Bertrand Russell est pour les étudiants du monde entier un rare privilège. Ses adversaires devraient au moins avoir l'honnêteté de l'affronter sur son propre terrain, qui est celui de l'exégèse intellectuelle et de l'analyse scientifique. Ils n'ont aucun droit, en tout cas, de lui imposer silence en l'empêchant d'enseigner. Ce principe est d'une importance tellement vitale qu'on ne saurait transiger à son sujet sans mettre en cause la structure même de la liberté intellectuelle sur laquelle est censée reposer la vie universitaire américaine. »*

Parmi les grands philosophes et savants qui prirent la défense de Russell, Albert Einstein opina de la sorte : « Les esprits libres ont toujours provoqué une réaction violente de la part des médiocres. C'est que ceux-ci ne comprennent pas qu'un homme puisse ne pas se soumettre aveuglément aux préjugés ancestraux et qu'il s'en remette avec confiance aux loyales délibérations de son intelligence. »

*Outre l'appui des universitaires, Bertrand Russell bénéficia de l'aide de l'*American Civil Liberties Union, *du* Committee for Cultural Freedom, *et des principaux représentants des groupements religieux libéraux. Le droit de parler au nom de l'Église épiscopale fut contesté à l'évêque Manning. Neuf des plus grands éditeurs américains louèrent le choix de Bertrand Russell en affirmant que cette nomination faisait honneur au Comité de l'enseignement supérieur. Ils déclarèrent que l'œuvre philosophique de Bertrand Russell était de première importance, qu'il avait d'éminentes qualités d'éducateur et qu'il serait bien regrettable que les étudiants de New York ne pussent profiter d'un choix aussi judicieux. Leur manifeste précisait : « Nous ne souscrivons pas nécessairement à toutes les opinions qu'expriment les livres que nous publions, mais nous accueillons avec joie les grands esprits dont l'ascendant s'exerce à travers le monde entier dans une époque où l'ignorance et la force brutale semblent devoir prendre le pas. Nous croyons particulièrement souhaitable, quand l'occasion nous en est donnée, d'honorer la supériorité intellectuelle. »*

Le Publisher's Weekly *et le* New York Herald Tribune *exprimèrent un avis identique. Dorothy Thompson écrivit dans sa chronique : « Lord Bertrand Russell n'est pas immoral. Quiconque le connaît sait qu'il est un homme d'une intégrité intellectuelle absolue. »*

*Les professeurs et les étudiants du Collège de la Ville de New York s'émurent vivement de l'ingérence ecclésiastique et politique dans leurs affaires. Au cours d'une contre-manifestation, un orateur compara le cas de Bertrand Russell à celui de Socrate : « Si la nomination de Russell devait être rapportée, la réputation de notre cité en pâtirait, comme celle d'Athènes pâtit de la condamnation de Socrate pour corruption de la jeunesse. » Le professeur Herman Randall Junior lui-même, un éminent historien de la philosophie, pénétré d'ailleurs de sentiments religieux, stigmatisa l'hostilité des hommes d'Église à la nomination de Bertrand Russell. Trois cents membres du corps enseignant signèrent une lettre félicitant le Comité de l'enseignement supérieur d'avoir pris l'initiative d'une nomination aussi prestigieuse. Bien que la plupart des adversaires de Russell prétendissent se faire les interprètes de parents scandalisés, l'*Association des parents d'élèves du Collège de la Ville de New York *vota à l'unanimité en faveur de la validation de l'élection contestée.*

4

La majorité des membres du comité resta fidèle à ses convictions, mais il faut reconnaître qu'un certain nombre d'entre eux perdirent leur sang-froid devant la horde menaçante des fanatiques. En tout état de cause, la nomination de Bertrand Russell fut confirmée le 18 mars par onze voix contre sept.

L'opposition avait prévu cet échec et s'était préparée pour une contre-attaque massive. Comme elle n'avait pas réussi jusque-là à faire annuler la nomination, elle essaya d'empêcher que Russell enseignât à Harvard. L'un des membres de ce comité écrivit : « Vous savez que Russell est partisan de l'expérience préconjugale et du relâchement de nos obligations morales. Utiliser les services d'un tel homme serait une insulte envers les citoyens du Massachusetts. » En même temps, le pouvoir législatif de l'État de New York fut saisi d'une demande lui enjoignant de mettre le Comité de l'enseignement supérieur en demeure d'annuler la nomination de Lord Bertrand Russell. Un sénateur démocrate présenta une résolution selon laquelle l'Assemblée motiverait son action en précisant qu'« on ne saurait confier un poste important dans le système éducatif de l'État au représentant d'une morale de basse-cour, et cela encore aux frais des contribuables ». Cette résolution fut adoptée et, sauf erreur, personne n'y fit opposition. Elle fut le prélude d'une action encore plus expéditive : il fallait punir les onze membres du Comité de l'enseignement supérieur qui s'étaient montrés coupables d'hérésie avec assez d'obstination pour passer outre aux ordres hiérarchiques. Se fondant sur les déclarations de l'évêque Manning et du président Gannon, de la Ford University, *un sénateur, leader à l'époque de la minorité, déclara au Sénat que les idées de Russell corrompaient la religion, l'État et le principe de la famille, et qu'il était urgent de dénoncer l'athéisme et le matérialisme des responsables du système scolaire de New York. Le comité qui prétendait maintenir une nomination malgré l'opposition publique relevait de la compétence de l'Assemblée. Le sénateur exigeait une enquête approfondie sur le système d'éducation new-yorkais, ayant en vue notamment la révision de la liberté de l'enseignement.*

Il y eut encore d'autres attaques, mais la principale fut conduite par une certaine Mrs. Jean Kay, de Brooklyn. Cette personne qui, jusqu'ici, ne s'était guère préoccupée des affaires publiques, déposa, en tant que contribuable, une requête auprès de la Cour suprême de New York demandant l'éviction de Bertrand Russell, comme étranger et comme promoteur de l'immoralité sexuelle. Elle déclara s'inquiéter de ce qui pourrait advenir de sa fille Gloria, si elle devenait une élève de Bertrand Russell. Qu'il ne dépendait que d'elle que Gloria ne devînt pas une élève du pestiféré, cela échappa à tout le monde. Les avoués de Mrs. Kay présentèrent d'autres raisons de bannir Russell. Il n'avait pas passé de concours, d'une part, et la sage conduite des affaires publiques interdisait, d'autre part, la nomination d'un professeur qui de notoriété publique était athée.

L'homme de loi de Mrs. Kay était un nommé Joseph Goldstein qui avant le règne de La Guardia avait été conseiller municipal sous le régime démocrate. Dans son dossier, Goldstein décrivait l'œuvre de Bertrand Russell comme lubrique, libidineuse, lascive, dépravée, érotique, aphrodisiaque, irrévérencieuse, étroite d'esprit, mensongère et dépourvue de toute fibre morale. *Au surplus, il accusait Russell d'avoir dirigé une colonie de nudistes en Angleterre, de s'être publiquement montré nu lui-même, de même que sa femme et ses enfants, de s'adonner encore à soixante-dix ans à la poésie érotique. L'on ajoutait qu'il avait un penchant pour l'homosexualité, qu'il allait d'ailleurs jusqu'à défendre. Mais ce n'était pas tout. Goldstein, qui passait sans doute ses loisirs à se mêler de philosophie, concluait en portant un jugement sur la valeur même de l'œuvre de Bertrand Russell. Le voici :*

« Ce n'est pas un philosophe dans l'acception normale du terme. Il n'apprécie pas la sagesse, il ne la recherche pas. Il ne tente pas d'expliquer les phénomènes de l'univers d'après leurs causes finales, comme le requerrait une philosophie authentique. Selon mon opinion, confirmée par celle de nombreuses autres personnes, Russell est un sophiste. Il développe des arguments que

la saine raison ne saurait défendre, à force de sophismes, d'artifices ingénieux, de ruses, de stratagèmes et de subterfuges. Il tire des déductions en partant de fondements mal établis. Les prétendues doctrines qui passent pour être sa philosophie, ne sont qu'un amas de fétiches à bon marché, prétentieux, usés, rapetassés, et d'affirmations gratuites lancées pour égarer le monde. »

Le Daily News remarque à ce propos que ni Mrs. Kay, ni son mari, ni Goldstein ne voulurent jamais révéler qui finançait cette requête.

A l'exception d'une brève déclaration au début de la campagne, Bertrand Russell s'était abstenu jusque-là de tout commentaire. Voici cette déclaration :

« Je ne tiens pas à répondre à l'attaque de l'évêque Manning. Quiconque décide dès sa jeunesse qu'il pensera et agira avec franchise, sans se soucier de l'hostilité et de la calomnie, doit s'attendre à des offensives de ce genre et apprendre qu'il vaut mieux les ignorer. »

Dès l'instant que l'affaire était portée devant une cour de justice, Russell se devait de prendre position :

« J'ai gardé jusqu'à présent un silence presque complet au sujet de la controverse qui s'est élevée à propos de ma nomination au collège de la ville. Je ne pensais pas, en effet, qu'il fût nécessaire de faire connaître mon point de vue. Maintenant que les affirmations les plus contraires à la vérité sont portées à la connaissance d'un tribunal, en ce qui concerne ma conduite, je me sens dans l'obligation de rétablir les faits.

» Je n'ai jamais dirigé de colonie de nudistes en Angleterre. Ma femme et moi ne nous sommes jamais montrés nus en public. Je ne me suis jamais adonné à la poésie érotique. Il s'agit là de mensonges délibérés. Ceux qui les ont forgés savent qu'ils ne reposent sur rien. Je serais heureux que l'occasion me fût donnée de confirmer mes dénégations sous la foi du serment. »

Il convient de dire également que Bertrand Russell n'a jamais approuvé l'homosexualité. Nous reviendrons sur ce point.

La requête de Mrs. Kay fut présentée au juge McGeehan, qui avait fait partie de la coalition démocrate du Bronx. Il s'était distingué antérieurement en demandant qu'on enlevât un portrait *de Martin Luther d'un panneau du palais de justice illustrant les étapes de l'histoire judiciaire.*

L'avocat du Comité de l'enseignement supérieur refusa de discuter sur la compétence philosophique et sur la prise de position de son client. Il se borna à examiner si le refus de confier une chaire à un étranger pouvait être fondé sur une loi. Il conclut par la négative et demanda le déboutement de la requérante. Le juge répliqua par des menaces : « Si je découvre que les œuvres mises en cause confirment les allégations contenues dans la requête, j'aurai de quoi faire méditer la juridiction d'appel sur l'attitude qu'il convient d'adopter. » Il faisait allusion aux livres que Goldstein présentait à l'appui de son accusation : Éducation et Vie morale, le Mariage et la Morale, l'Éducation et le Monde moderne, Ce que je crois.

5

Le 30 mars, c'est-à-dire deux jours plus tard, le juge fit connaître le résultat de son examen. Il annulait la nomination de Bertrand Russell en se fondant, disait-il, sur les normes et les critères qui servent de fondement aux lois de la nature et au respect divin, *comme l'avaient réclamé les porte-parole de l'Église en invoquant* l'insulte qui avait été faite au peuple de New York, La décision du comité, *concluait-il, ne conduisait à rien de moins qu'à l'institution d'une* chaire d'indécence. Ce faisant, il avait agi de façon arbitraire, contre les intérêts de la santé et de la sécurité publiques, contre ceux de la morale, et cela à l'encontre notamment des droits de la requérante. Celle-ci, par voie de conséquence, était habilitée à demander que la nomination de Bertrand Russell fût annulée.

D'après le Sunday Mirror, *le juge se rendit compte que son verdict contenait de la dynamite. Qu'il se préoccupât assez peu de rester dans les limites de la loi, à supposer qu'il s'en fût jamais soucié, cela apparut clairement dans une déclaration qu'il fit un peu plus tard : « Ce jugement a ouvert la voie au Comité de recherche législatif. Je crois qu'il découvrira avec intérêt les causes cachées de la nomination de Bertrand Russell. »*

Le New Republic *souligna la rapidité, qu'il qualifia de surhumaine, avec laquelle le jugement avait été rendu. John Dewey déclara qu'à son avis, le juge n'avait jamais lu les livres qui avaient été évoqués au procès.*

Il est tout à fait exact que le jugement fut prononcé avec une hâte intempestive. Il est impossible que le juge ait pu étudier sérieusement les quatre livres allégués à l'appui de la requête, et qu'il ait eu le temps matériel de donner à leur sujet, par écrit, un avis circonstancié. D'autres aspects de l'affaire démontreraient, s'il était nécessaire, que le juge ne fit aucune tentative pour sauvegarder les droits des deux parties, comme cela constituait de sa part un devoir élémentaire. Par exemple, il ne fournit pas l'occasion à Russell de se défendre, alors qu'il avait pris acte avec complaisance de toutes les accusations portées contre lui. Il n'essaya pas non plus de savoir si l'interprétation que l'on donnait des idées de Russell était correcte, ni si celui-ci n'avait pas modifié ses idées durant les huit ou quinze ans qui s'étaient écoulés depuis qu'il avait écrit les livres incriminés.

Nous avons dit que l'avocat représentant le Comité de l'enseignement supérieur s'était contenté de relever le déni de justice fait à Russell en lui contestant le droit de professer, parce qu'étranger, dans un collège de New York. Or le juge établissait sa sentence sur d'autres chefs d'accusation, ceux contenus dans la requête de Mrs. Kay. Il prit sa décision sans avoir donné à l'avocat de la défense la possibilité de répondre. « Le défenseur, prétendit-il, a informé la Cour qu'il n'avait rien à ajouter. » Dans une déclaration faite sous serment, et qui ne fut jamais récusée, l'avocat nia avoir rien dit de tel. Le juge lui aurait au contraire laissé entendre qu'il serait autorisé à produire les arguments du comité contre la thèse de Mrs. Kay.

Ces atteintes aux règles de la procédure furent toutefois peu de chose en regard des déformations et des calomnies que contenait le jugement lui-même. Celui-ci mérite un examen minutieux, car il montre ce qu'il est possible de faire, jusque dans une démocratie, quand les passions partisanes se confondent avec les passions politiques et sont capables d'influencer le pouvoir judiciaire. Il convient de résumer et de citer ce texte assez largement, tant il est stupéfiant. Et nous ne voulons pas risquer, fût-ce involontairement, de gauchir des citations en les isolant de leur contexte. Laissons cela au juge qui, nous le verrons, le fit de façon délibérée, parvenant ainsi à mettre au compte de Bertrand Russell des idées opposées à celles qu'il professe en réalité. Revenons d'abord aux motifs invoqués pour annuler la nomination de Russell.

1. L'article 550 de la loi sur l'enseignement stipule que nul ne pourra être autorisé à enseigner dans les grands collèges de l'État, s'il n'est pas citoyen américain. « Les clauses de cet article ne s'appliquent toutefois pas à un enseignant étranger pour peu qu'il demande en bonne et due forme le droit de citoyenneté et qu'après les délais fixés par la loi, il l'obtienne. » Il est exact que Bertrand Russell n'est pas citoyen américain et qu'il n'a pas fait de demande pour le devenir. L'avocat du conseil municipal déclare toutefois qu'il aurait dû disposer d'un laps de temps raisonnable après sa nomination pour se mettre en règle, et il ajoute que cet article ne peut pas s'appliquer aux enseignants des collèges de la ville de New York, car dans ce cas la plupart des professeurs new-yorkais auraient été nommés illégalement.

Il ne semble toutefois pas vraisemblable que les dispositions de cet article aient été prévues en sorte de constituer une sauvegarde contre Bertrand Russell ! Celui-ci, bien qu'ayant vécu un certain temps dans le pays, n'avait pas demandé sa naturalisation et ne l'aurait peut-être jamais obtenue. En fait, le statut invoqué concerne indubitablement les grandes écoles de l'enseignement secondaire et non pas les collèges. Il renferme de nombreuses clauses qui ne sont jamais appliquées aux professeurs de collège. Or, dans les grands collèges, la loi autorise les étrangers à enseigner à la condition qu'ils manifestent l'intention de se faire naturaliser. Comme Russell avait un an pour déposer cette demande, le juge n'avait donc pas le droit de présumer qu'il ne la ferait pas. Il n'était pas qualifié en tout cas pour parler au nom du Bureau d'immigration et de naturalisation.

Il est impensable qu'une cour supérieure aurait pu ratifier la décision d'un juge qui avait à ce point outrepassé ses compétences.

La gratuité de ses affirmations (il accusait notamment Bertrand Russell d'être un vaurien coupable de turpitude morale*), il est aisé de s'en faire une opinion quand on considère que les autorités d'immigration n'envisagèrent jamais aucune mesure contre lui, ni avant le verdict, ni après.*

2. *La nomination de Bertrand Russell fut déclarée non valable sous prétexte qu'il n'avait pas passé de concours. L'accusation précise qu'il ressort des minutes du comité d'administration du Collège de la Ville de New York et du Comité de l'enseignement supérieur que Bertrand Russell n'a passé aucun examen au moment de sa nomination. Cependant une décision du Comité de l'enseignement pouvait dispenser d'un tel examen. Le juge ne pouvant, purement et simplement, écarter cette clause, il la tourna grâce au subterfuge suivant :*

« *Encore que la Cour ne voie pas la nécessité de se prononcer sur la décision du Comité de l'enseignement supérieur, selon laquelle il pouvait dispenser un candidat à la chaire de philosophie de passer un concours, il convient d'observer que cette décision arbitraire et fantaisiste ne peut se justifier en l'occurrence et qu'elle viole l'esprit de la constitution de l'État de New York. Si Bertrand Russell était le seul philosophe et le seul mathématicien qualifié au monde pour enseigner à New York, on pourrait admettre que l'on recoure à ses services sans lui faire passer d'examen, mais il est difficile de croire, si l'on tient compte des dépenses considérables que fait l'Amérique dans le domaine de l'éducation, qu'il ne se trouve aucun citoyen américain d'une réputation suffisante pour répondre aux exigences, tant sur le plan intellectuel que moral, d'un collège américain. Faire croire que le Collège de la Ville de New York ne pourrait se contenter de faire appel à des professeurs de philosophie recrutés par concours, comme tant d'autres universités et collèges, privés ou publics, constituerait un abus de compétence de la part du Comité de l'enseignement supérieur.* »

Il est difficile de suivre le juge dans ses critiques du Comité de l'enseignement supérieur, mais il l'est encore davantage d'imaginer qu'en les faisant, il ait été de bonne foi. Si l'on pouvait légalement exiger que les enseignants passent un concours, tout professeur d'un collège dépendant de l'État se verrait congédié. Tout membre du Conseil d'administration de l'éducation supérieure devrait être poursuivi pour nominations illégales, et le délégué à l'éducation de l'État de New York devrait lui-même être tenu pour responsable d'avoir autorisé tant de professeurs à enseigner illégalement. Cela prouve bien que ce concours n'est pas formellement exigible et qu'en tout cas rien n'interdit au comité de dispenser de ce ridicule examen qui bon lui semble.

Si l'on voulait s'en tenir aux arguments du juge, aucun professeur étranger, même de la plus grande réputation, ne pourrait jamais être nommé, puisque de toute évidence, il se trouverait toujours un Américain qualifié pour occuper le même poste. Or chacun sait que les principaux établissements chargés de l'enseignement supérieur aux États-Unis recourent fréquemment à des étrangers. Avant la loi McCarran sur l'immigration, il était officiellement tenu compte de cet état de choses, puisque les professeurs étrangers étaient exemptés de la procédure d'immigration. Jacques Maritain, l'éminent philosophe catholique, dont la nomination à une chaire municipale ne peut que nous réjouir, est lui aussi, pour ne citer qu'un exemple, un étranger qui n'a jamais demandé sa naturalisation, ni passé de concours. Pourtant il n'y eut dans son cas aucune requête de contribuable, et il est permis de se demander si notre juge aurait tenu le même raisonnement dans le cas d'une requête contre Maritain.

3. Si, en ce qui concerne les deux premiers chefs d'accusation, le juge avait essayé de justifier son attitude, il n'en fut plus de même pour le troisième. Il s'agissait maintenant de protéger la morale contre les entreprises d'un corrupteur de la jeunesse et de ses complices du Comité de l'enseignement supérieur. Là, il sortit de ses gonds. Comme le fit remarquer plus tard Bertrand Russell lui-même : « Le juge ne se contrôla plus. » A ce point, la procédure s'embrouilla, et toute discussion sensée devint impossible. Une colère sacrée s'empara de l'opinion publique. Aussi ne fut-il pas facile de connaître les raisons juridiques sur lesquelles le juge entendait fonder sa sentence. D'autant plus qu'il avouait lui-même que son opinion personnelle sur l'enseignement scandaleux d'un tel vaurien *n'avait rien à voir avec la décision qu'il devait prendre. Voici ce qu'il déclara :*

« *Les motifs déjà invoqués devraient suffire pour donner raison à la requérante. Il en est cependant un troisième que la Cour juge décisif, c'est que Bertrand Russell n'a pu être nommé qu'en transgressant les lois de l'État, étant donné que de notoriété publique sa moralité est douteuse et son enseignement immoral, voire scandaleux.*

» *On a affirmé que la nomination de Bertrand Russell comme professeur de philosophie n'avait rien à voir avec sa vie privée et ses écrits. L'on a mentionné également qu'il n'enseignerait que les mathématiques. Cependant il a été nommé à la chaire de philosophie du Collège de la Ville. Je ne tiendrai néanmoins pas compte dans mon jugement des attaques de M. Russell contre la religion.* »

Rappelons qu'en dépit des pouvoirs abusifs que s'adjugent de temps à autre quelques conseillers ou sénateurs, la ville de New York se trouve toujours sur le sol des États-Unis d'Amérique qui forment une nation séculière et ne dépendent ni de l'Espagne de Franco, ni du Saint Empire romain.

« *Mais il existe, poursuit le juge, des principes de base sur lesquels notre gouvernement est fondé. Si un professeur de moralité douteuse se voit confier une chaire, ce fait est en contradiction avec la haute moralité qui, par définition, lui est prêtée. Or, aux États-Unis, cette assurance de haute moralité est sous-jacente à toute nomination. Aucune discussion ne peut être envisagée sur ce point. Elle serait superflue, et il importe peu qu'il en soit parlé, explicitement ou non, dans notre législation sur l'enseignement. Les professeurs ne doivent pas seulement enseigner correctement, ils doivent aussi donner le bon exemple à leurs étudiants. L'argent des contribuables de la ville de New York n'est pas destiné à entretenir des professeurs d'une moralité incertaine. La législation sur l'éducation est suffisamment claire pour nous dispenser de recourir à d'autres arguments.* »

L'on notera que, malgré l'emploi fréquent de qualificatifs désobligeants, le juge ne commet pas l'imprudence de dresser une liste des torts que l'on reproche à Bertrand Russell. Impossible, par exemple, de savoir si l'accusation selon laquelle il se serait exhibé nu en public en compagnie de sa femme ou se serait adonné à la poésie érotique a été retenue contre lui. Impossible encore de savoir si l'emprisonnement que Russell subit en Grande-Bretagne pendant la première guerre, parce qu'il s'était fait le défenseur d'un objecteur de conscience, pesa sur le jugement.

Toujours est-il que le juge continua en ces termes :

« Les ouvrages de Bertrand Russell présentés à l'appui de la requête confirment amplement l'opinion générale que ses doctrines sont immorales et scandaleuses. Inutile de s'étendre ici sur la boue que contiennent ses livres. Je me contenterai de citer les passages suivants :

Je suis persuadé que la vie universitaire s'améliorerait intellectuellement et moralement, si les étudiants pouvaient contracter des unions temporaires sans avoir d'enfants. Ce serait une façon modérée et franche, ni vénale ni accidentelle, de résoudre le problème sexuel et cela ne gênerait en rien les études[2].

Pour ma part, je suis tellement convaincu que l'union libre répond à une nécessité que je crois devoir aller encore plus loin dans ce sens. Je pense en effet que les relations sexuelles sont une question strictement privée et que si un homme et une femme décident de vivre sans avoir d'enfants, c'est une affaire qui les concerne seuls. Je n'estime d'ailleurs pas qu'il soit souhaitable de se lancer dans une aventure aussi sérieuse que le mariage, lorsque des enfants doivent en naître, sans avoir au préalable fait des expériences sexuelles[3].

L'importance exagérée que l'on attache actuellement à l'adultère est parfaitement irrationnelle[4]. »

Dans un article du journal The Nation, *John Dewey fit remarquer à ce propos : « S'il est des gens pour lire des livres de M. Russell dans l'espoir d'y découvrir des obscénités, ils seront déçus. Ces obscénités en sont si bien absentes, qu'il y a de bonnes raisons de croire que ceux qui formulent de tels griefs sont des irresponsables, prêts sous le couvert de la morale à tous les excès. En tout cas, ils ont une conception tellement dictatoriale de la morale qu'on ne*

---

2. *L'Éducation et le Monde moderne.*
3. *Le Mariage et la Morale.*
4. *Ce que je crois.*

peut douter que s'ils détenaient le pouvoir, ils supprimeraient toute liberté d'opinion afin d'imposer la leur seule. »

Plusieurs écrivains rappelèrent, dans d'autres articles, que si le juge avait qualifié la personne et l'œuvre de Bertrand Russell comme il le fit, hors de l'enceinte du tribunal, il aurait été passible d'un procès en diffamation.

Sentant qu'il n'avait pas encore frappé son grand coup, le juge chercha mieux. Reprenant la thèse de plusieurs ecclésiastiques spécialisés dans l'éloquence sacrée, il fit ressortir que l'application des doctrines de Russell constituait une atteinte aux lois pénales en vigueur :

« La loi pénale de l'État de New York est un facteur important de notre vie nationale. En tant que citoyens de notre ville, nous avons droit à la protection qu'elle constitue. Personne ne peut ignorer les principes d'honorabilité qu'elle défend. A supposer que le Comité de l'enseignement supérieur détienne les pouvoirs étendus qu'il revendique, il ne saurait procéder à des nominations de professeurs sans en tenir compte. Si, passant outre, il met en péril la santé, la sécurité et la morale publiques, il encourt le risque de voir ses décisions déclarées nulles et illégales, car une cour de justice dispose de l'appui d'une juridiction qui lui permet de protéger les contribuables de la ville de New York contre les agissements d'un organisme comme le Comité de l'éducation supérieure. »

Après avoir fait le panégyrique de la loi pénale, le juge poursuivit avec la satisfaction évidente de développer des arguments personnels :

« Tout homme abusant d'une jeune fille de moins de dix-huit ans ou ayant des rapports sexuels avec elle hors du mariage, ou encore tout homme entraînant une femme (quel que soit son âge) à avoir des rapports sexuels avec lui, se rend coupable, aux termes de la loi pénale de l'État de New York, d'enlèvement et devient passible d'une peine allant jusqu'à deux ans d'emprisonnement. D'autre part, la loi prévoit qu'un parent ou un tuteur ayant la charge légale d'une jeune fille de moins de dix-huit ans et ne prenant pas les précautions nécessaires pour la protéger de rapports sexuels avec des tiers, encourra les mêmes peines.

» *En ce qui concerne le viol, la loi pénale ne considère pas seulement comme tel le fait d'avoir des rapports sexuels avec une jeune fille de moins de dix-huit ans ou avec une femme n'étant pas l'épouse, contre leur gré, ce qui constitue un viol qualifié. Elle caractérise comme un viol au second degré ces mêmes rapports, si les circonstances ne permettent pas d'établir un viol au premier degré.*

» *La loi pénale, d'autre part, considère l'adultère comme un crime. Quiconque incite une femme à demeurer avec lui à des fins immorales est passible d'une peine d'emprisonnement allant de deux à vingt ans et à une amende pouvant s'élever jusqu'à cinq mille dollars.* »

De tous ces articles, seul celui concernant l'adultère peut être mis en corrélation avec l'affaire, car Bertrand Russell n'a jamais encouragé le viol ou l'enlèvement et il n'a jamais incité une femme à vivre immoralement avec un homme. Or le juge, avec le talent qui lui est propre de gauchir des citations isolées de leur contexte, ne put jamais désigner un texte tiré des livres de Russell permettant une telle interprétation. Pourquoi, dans ce cas, faire des citations ? Pourquoi si ce n'est dans l'intention de prévenir l'opinion publique contre Bertrand Russell ?

Venons maintenant à la conclusion du juge faisant état des interférences possibles entre les mathématiques, la physique et la philosophie (enseignées par un professeur de moralité douteuse) avec des théories sur la liberté sexuelle :

« *Quand on songe aux sacrifices pécuniaires que sont amenés à faire chaque année les contribuables, pour que les lois soient respectées, on comprendra combien est répréhensible toute dépense encourageant la violation des articles du code pénal. Nous reconnaissons que le Comité de l'enseignement supérieur est seul qualifié pour choisir le corps des professeurs du Collège de la Ville. Il n'est pas question de réviser ou de restreindre ce pouvoir. Il n'en reste pas moins que ce pouvoir ne doit pas être utilisé pour aider, soutenir ou encourager une conduite qui tend à violer le code pénal. En supposant même que M. Russell puisse enseigner pendant deux ans au Collège de la Ville sans répandre ses doctrines, sa nomination viole une règle pédagogique bien établie, car en l'occurrence la personnalité même du professeur risque d'avoir autant d'influence sur la formation des étudiants que l'enseignement proprement dit de ses théories. Un homme méprisé et incapable ne risque pas de se voir imité, mais un homme respecté et d'une valeur exceptionnelle l'est sans avoir besoin de s'y employer. On assure que c'est le cas de Bertrand Russell, et il n'en est donc que plus dangereux. Quand on songe combien l'esprit humain est influençable, et particulièrement à l'âge de la formation, il est évident que le Comité de l'enseignement supérieur a pris sa décision à la légère ou alors qu'il a fait passer ses prérogatives de liberté universitaire avant le désir de bien faire. Mais liberté universitaire ne signifie pas licence universitaire. Il s'agit uniquement d'une liberté de bien faire, non d'enseigner le mal. Autrement, il se trouverait des professeurs qui feraient l'éloge du meurtre ou de la trahison, ou qui recommanderaient les rapports sexuels entre mineurs ou d'adultes avec des mineurs. Remarquons à ce propos que la plupart des étudiants des collèges de l'État de New York n'ont pas dix-huit ans.*

» Les normes et les critères de vérité que nos ancêtres ont reconnus constituent l'introduction à la Déclaration d'indépendance, laquelle se réfère aux lois naturelles et à Dieu. Ces doctrines, que tout Américain considère comme sacrées, et que la Constitution des États-Unis garantit, les citoyens sont prêts à verser leur sang pour qu'elles soient sauvegardées. Là où la santé, la sécurité et la morale publiques sont en cause, il ne saurait être question d'immunité sur le plan judiciaire.

» Que M. Russell doive enseigner les mathématiques, plutôt que la philosophie, ne change rien au problème. L'émulation qu'il risque de susciter pourrait très bien entraîner ses étudiants à vouloir le suivre dans d'autres voies.

» En vertu du pouvoir conféré à ce tribunal, les pièces produites à l'appui de l'accusation ont été réparties en deux catégories. A savoir les arguments non malum in se *pouvant être controversés du point de vue légal, bien qu'ils ne fassent pas de doute pour les bien-pensants, et les arguments* malum in se. *Il faut ranger dans cette dernière catégorie les opinions suivantes de Russell :*

La masturbation infantile n'a, semble-t-il, aucun effet néfaste sur la santé, ni sur le caractère. L'influence malsaine que cette activité peut avoir paraît surtout imputable aux efforts faits pour y mettre fin. Aussi ne saurait-on assez recommander de ne pas intervenir[5]. On devrait permettre à l'enfant de voir dès le début ses parents, frères et sœurs nus dans des circonstances naturelles. Il ne faudrait en aucun cas souligner l'importance que l'on accorde au fait que des gens soient vêtus ou non. L'enfant devrait ignorer la notion de péché qui s'attache à l'idée de nudité[6].

Je n'enseignerai pas que la fidélité à notre compagne est souhaitable durant une vie entière ou qu'un mariage irrévocable exclut toute infraction temporaire[7].

Il est possible que les rapports homosexuels entre jeunes garçons ne soient pas nuisibles, mais il est permis de craindre qu'ils fassent ultérieurement obstacle à la conduite d'une vie sexuelle normale[8]. L'homosexualité entre hommes tombe en Angleterre sous le coup de la loi, mais non pas l'homosexualité entre femmes. Or il semble impossible de lever cette injustice sans s'exposer à enfreindre une autre loi pour cause d'obscénité. Quiconque a étudié cette loi sait pourtant qu'elle résulte d'une superstition et d'une ignorance barbares[9]. »

De toutes ces citations, la plus dangereuse est celle qui pouvait être interprétée comme un encouragement à l'homosexualité. Il faut reconnaître que Bertrand Russell est hostile à toutes les lois actuelles réprimant l'homosexualité. Remarquons toutefois que des catholiques romains influents se sont récemment ralliés à la thèse de Russell et se sont prononcés en faveur de la suppression de ces lois[10].

5. *Éducation et Vie morale.*
6. *Éducation et Vie morale.*
7. *Éducation et Vie morale.*
8. *L'Éducation et le Monde moderne.*
9. *Le Mariage et la Morale.*
10. Une commission catholique romaine composée de prêtres et de laïcs a demandé au ministère de l'Intérieur que des *actes exécutés en privé et par consentement mutuel par des homosexuels masculins et adultes ne soient pas considérés comme des crimes. En effet, la prison est presque toujours inefficace pour normaliser des hommes à tendance homosexuelle et elle a en général un effet délétère. Les lieux de détention réservés habituellement aux homosexuels ne contribuent pas à leur relèvement.*

Il est incontestable que Bertrand Russell n'incite personne à transgresser les lois qu'il n'approuve pas. Loin d'encourager l'homosexualité, il en souligne certains dangers. Mais le juge applique la logique de 1984 : le blanc est noir, la paix est la guerre, la liberté l'esclavage, ce qui démontre bien que le fanatisme ne change guère d'un côté du rideau de fer à l'autre[11].

Bertrand Russell n'encourage pas davantage l'adultère, quand il affirme que deux êtres qui s'aiment ne sont pas condamnables simplement parce qu'ils ont des rapports sexuels qui ne sont pas sanctionnés par le mariage et qu'une aventure extraconjugale ne constitue pas nécessairement, d'autre part, un motif de rupture. C'est donc le contraire que d'encourager l'adultère puisque l'union libre admise par la loi et que préconise Bertrand Russell supprimerait en quelque sorte l'état d'adultère.

L'article du code pénal considérant l'adultère comme un crime semble d'ailleurs caduc et il n'a pas été appliqué depuis longtemps. Notre juge lui-même, lorsqu'il fut juge de paix du comté du Bronx, eut l'occasion de prononcer de nombreux divorces pour cause d'adultère, et il n'a jamais poursuivi la partie en faute pour ce motif.

Quant aux citations concernant le problème de la nudité, le juge les présenta comme l'apologie d'une sorte de strip-tease familial, alors que si ces citations n'avaient pas été écourtées, il en serait clairement ressorti que Russell se soucie uniquement d'épargner aux enfants le sentiment de culpabilité que leur donne le mystère, jalousement gardé, dont les adultes ont coutume d'envelopper le corps.

L'accusation d'avoir dirigé une colonie de nudistes provient d'une interprétation similaire d'un passage détaché de son contexte :

« Le tabou de la nudité est un obstacle à l'équilibre sexuel. Beaucoup de gens le reconnaissent, notamment en ce qui concerne les jeunes enfants. Il y a une courte période vers l'âge de trois ans, où l'enfant remarque les différences entre père et mère, frères et sœurs. Si cette curiosité est acceptée naturellement, elle aboutit rapidement à une indifférence où la nudité ne garde pas plus d'importance qu'un vêtement. Il n'y a qu'un moyen de combattre l'indécence,

---

11. Allusion au fameux roman de George Orwell. (*N.d.T.*)

c'est de combattre le mystère qui engendre la notion de faute et partant l'impudeur. Quoi de plus naturel par exemple et de plus sain que d'exposer son corps au soleil, au grand air, et à l'eau ? Il est frappant de voir les enfants nus se déplacer avec plus de grâce et de naturel que quand ils sont habillés. Cela est vrai également pour les adultes. Si les conventions sociales permettaient de le faire chaque fois que l'occasion s'en présente, le trouble sexuel qui s'attache à ces exhibitions serait vite banni, nous apprendrions à mieux nous tenir, notre conception de la beauté se rapprocherait des critères de la santé et ne se réduirait pas à notre seul visage, mais au corps entier. Nous nous rapprocherions du modèle grec. »

En regard de cette vision si saine des choses, l'attitude du juge fait penser au fameux dessin humoristique publié au début du siècle alors qu'un nommé Comstock faisait campagne pour interdire l'exposition de tableaux et de sculptures de nus. Ce dessin représentait Comstock traînant une femme devant le tribunal en s'écriant : Votre Honneur, j'accuse cette femme d'avoir donné naissance à un enfant tout nu.

Même déformation des idées de Russell en ce qui concerne la masturbation. Quand ce dernier déconseille de troubler un enfant par une intervention intempestive, le juge en infère qu'il se fait le défenseur de ces pratiques. La thèse de Russell sur cette question est devenue d'ailleurs depuis bien longtemps un lieu commun de la médecine, qui recommande, comme le fait Russell lui-même dans un passage non cité de son livre, d'user du plus grand tact pour corriger ces tendances. Le journal The New Republic *fit remarquer à ce propos que le juge semblait ignorer l'évolution scientifique de toute une génération dans le domaine de la médecine et de la psychologie.*

Le juge réunit ce faisceau d'accusations pour en induire que la réforme morale que suggérait Bertrand Russell visait à la suppression de toute morale. Il eût suffi pourtant, pour s'assurer du contraire, de pénétrer un peu plus avant dans son œuvre. Russell y dit quelque part :

« La sexualité ne saurait se dispenser d'une éthique. Pas plus que la recherche scientifique, les affaires, les sports ou n'importe quelle autre activité humaine. Cela ne signifie pas que cette éthique doive être fondée sur des interdits périmés. Dans la sexualité, notre éthique est malheureusement encore dominée par des craintes que nos connaissances modernes rendent caduques. Il est vrai que toute transition présente des difficultés. Ainsi je ne saurais défendre l'excès contraire qui consisterait à donner le pas à ses instincts. Dans l'existence, il est nécessaire d'avoir une ligne de conduite. Cela demande des efforts souvent pénibles et qui n'offrent pas toujours une récompense immédiate. Cela nécessite une part d'altruisme et de la droiture. »

« La moralité en matière sexuelle, dit-il ailleurs, doit découler de principes généraux sur lesquels il faut obtenir l'unanimité malgré les inconvénients occasionnels. Ce qui importe avant tout, c'est l'union profonde d'un couple, dont la fusion exalte et enrichit chaque individu. Quant aux enfants, l'harmonie exige, sur le plan physique comme sur le plan psychologique, qu'homme et femme y tiennent également. Dans ces conditions, le mariage constitue le meilleur et le plus important des liens qui puisse réunir deux êtres : un lien incomparablement plus valable que le goût réciproque qui assemble un homme et une femme qui se plaisent. Il est une institution, qui sert de structure profonde à la société où les enfants qui naissent trouvent leur cadre naturel. »

Il apparaît clairement que les idées morales de Bertrand Russell n'ont rien de subversif. En tout état de cause, il n'aurait certes pas été difficile de surveiller l'influence qu'il aurait exercée au Collège de la Ville de New York ou même de prendre des renseignements auprès des autres institutions d'Angleterre, de Chine ou des États-Unis où Russell avait professé auparavant. Mais le juge ne tenait sans doute pas à ce que le président de l'Université de Chicago, où Russell enseignait l'année d'avant, affirmât qu'il lui avait apporté un concours précieux et qu'il encourageât vivement sa nomination. Pas davantage, il n'aurait aimé que le président de l'Université de Californie confirme que Russell jouissait de la plus haute estime parmi ses collègues.

Le rédacteur en chef du journal des étudiants de l'U.C.L.A. adressa un télégramme ainsi rédigé au Collège de la Ville qui avait organisé une réunion de protestation : « Vous avez l'appui complet

des étudiants de l'U.C.L.A. qui connaissent ce grand homme.
Bonne chance ! » *La doyenne du Smith College, qui était également*
présidente de la National Association of the United Chapters of Phi
Beta Kappa et qui avait elle-même suivi deux cours de Bertrand
Russell au British Institute of Philosophical Studies, envoya une
déclaration ainsi rédigée : « *M Russell n'a jamais introduit dans ses*
débats philosophiques aucune des questions à controverse qu'ont
soulevées ses adversaires. M. Russell est avant tout un philosophe.
Il ne l'oublie pas quand il a la charge d'enseigner. En ce qui me
concerne, je ne connaîtrais même pas ses opinions sur le mariage,
le divorce ou l'athéisme, si les journaux ne les avaient pas montées
en épingle pour d'ailleurs les déformer. » *Bien d'autres témoignages*
furent encore faits. Or, si nous avons dit que le juge en fonction ne
se préoccupait pas beaucoup de respecter la loi, nous devons ajouter
qu'il ne s'inquiétait pas davantage de respecter les faits.

6

Les réactions qui suivirent le verdict furent celles que l'on
pouvait attendre. Les partisans de Bertrand Russell furent indignés,
ses adversaires ne se tinrent pas de joie. Les premiers eurent la
crainte qu'une forte pression politique empêchât le Comité de
l'enseignement supérieur de faire appel à des tribunaux supérieurs.
Cette crainte ne s'avéra que trop justifiée.
Le conseil national de l'Association américaine des professeurs
d'université, réuni à Chicago, adopta à l'unanimité une résolution
priant le maire La Guardia et le Comité de l'enseignement supérieur
de recourir contre le jugement. D'autres groupes se joignirent à
eux et le comité spécial Liberté universitaire, Bertrand Russell *fut*
constitué. De nombreuses personnalités de premier plan en firent
partie. Des témoignages de sympathie, attestant la haute valeur de
Bertrand Russell, et des aides financières affluèrent de toutes parts.

Des manifestations eurent lieu où des professeurs réputés prirent la parole pour protester. Au Collège de la Ville de New York lui-même, où Russell avait sans doute déjà corrompu les étudiants avant seulement d'y enseigner, se tint une manifestation monstre. Un des plus célèbres diplômés de ce collège, Upton Sinclair, envoya un message d'encouragement où il remarquait que le juge et l'évêque s'étaient si bien démenés que tout le monde savait désormais que l'Angleterre leur avait envoyé un de ses hommes les plus savants et les plus généreux. « Il ne devrait pas être permis que l'on puisse nous priver de ses services. » Un orateur de cette manifestation déclara : « Si nos collègues de New York ne sont pas aussi libres que les autres, il ne leur sera pas possible de participer au progrès intellectuel de notre temps. »

Le conseil d'administration de l'Association des élèves du Collège de la Ville de New York décida à l'unanimité une démarche auprès du Comité de l'enseignement supérieur afin que celui-ci fasse appel. C'est le rabbin du temple Emanu-El qui présenta cette motion, appuyé par dix-huit administrateurs, dont un juge suprême.

De l'autre côté de la barricade, un ancien pasteur déposa une demande d'interdiction auprès de la cour d'appel de Los Angeles exigeant que Bertrand Russell fût renvoyé du poste qu'il occupait encore à l'Université de Californie. Mais cet État, à la différence de New York, rejeta cette demande.

7

Il va sans dire que le verdict fut présenté comme un exploit héroïque par les adversaires de Bertrand Russell. Le juge fut l'objet d'éloges dithyrambiques : « C'est un Américain authentique, un Américain viril et loyal, assura l'hebdomadaire jésuite America, *c'est un homme de loi intègre et honorable qui compte parmi les meilleures autorités en matière de justice. Cet homme, qui mesure* *deux mètres, vit sa religion par l'âme et par l'esprit. Il déborde d'intelligence et de bienveillance. D'un esprit pénétrant, d'un savoir étendu, il lit Homère dans le texte, ainsi qu'Horace et Cicéron. »* Le président de l'Association des professeurs catholiques traita ce chapitre épique de l'histoire de la jurisprudence de « grande victoire des forces de la décence et de la morale et de triomphe de la véritable liberté universitaire ». Le journal The Tablet, après avoir demandé qu'on enquête sur les responsables du Comité de l'enseignement supérieur, déclara que le juge avait apporté une note de simplicité et de sincérité qui lui valait l'approbation spontanée de tous.*

Il devenait évident que le Comité de l'enseignement supérieur devenait aussi blâmable que Russell lui-même et qu'il fallait engager contre lui les poursuites qui s'imposaient. Au cours d'une réunion du Conseil de l'éducation de l'État de New York, qui représente les ultras de la politique de droite aux États-Unis, on reprocha à John Dewey et à Mme Franklin D. Roosevelt eux-mêmes leur tolérance morbide et anémique, leur incapacité de tenir compte de la décence publique et du fair play, dont les adversaires de Russell étaient sans doute les modèles. Lors de la même réunion, le président du Comité national de régénérescence religieuse taxa la plupart des membres du Comité de l'enseignement supérieur de renégats à la religion juive ou chrétienne, et demanda avec insistance qu'ils soient remplacés par des hommes ayant encore foi en leur pays et en leur religion. D'autres comparèrent Russell à la cinquième colonne des nazis ou le traitèrent d'agent communiste. Ils demandèrent que les membres du Comité de l'enseignement supérieur, qui s'étaient obstinés à vouloir introduire Russell dans le corps enseignant du collège de la ville, soient révoqués. Une résolution fut présentée au maire, selon laquelle le comité devait être réorganisé et ses membres remplacés par des hommes qui serviraient la ville et lui feraient honneur. Cette résolution fut adoptée par quatorze voix contre cinq. Ce ne fut toutefois qu'un geste symbolique, car le maire n'a pas pouvoir de révoquer les membres de ce comité aussi facilement.

Les redresseurs de torts se crurent donc obligés d'éclairer le public, qui peut-être se faisait encore des idées fausses sous l'influence d'hérétiques tels que Jefferson et Paine, sur la vraie nature de la liberté. Il fut question de la loi de Dieu, de la loi naturelle, des dix commandements. On parla beaucoup de communisme, de nazisme, de fascisme. On chercha des griefs contre certains professeurs, certains éditeurs qui poignardent la véritable liberté dans le dos en plaçant la loi de l'État au-dessus de la loi de Dieu. Que cette conception de la liberté soit pour le moins étrange, voilà ce qui ne saurait être contesté.

8

Cette relation serait incomplète, si l'on ne disait quelques mots sur le rôle que joua le New York Times *dans cette affaire. Ce journal, quand il ne subit pas la pression de groupements religieux, est généralement prompt à protester contre les abus de pouvoir. Dans le cas de Bertrand Russell, le compte rendu fut, comme on pouvait s'y attendre, équitable et détaillé. Cependant, durant tout le mois de mars où Russell et le Comité de l'enseignement supérieur furent calomniés sans relâche dans les termes les plus offensants, le* New York Times *garda le silence. Durant les trois semaines qui suivirent la sentence, il ne se départit pas davantage de son mutisme. Ce n'est que le 20 avril que le* New York Times *publia enfin une lettre du chancelier de l'Université de New York conçue en ces termes :*

« Le fond du problème en cette affaire est d'un ordre qui n'a encore jamais dû être traité dans l'histoire de l'enseignement supérieur en Amérique. Il s'agit de savoir si, auprès d'un établissement aux besoins duquel l'État subvient entièrement ou en partie, un tribunal, sur requête d'un contribuable, a le pouvoir d'intervenir dans la nomination d'un professeur, du fait des opinions personnelles qu'on lui prête. Si la décision du tribunal devait être maintenue, cela signifierait que la sécurité et l'indépendance intellectuelles du corps enseignant, et avec lui des collèges et des universités, sont menacées. Les conséquences d'une telle décision seraient incalculables. »

Pour le coup, le New York Times *se crut obligé de prendre parti dans un éditorial. Celui-ci commençait par des considérations générales où les effets regrettables de la discussion ainsi soulevée étaient déplorés. Entrant dans le vif du sujet, l'éditorialiste poursuivait :* « *Le différend suscité par la nomination de Bertrand Russell a fait beaucoup de mal au public. Il a provoqué des prises de position âpres auxquelles notre démocratie, qui est actuellement menacée de toutes parts, ne peut guère se payer le luxe de s'abandonner. Les protagonistes de cette affaire, ajoutait-on avec une feinte neutralité, ont tous commis des erreurs de jugement. La nomination de Bertrand Russell n'était au départ ni politique, ni sage, car si l'on fait abstraction de son érudition et de ses capacités pédagogiques, il est évident que ses opinions morales devaient offenser une grande partie du public.* » *Il est déplorable qu'un journal libéral puisse se laisser aller jusqu'à faire primer l'aspect politique d'une nomination sur la compétence du professeur désigné.*

Quant au verdict, le New York Times *se contenta de relever sa dangereuse imprécision. Il ne réserva son indignation ni au juge qui avait abusé de son pouvoir, ni à la lâche conduite du maire dont il sera encore question, mais à la victime de cette accusation inqualifiable.* « *M. Russell lui-même, déclara le* New York Times, *aurait dû avoir la sagesse de renoncer à cette malencontreuse nomination, dès que ses effets se firent sentir.* » *Russell y répondit par une lettre publiée le 26 avril :*

« *J'espère que vous me permettrez de faire quelques commentaires à propos de ce que vous écrivez sur le différend que provoqua ma nomination au Collège de la Ville de New York, et en particulier à propos de votre opinion selon laquelle j'aurais dû avoir la sagesse de renoncer à cette malencontreuse nomination, dès que ses effets se firent sentir. Je reconnais qu'en un sens c'eût été plus sage. C'eût été en tout cas plus prudent du point de vue de mes intérêts personnels et m'eût évité bien des désagréments. Si je ne m'étais occupé que de mes seuls intérêts et si je n'avais suivi que mes penchants, je me serais retiré immédiatement. Mais, quelque sage qu'eût été cette décision, elle eût également fait preuve, à mon avis, de lâcheté et d'égoïsme. Bon nombre de gens qui comprirent* que leurs intérêts, les principes de tolérance et la liberté de parole étaient en jeu tinrent à voir se poursuivre cette controverse. Si je m'étais retiré, je les aurais privés de leur casus belli et j'aurais tacitement reconnu le bien-fondé du point de vue adverse, selon lequel il suffit d'un mouvement d'opinion assez important pour permettre d'exclure des hommes d'un emploi d'État, à cause de leurs idées ou à cause de leur race ou de leur nationalité. Voilà qui me semblerait proprement immoral !

» Ce fut mon grand-père qui mena à bonne fin la révocation des English Test and Corporation Acts qui empêchaient toute personne n'étant pas membre de l'Église d'Angleterre d'occuper un emploi d'État. L'un de mes premiers souvenirs importants, c'est celui de l'arrivée d'une délégation de méthodistes et de wesleyens venus l'acclamer à sa fenêtre pour le cinquantième anniversaire de cette révocation, alors que les principaux bénéficiaires en étaient les catholiques.

» Je ne crois pas que la controverse soit nuisible a priori. Ce ne sont ni les controverses ni les querelles déclarées qui mettent la démocratie en danger. Ce sont là, au contraire, ses sauvegardes les plus importantes. Le trait essentiel de la démocratie est que des groupes importants, des majorités même, sachent se montrer tolérants envers les autres, si peu nombreux et si emportés dans leur expression soient-ils.

» Dans une démocratie, il est nécessaire que les gens apprennent à supporter la contradiction, même violente. »

En conclusion à son éditorial du 20 avril, le New York Times se fit un devoir d'insister pour que des tribunaux supérieurs révisent le jugement. Plus tard, quand les manœuvres habiles du juge et du maire La Guardia eurent pour effet d'empêcher cette révision, il n'émit pas un mot de protestation.

Et voilà pour l'attitude du plus grand journal du monde...

9

Quand la décision du juge fut rendue publique, la première crainte des ennemis de Bertrand Russell fut de la voir cassée par les tribunaux. Aussi certains proclamèrent-ils, après s'être réjouis de la grande victoire remportée par les forces de la décence, que le combat n'avait pas encore pris fin, qu'il était nécessaire que l'indépendance du pouvoir judiciaire soit assurée et que les bons citoyens devaient se liguer pour empêcher qu'un tribunal osât annuler la sentence.

*Ces alarmes furent sans objet. Le maire La Guardia et divers membres du Conseil général s'employèrent à empêcher Russell d'occuper la chaire à laquelle il avait été appelé, même si les tribunaux envisageaient l'annulation du jugement. Le maire amputa simplement du budget la somme affectée à la chaire que devait occuper Bertrand Russell. Il le fit de façon particulièrement lâche en communiquant son budget sans faire allusion à cette décision. Quelques jours plus tard, les rapporteurs remarquèrent que ce poste avait disparu du budget. Interrogé, le maire répondit assez hypocritement qu'il avait décidé de s'en tenir à la politique de suppression des postes vacants. Le directeur de l'*American Civil Liberties Union *envoya alors un télégramme au maire où il exprimait ce que pensaient nombre d'observateurs : « Cette décision de ne pas tenir compte de la décision de votre Comité de l'enseignement supérieur nous paraît encore plus inacceptable que le jugement arbitraire qui a été rendu. » L'action du maire était sans précédent et, selon les experts, n'avait pas force de loi puisque seuls les comités scolaires contrôlent les dépenses qui relèvent de leurs budgets.*

Cependant, le maire La Guardia ne se contentait pas d'amputer du budget la somme affectée à la chaire de Bertrand Russell. Toutes les échappatoires devaient être bouchées. Afin de s'assurer que Russell ne pourrait pas être nommé à un autre poste, une résolution fut présentée lors de la réunion du Comité du budget, demandant qu'aucune des sommes accordées ne puisse être affectée à une chaire qu'occuperait Bertrand Russell.

A en juger par toutes ces mesures, il semblait tout à fait invraisemblable qu'un appel aux tribunaux puisse aboutir à la réintégration effective de Russell. Cependant le Comité de l'enseignement supérieur se fit un devoir de porter l'affaire devant les tribunaux supérieurs. L'avocat de la corporation informa alors le comité qu'il ne ferait pas appel. Il partageait l'avis du comité selon lequel le jugement n'avait pas de fondement légal et lui fit même savoir qu'il pourrait ne pas en tenir compte lors des prochaines nominations. Malgré cela, il conseilla de ne pas poursuivre l'affaire plus loin, à raison des controverses religieuses et morales qu'elle impliquait ; il était à craindre en effet que les tribunaux supérieurs ne maintiennent le jugement. Le maire profita de la circonstance pour faire savoir qu'il appuyait à fond le refus de faire appel. Dire qu'il en était l'instigateur eût été plus exact.

Le comité s'adressa alors à un avocat privé et différentes entreprises commerciales offrirent leurs services bénévoles. Il fut déclaré notamment que le comité n'avait pas eu l'occasion de prendre position avant que le juge ne rende sa sentence et que celle-ci pouvait donc être annulée. Le juge trouva que cette proposition n'était pas fondée et qu'on ne pouvait pas remplacer l'avocat de la corporation sans son consentement. Il désigna avec mépris les responsables de la décision du comité de faction mécontente qui ne saurait remettre en cause ce qui a déjà été jugé. *Tous les appels furent rejetés par les tribunaux supérieurs et, comme l'avocat de la corporation refusait d'agir, le comité fut mis dans l'impossibilité de faire appel.*

Après la publication du jugement accompagné de diffamations sur le compte de Bertrand Russell, on conseilla au comité de se faire représenter par un avocat indépendant. Il retint celui que l'American Civil Liberties Union *lui proposa. Cet avocat demanda immédiatement, au nom de Bertrand Russell, qu'il soit permis à celui-ci de se porter partie civile. Il demanda aussi l'autorisation de répondre aux accusations scandaleuses de l'avocat de l'accusation. Le juge rejeta cette demande sous prétexte que Bertrand Russell n'était pas légalement intéressé à l'affaire. La Section des appels de la cour suprême soutint le point de vue du juge sans donner ses raisons. Elle refusa également à Russell le droit de se présenter en cour d'appel. Les quelques démarches que put encore tenter l'avocat du comité demeurèrent infructueuses.*

Il semble étrange que Mrs. Kay, qui voulait épargner à sa fille les doctrines de Bertrand Russell, eût un intérêt légal en l'affaire, alors que cet intérêt était dénié à Russell dont la réputation et les moyens d'existence étaient de ce fait mis en cause. Si telle est la loi, alors à coup sûr, pour employer l'expression de Dickens, la loi est imbécile.

C'est ainsi que le Comité de l'enseignement supérieur et Bertrand Russell lui-même se virent empêchés de faire appel et que la sentence du juge fut ratifiée définitivement. « En tant qu'Américains, déclara John Dewey, nous ne pouvons que rougir de honte en voyant cet affront à notre réputation de fair play. *»*

10

De Californie, Bertrand Russell se rendit à Harvard, dont le président et les membres du corps des professeurs n'avaient sans doute pas assez pris à cœur l'affirmation selon laquelle Bertrand Russell était indigne d'enseigner dans une école américaine. Ils firent d'ailleurs paraître une déclaration disant qu'ils avaient pris connaissance des critiques émises à propos de sa nomination, mais qu'ils estimaient que l'intérêt même de l'université leur dictait la confirmation de leur nomination.

Les cours de Bertrand Russell à Harvard se déroulèrent sans le moindre incident et les statistiques, semble-t-il, n'enregistrèrent aucune recrudescence des viols et des enlèvements. Ensuite Bertrand Russell enseigna pendant plusieurs années à la Barnes Foundation *de Merion, Pennsylvanie. En 1944, il retourna en Angleterre, où quelques années plus tard, le roi George VI lui décerna l'ordre du Mérite. En 1950 Russell fit les* Machette Lectures *à l'Université de Columbia, où un accueil délirant lui fut réservé. On fit des comparaisons avec les acclamations que reçut Voltaire en 1748 à son retour à Paris, où il avait connu la prison et dont il avait ensuite été exilé. En 1950 également, un comité suédois, dont la moralité ne répondait sans doute pas aux normes américaines de la décence, décerna à Bertrand Russell le prix Nobel de Littérature. Mrs. Kay, son avocat et le juge ne firent pas de commentaire à ce sujet. Tout au moins ces commentaires ne furent pas publiés.*

POURQUOI
JE NE SUIS PAS CHRÉTIEN
et autres textes

Traduction de Guy Le Clech

Préface

J'ai une dette de reconnaissance à l'égard du professeur Paul Edwards, de l'Université de New York. C'est lui en effet qui a pris l'initiative de réunir dans cet ouvrage les textes qui en font la matière, conçus et rédigés à des époques très différentes, et qui tous ont pour sujet la théologie. Je lui suis tout particulièrement reconnaissant de ce qu'il m'a donné ainsi l'occasion de réaffirmer mes convictions sur des problèmes essentiels.

Un bruit s'est répandu ces dernières années selon lequel je serais devenu moins hostile à l'orthodoxie religieuse que je ne le fus autrefois. Ce bruit est dénué de fondement. Je considère sans exception les grandes religions du monde — le bouddhisme, l'hindouisme, le christianisme, l'islam et le communisme — comme fausses et néfastes. Il est donc logique de considérer, puisque ces religions diffèrent, qu'il ne saurait y en avoir plus d'une, parmi elles, qui soit vraie. L'on peut admettre au surplus que la religion adoptée par un individu est celle de la société dans laquelle il vit.

Les scolastiques ont inventé de prétendus arguments logiques prouvant l'existence de Dieu, et ces arguments, ou d'autres du même genre, ont été acceptés par maints philosophes éminents. Mais la logique à laquelle se réfèrent ces arguments traditionnels relève de l'ancienne logique aristotélicienne qui est actuellement réfutée, pratiquement, par tous les logiciens à l'exception de ceux qui sont catholiques. Il est un de ces arguments qui n'est pas purement logique. Je veux parler de l'argument de la finalité. Cet argument, cependant, fut réfuté par Darwin ; et en tout cas il ne pouvait être pris en considération sur le plan logique qu'au prix de l'abandon de l'omnipotence divine. La logique mise à part, il existe à mes yeux quelque chose d'un peu étrange dans l'échelle des valeurs morales de ceux qui croient qu'une divinité toute-puissante, omnisciente et bienfaisante, après avoir préparé le terrain demeuré pendant des millions d'années à l'état de nébuleuses privées de toute vie, se considérerait parfaitement récompensée par l'apparition finale d'Hitler, de Staline et de la bombe H.

La question de la vérité d'une religion est une chose, celle de son utilité en est une autre. Je suis aussi fermement convaincu de la nocivité des religions que je le suis de leur fausseté.

Le mal que provoque la religion est de deux sortes. L'une dépend du genre de croyance que l'on estime devoir lui accorder et l'autre des dogmes particuliers auxquels on croit. En ce qui concerne le genre de croyance, on considère comme bon d'avoir la foi — c'est-à-dire d'avoir une conviction que ne peut ébranler une preuve contraire. Ou, si la preuve contraire provoque le doute, on considère que la preuve contraire doit être supprimée. Sous de pareils prétextes, on défend aux jeunes d'assister à des discussions : en Russie, en faveur du capitalisme ; en Amérique, en faveur du communisme. Voilà qui conserve intacte la foi de l'une et de l'autre partie et qui conduit à une guerre de destruction mutuelle. La conviction qu'il est important de croire ceci ou cela, même si une libre recherche venait à détruire cette foi, est commune à presque toutes les religions et inspire tous les systèmes d'éducation étatiques. Il en résulte que l'esprit de la jeunesse est rabougri, plein de fanatisme et d'hostilité, à la fois envers ceux qui sont la proie d'autres fanatismes et, de façon encore plus virulente, envers ceux qui s'opposent à tous les fanatismes. L'habitude de fonder les convictions sur des preuves, et de ne leur accorder de certitude que dans la mesure où elles sont garanties par des preuves, guérirait, si elle devenait générale, la plupart des maux dont souffre le monde. Mais, en ce moment, dans la plupart des pays, l'éducation tend à empêcher que s'épanouisse une telle habitude et les hommes qui refusent d'enseigner la croyance en un système de dogmes sans fondement ne sont pas considérés comme dignes d'instruire la jeunesse.

Les maux qui précèdent sont indépendants de la croyance en question et se retrouvent également dans toutes les croyances qui s'en tiennent au plan dogmatique. Mais il existe aussi, dans la plupart des religions, des principes spécifiquement éthiques qui causent un mal réel. La condamnation par le catholicisme du contrôle des naissances, s'il venait à s'imposer, rendrait la suppression progressive de la misère et l'abolition de la guerre impossibles. Les croyances hindoues, qui accordent un caractère sacré à la vache et qui affirment qu'il est immoral qu'une veuve se remarie, causent des souffrances absolument inutiles. La croyance communiste en la dictature d'une minorité de vrais croyants a provoqué des abominations sans nombre.

On nous dit parfois que seul le fanatisme peut donner de l'efficacité à un groupe social. Je considère ce point de vue comme absolument contraire aux enseignements de l'histoire. Mais en tout cas, ceux-là seuls qui se prosternent comme des esclaves devant la réussite peuvent trouver que l'efficacité est admirable indépendamment de l'accomplissement auquel elle tend. Pour ma part, je pense qu'il vaut mieux faire un peu de bien que beaucoup de mal. Le monde que j'aimerais contempler serait un monde libéré de la brutalité des groupes hostiles et capable de comprendre que le bonheur de tous résulterait plutôt de la coopération que du conflit. J'aimerais contempler un monde dans lequel l'éducation viserait à libérer l'esprit de la jeunesse plutôt qu'à l'emprisonner dans une armure de dogmes destinée à le protéger, tout au long de son existence, des flèches de la preuve objective. Le monde a besoin de cœurs ouverts, d'esprits ouverts, et ce n'est pas au moyen de systèmes rigides, anciens ou nouveaux, qu'on risque de les obtenir.

Bertrand RUSSELL

Pourquoi je ne suis pas chrétien

Ainsi que vous l'a dit votre président, le sujet dont je vais vous entretenir ce soir est *Pourquoi je ne suis pas chrétien*[1]. Peut-être serait-il bon, dès le début, d'essayer d'établir ce que l'on entend par le mot *chrétien*. Il est employé de nos jours dans un sens très vague par un grand nombre de gens. Certains entendent par là uniquement quelqu'un qui tente de mener une vie vertueuse. En ce sens, je suppose qu'on trouverait des chrétiens dans toutes les sectes et toutes les croyances ; mais je ne pense pas que ce soit le sens propre de ce mot, ne fût-ce que parce qu'il impliquerait que tous les gens qui ne sont pas chrétiens — tous les bouddhistes, confucianistes, mahométans et autres — ne cherchent pas à mener une vie vertueuse.

Je n'entends pas par chrétien une personne qui cherche à vivre de façon convenable selon les lumières qu'elle possède. Je pense qu'il faut avoir une certaine masse de croyance déterminée avant d'avoir le droit de se dire chrétien. Le mot n'a pas tout à fait de nos jours le sens riche qu'il avait du temps de saint Augustin et de saint Thomas d'Aquin. En ces époques, si l'on s'avouait chrétien, on savait ce que cela voulait dire. On acceptait tout un ensemble de croyances établies avec une grande précision et à chacune des syllabes de ces croyances on ajoutait foi avec toute la force de la conviction.

---

1. Cette conférence fut donnée le 6 mars 1927 à l'hôtel de ville de Battersea, sous les auspices de la *South London Branch of the National Secular Society*.

Qu'est-ce qu'un chrétien ?

De nos jours, il n'en va pas de même. Il nous faut être un peu plus vague dans ce qui définit le chrétien. Je pense cependant qu'il existe deux points tout à fait essentiels pour quiconque se proclame chrétien. Le premier est de nature dogmatique, c'est-à-dire que l'on doit croire en Dieu et en l'immortalité. Si vous ne croyez pas en ces deux principes, je ne pense pas que vous puissiez valablement vous proclamer chrétien. Puis, en outre, comme le nom le sous-entend, vous devez aussi avoir quelque croyance en l'existence du Christ. Les mahométans, par exemple, croient aussi en Dieu et en l'immortalité ; et cependant ils ne se diraient pas chrétiens. Je pense que vous devez avoir comme base première la croyance que le Christ est sinon d'essence divine, du moins le meilleur et le plus sage des hommes. Si vous n'avez pas au moins cette croyance en l'existence du Christ, je ne crois pas que vous ayez quelque droit à vous proclamer chrétien. Bien sûr, il existe un autre sens que vous trouvez dans le *Whitaker's Almanach* et dans des livres de géographie, où l'on déclare que la population du globe se divise en chrétiens, mahométans, bouddhistes, adorateurs de fétiches, et ainsi de suite ; et en ce sens nous sommes tous chrétiens. Les traités de géographie nous amalgament tous, mais ce n'est qu'en un sens purement géographique, dont, je suppose, nous n'avons pas à tenir compte. D'où je conclus que, lorsque je vous entretiens des raisons pour lesquelles je ne suis pas chrétien, je dois vous entretenir de deux ordres de choses : d'abord, pourquoi je ne crois ni en Dieu ni en l'immortalité — ensuite, pourquoi je ne pense pas que le Christ fut le meilleur et le plus sage des hommes, encore que je lui reconnaisse un haut degré de vertu morale.

Sans les efforts fructueux des incroyants du passé, je ne pourrais donner une définition du chrétien aussi élastique. Comme je l'ai déjà dit, autrefois ce mot avait un sens plus riche. Il comprenait par exemple la croyance en l'enfer. La croyance en un feu infernal, éternel, fut un principe essentiel de la foi chrétienne jusqu'à une époque relativement récente. Dans notre pays, comme vous le savez, il cessa d'être un principe essentiel à la suite d'une décision du Conseil Privé, que l'archevêque de Cantorbéry et l'archevêque d'York ne reconnurent pas ; mais dans ce pays, notre religion est fixée par une loi du Parlement, et c'est pourquoi le Conseil Privé eut la faculté de passer outre à Messeigneurs les archevêques. Ainsi la croyance en l'enfer ne fut plus nécessaire pour se dire chrétien. Je n'insisterai donc pas sur la notion qu'un chrétien doit croire à l'enfer.

L'existence de Dieu

Pour en venir à l'existence de Dieu, c'est une question vaste et sérieuse, et si je devais tenter de la traiter de manière convenable, il me faudrait vous tenir ici jusqu'à ce que le règne de Dieu arrive. Aussi me pardonnerez-vous si je la traite de façon quelque peu sommaire. Vous savez, naturellement, que l'Église catholique érige en dogme que l'existence de Dieu peut être prouvée au moyen de la seule raison. C'est assez curieux, mais ce n'en est pas moins l'un de ses dogmes. Il lui fallut l'introduire parce qu'à un moment donné les libres penseurs adoptèrent l'habitude de déclarer qu'il existait tels et tels arguments que la simple raison pouvait faire valoir contre l'existence de Dieu, mais que naturellement ils considéraient comme matière de foi l'existence de Dieu. Les arguments et les motifs furent exposés tout au long et l'Église catholique comprit qu'elle devait y mettre fin. Aussi posa-t-elle en principe que l'existence de Dieu peut être prouvée à l'aide de la seule raison, et elle dut établir ce qu'elle considéra comme des arguments destinés à la prouver. Il en existe naturellement des quantités, mais je me contenterai d'en prendre quelques-uns.

Argument de la cause première

Peut-être l'argument le plus simple et le plus facile à comprendre est-il celui de la cause première. Il soutient que tout ce que nous voyons en ce monde a une cause et qu'en remontant la chaîne des causes, on arrive fatalement à la cause première. Et c'est à cette cause première qu'on donne le nom de Dieu. Cet argument, à mon avis, ne pèse pas très lourd à notre époque, car, d'abord, la notion de cause n'est pas tout à fait ce qu'elle était autrefois. Les philosophes et les savants ont étudié la notion de cause et elle n'a plus maintenant la force qu'elle avait ; mais, cela mis à part, vous pouvez constater que l'argument selon lequel il doit y avoir une cause première est de ceux qui n'ont aucune valeur. Je dois dire que lorsque j'étais jeune et que je méditais ces questions très sérieusement en moi-même, j'ai longtemps accepté l'argument de la cause première, jusqu'au jour, à l'âge de dix-huit ans, où je lus l'autobiographie de John Stuart Mill, et y découvris cette phrase : *Mon père m'apprit que cette question : Qui m'a créé ? ne comporte pas de réponse, car immédiatement elle soulève l'autre question : Qui créa Dieu ?* Cette très simple phrase me révéla, et j'y crois encore, le mensonge de l'argument de la cause première. Si tout doit avoir une cause, alors Dieu doit avoir une cause. S'il existe quelque chose qui n'ait pas de cause, ce peut être aussi bien le monde que Dieu, si bien que cet argument ne présente aucune valeur. Il fait exactement penser à l'Indien qui affirme que le monde repose sur un éléphant et l'éléphant sur une tortue ; et quand on lui demande : « Et la tortue ? » l'Indien répond : « Et si nous changions de sujet ? » L'argument ne vaut vraiment pas mieux que cela. Il n'y a pas de raison pour que le monde n'ait pu naître sans cause ; ni, non plus, d'un autre côté, pour qu'il n'ait pas toujours existé. Il n'y a pas de raison de supposer que le monde ait jamais commencé. L'idée selon laquelle les choses doivent avoir un commencement est réellement due à la pauvreté de notre imagination. Aussi n'est-il peut-être pas nécessaire de passer plus de temps sur l'argument de la cause première.

Argument de la loi naturelle

Il existe ensuite un argument très connu tiré de la loi naturelle. Ce fut un argument très en faveur tout au long du XVIIIe siècle, surtout sous l'influence d'Isaac Newton et de sa cosmogonie. On observait les planètes qui tournent autour du soleil selon la loi de la gravitation, l'on pensait que Dieu avait donné l'ordre à ces planètes de se déplacer selon ce mode particulier et que c'était là la raison pour laquelle elles le faisaient. C'était, bien sûr, une explication facile et simple qui épargnait le souci de chercher plus loin une explication à la loi de la gravitation. Aujourd'hui nous expliquons la loi de la gravitation d'une façon quelque peu compliquée, ainsi que nous y a initiés Einstein. Je ne me propose pas de vous faire une conférence sur la loi de la gravitation selon l'interprétation d'Einstein, parce que cela aussi nous prendrait du temps ; en tout cas, on ne croit plus à cette sorte de loi naturelle qu'on trouvait dans le système newtonien, où, pour une raison que nul ne comprenait, la nature se comportait de façon uniforme. Nous trouvons actuellement que beaucoup de choses que nous considérions comme des lois naturelles sont en réalité des conventions purement humaines. Vous savez que même dans les profondeurs les plus reculées de l'espace stellaire, un yard égale trois pieds. C'est, sans aucun doute, un fait très remarquable, mais on peut difficilement l'appeler une loi naturelle. Et maintes choses considérées comme des lois naturelles sont du même genre. D'autre part, là où vous pouvez accéder à quelque connaissance réelle des atomes, vous découvrez qu'ils sont beaucoup moins soumis à une loi qu'on ne le pensait, et que les lois auxquelles on arrive sont des moyennes statistiques qui ressemblent tout juste à celles que ferait ressortir le hasard. Il existe, et nous le savons tous, une loi selon laquelle, quand on lance les dés, le double-six ne sort qu'une fois sur trente-six, et l'on ne considère pas ce fait comme la preuve que la chute des dés obéit à quelque dessein ; au contraire, si le double-six sortait chaque fois, c'est alors que nous penserions qu'il s'agit d'une chose faite à dessein ! La plupart des lois naturelles sont de ce genre. Ce sont des moyennes statistiques comme celles que les lois du hasard feraient ressortir ; ce qui rend toute cette histoire de lois naturelles beaucoup moins extraordinaire qu'elle ne l'était autrefois. Outre cette constatation, qui représente l'état temporaire de la science, susceptible de changer demain, l'idée même selon laquelle les lois naturelles impliquent un législateur relève d'une confusion entre la loi dite naturelle et la loi humaine. La loi humaine vous ordonne de vous conduire d'une certaine façon, et vous pouvez vous y conformer ou vous pouvez choisir de ne pas le faire ; mais les lois naturelles sont une description de la façon dont les choses se passent effectivement, et du fait qu'elles sont une simple description de leur action réelle, il est inutile de soutenir qu'il doit exister quelqu'un qui leur ordonne de le faire. A supposer en effet qu'il en fût ainsi, nous aurions alors à répondre à cette question : « Pourquoi Dieu a-t-il prescrit précisément ces lois naturelles et non pas d'autres ? » Si vous dites qu'Il le fit simplement selon son bon plaisir, et sans aucune raison, vous admettez alors qu'il existe quelque chose qui n'est pas soumis à la loi, si bien que l'enchaînement de la loi naturelle est rompu. Si vous dites, ainsi que le font bien des théologiens orthodoxes, que dans toutes les lois qu'Il a faites, Dieu avait une raison d'imposer celles-là plutôt que d'autres — la raison étant naturellement de créer le meilleur des mondes, encore qu'à le considérer vous puissiez en douter — s'il y avait une raison aux lois que Dieu a imposées, alors Dieu Lui-même fut soumis à la loi, et donc vous n'obtenez aucun avantage en introduisant Dieu comme intermédiaire. Vous avez en fait une loi extérieure et antérieure aux ordonnances divines, et Dieu ne vient pas au secours de votre propos, puisqu'il n'est pas l'ultime législateur. En bref, dans son ensemble, l'argument de la loi naturelle n'est plus aussi fort qu'il le fut. Je suis un ordre chronologique dans ma revue des arguments. Les arguments utilisés en faveur de l'existence de Dieu changent de caractère avec le temps. Ce furent d'abord des arguments difficiles, intellectuels, comprenant des sophismes déterminés. A mesure que nous approchons de l'époque actuelle, ils deviennent moins respectables sur le plan intellectuel et de plus en plus entachés d'une sorte de flou moral.

L'argument du plan

Le degré suivant dans ce développement nous amène à l'argument du plan. Vous connaissez tous cet argument : tout dans le monde est disposé de telle sorte que nous puissions y vivre, et si le monde était si peu que ce soit différent nous ne pourrions parvenir à y vivre. Tel est l'argument du plan. Il prend parfois une forme assez curieuse : par exemple, on soutient que les lapins ont la queue blanche pour qu'on puisse les tirer facilement. Je ne sais pas ce que les lapins penseraient de cette application de l'argument. Il est facile de le parodier. Vous connaissez tous la réflexion de Voltaire : le nez fut visiblement conçu de façon à supporter les lunettes. Ce genre de parodie n'est pas passé aussi loin du but qu'on pouvait le penser au XVIIIe siècle car depuis l'époque de Darwin nous comprenons beaucoup mieux pourquoi les créatures vivantes s'adaptent au monde qui les environne. Ce n'est pas que cet entourage ait été créé en vue de s'adapter à eux, mais ils ont évolué de façon à s'y adapter, et c'est la base même de l'adaptation. La preuve du plan ne s'applique pas à ce cas.

Quand on en vient à examiner cet argument du plan, il est tout à fait surprenant de voir que les gens puissent croire que ce monde, avec tout ce qu'il renferme, avec ses défectuosités, doit être le meilleur qu'un être omnipotent et omniscient ait pu créer au cours de millions d'années. Je ne puis vraiment le croire. Pensez-vous que si l'on vous accordait l'omnipotence et l'omniscience et des millions d'années pour perfectionner le monde, vous ne pourriez créer rien de mieux que le Ku Klux Klan ou le fascisme ? En outre, si vous acceptez les lois ordinaires de la science, vous devez supposer que la vie de l'homme et la vie sur cette planète en général disparaîtront en temps voulu : c'est une étape dans le déclin du système solaire ; à une certaine étape du déclin, on arrive à un ensemble de conditions de l'atmosphère et des autres éléments qui conviennent au protoplasme, et la vie paraît pour un court laps de temps dans la vie du système solaire tout entier. On voit par l'exemple de la lune le genre de chose à quoi tend la terre — quelque chose de mort, de froid, de désert.

On me dit que cette opinion est déprimante, et les gens vous diront parfois que s'ils la partageaient ils seraient incapables de continuer à vivre. N'en croyez rien ; c'est pure sottise. Personne ne se soucie vraiment de ce qui doit arriver d'ici des millions d'années. Même s'ils croient se faire beaucoup de soucis à ce sujet, ils sont dupes d'eux-mêmes. Ils se font du souci pour une raison beaucoup plus immédiate, ou ce n'est simplement que le fait d'une mauvaise digestion ; mais à vrai dire nul n'est sérieusement malheureux à la pensée qu'un événement se produira en ce monde d'ici des millions et des millions d'années. Aussi, bien qu'il soit lugubre de supposer que la vie disparaîtra — du moins je suppose qu'on peut le dire, bien que parfois, quand je considère ce que les gens font de leur vie, j'en vienne à penser que c'est presque une consolation —, cette pensée n'est pas telle qu'elle puisse rendre la vie misérable. Elle incite simplement à tourner son attention vers d'autres sujets.

L'argument moral en faveur de la divinité

Nous abordons maintenant une étape de plus dans ce que j'appellerai la chute intellectuelle que les théistes ont effectuée dans leurs argumentations, et nous arrivons à ce que l'on nomme les arguments moraux en faveur de l'existence de Dieu. Vous savez tous, naturellement, qu'il y eut autrefois trois arguments intellectuels en faveur de l'existence de Dieu, qui furent tous réfutés par Emmanuel Kant dans la *Critique de la Raison pure* ; mais à peine eut-il réfuté ces arguments qu'il en inventa un nouveau, un argument moral auquel il crut dur comme fer. Il ressemblait à bien des gens : dans le domaine de l'intelligence il était sceptique, mais dans le domaine de la morale il croyait implicitement aux maximes qu'il avait absorbées avec le lait de sa mère. Ce qui illustre une particularité sur quoi les psychanalystes mettent tant l'accent : l'influence exercée sur nous par les souvenirs de la prime enfance est extraordinairement plus forte que celle des souvenirs d'une époque plus tardive.

Kant, ai-je dit, inventa un nouvel argument moral en faveur de l'existence de Dieu, qui sous des formes diverses fut extrêmement répandu au cours du XIXᵉ siècle. Il revêtit des formes de tous genres. L'une d'elles consiste à dire qu'il n'y aurait ni bien ni mal si Dieu n'existait pas. Je ne m'intéresse pas pour le moment à la question de savoir s'il y a une différence entre le bien et le mal ou s'il n'y en a pas : ceci est une autre question. Le point qui m'intéresse, c'est que si vous êtes absolument sûr qu'il y a une différence entre le bien et le mal, vous vous trouvez alors devant la situation suivante : cette différence est-elle due ou non à un décret de Dieu ? Si elle est due à un décret de Dieu, alors pour Dieu lui-même il n'y a pas de différence entre le bien et le mal, et dans ce cas ce n'est plus une déclaration sensée de dire que Dieu est bon. Si vous dites, comme le font les théologiens, que Dieu est bon, il vous faut dire alors que le bien et le mal ont une signification indépendante du décret de Dieu, car les décrets de Dieu sont bons et non pas mauvais indépendamment du fait seul qu'il les a édictés. Si vous soutenez ce point de vue, vous devrez dire alors que ce n'est pas seulement par l'intervention de Dieu que le bien et le mal parvinrent à l'existence, mais qu'ils sont par essence logiquement antérieurs à Dieu. Vous pouvez, bien sûr, si vous le voulez, dire qu'il existait une divinité supérieure qui donna des ordres au Dieu qui créa ce monde, ou vous pouvez prendre le parti que suivirent les gnostiques — parti que j'ai souvent considéré comme très plausible — à savoir qu'en fait ce monde tel que nous le connaissons fut créé par le démon à un moment où Dieu regardait ailleurs. On peut en discuter longuement, et je ne me mêle pas de réfuter ce point de vue.

L'argument du remède à l'injustice

Il y a aussi une autre sorte d'argument moral très curieux. C'est le suivant : on dit que l'existence de Dieu est nécessaire pour introduire la justice en ce monde. En cette partie de l'univers que nous connaissons règne une grande injustice. Souvent le juste souffre, souvent le méchant prospère, et l'on parvient mal à savoir quel est de ces deux cas le plus troublant ; mais si l'on veut que la justice règne dans l'univers dans son ensemble, il faut supposer une vie future capable de donner un équilibre à l'existence ici-bas. Aussi, dit-on, il faut qu'il y ait un Dieu, un paradis et un enfer de façon qu'à la longue règne la justice. C'est un argument très curieux. Si on le considère d'un point de vue scientifique, on dira : « Après tout, je ne connais que ce monde-ci. Je ne connais rien du reste de l'univers, mais dans la mesure où on peut raisonner sur des probabilités, on dira que ce monde-ci constitue probablement un assez bel exemple, et que si l'injustice y règne, il y a gros à parier pour que l'injustice règne également ailleurs. » Supposons que vous achetiez un cageot d'oranges. Vous l'ouvrez pour découvrir que tout l'étage supérieur est pourri. Vous ne vous diriez pas : « Le dessous doit être bon afin que l'équilibre soit rétabli. » Vous vous diriez : « Il est probable que tout l'envoi est défectueux. » Et c'est vraiment ainsi que raisonnerait un savant en face de l'univers. Il se dirait : « Nous découvrons en ce monde une grande part d'injustice, et c'est une raison de supposer que la justice ne gouverne pas ce monde ; et cela fournit un argument moral contre une divinité et non en sa faveur. » Bien sûr, je sais que ce genre d'arguments intellectuels ne sont pas ceux qui réellement persuadent les gens. Ce qui les persuade de croire en Dieu, ce n'est pas du tout un argument intellectuel. La plupart des gens croient en Dieu parce qu'on leur a appris à le faire dès leur petite enfance, et c'est là le principal motif.

Mais je pense que la raison la plus puissante immédiatement après, c'est le désir de sécurité, une sorte de sentiment qu'il existe un grand frère qui va veiller sur vous. C'est ce qui joue un rôle très profond et amène les gens à désirer croire en Dieu.

Le caractère du Christ

Je désire maintenant dire quelques mots sur un sujet que, j'y pense souvent, ne traitent pas suffisamment les rationalistes. C'est la question de savoir si le Christ fut le meilleur et le plus sage des hommes. Généralement on admet que nous devons tous convenir qu'il en est ainsi. Pour ma part, je ne l'admets pas. Je considère qu'il existe plusieurs points sur lesquels je suis d'accord avec le Christ bien plus que ne le sont les chrétiens pratiquants Je ne pense pas que je pourrais le suivre tout au long, mais je pourrais l'accompagner beaucoup plus loin que ne le font la plupart des chrétiens pratiquants. Vous vous souvenez qu'il a dit : *Ne résistez pas à celui qui vous traite mal, mais au contraire si quelqu'un vous frappe sur la joue droite, présentez-lui aussi la joue gauche*[2]. Ce n'est pas là un précepte ou un principe nouveau. Lao Tseu et le Bouddha l'ont mis en pratique quelque cinq ou six cents ans avant le Christ, mais ce n'est pas un principe auquel les chrétiens se soumettent vraiment. Je ne doute pas que le Premier Ministre actuel[3], par exemple, ne soit un chrétien tout à fait sincère, mais je ne conseille à personne parmi vous d'aller le frapper sur la joue. Je crois que vous découvririez qu'il n'accorde à ce texte qu'une signification symbolique.

Il est aussi un autre point que j'estime excellent. Vous vous souvenez que le Christ a dit : *Ne jugez point afin que vous ne soyez pas jugé*[4]. Ce principe, je ne crois pas que vous le trouveriez en faveur parmi les cours de justice des nations chrétiennes. J'ai connu en mon temps bon nombre de juges qui étaient d'ardents chrétiens, et aucun parmi eux ne pensait que l'action de juger était contraire aux principes chrétiens. Le Christ a dit aussi : *Donne à qui te demande, et n'esquive pas celui qui veut t'emprunter*[5]. C'est un très bon principe.

Votre président vous a rappelé que nous ne sommes pas ici pour parler de politique, mais je ne puis m'empêcher d'observer que la lutte lors des dernières élections générales fut centrée sur le fait qu'il

---

2. Matthieu, V, 38, 39.
3. Stanley Baldwin.
4. Matthieu, VII, 1.
5. Matthieu, V, 21.

est souhaitable de se détourner de celui qui désire vous emprunter, si bien qu'on en vient à penser que le parti libéral et le parti conservateur de ce pays se composent de gens qui ne sont pas d'accord avec l'enseignement du Christ, puisqu'ils s'en sont catégoriquement détournés en la circonstance.

Il y a également une autre maxime du Christ qui à mon avis va loin, mais je ne pense pas qu'elle soit très en faveur parmi nombre de nos amis chrétiens. Il dit : *Si tu veux être parfait, va vendre tes biens, donne-les aux pauvres*[6]. Voilà une excellente maxime, mais qui n'est guère mise en pratique... Ce sont toutes là, à mon avis, de bonnes maximes — bien qu'il soit difficile de vivre en accord avec elles. Je ne prétends pas moi-même m'y conformer ; mais, après tout, cela n'a pas la même importance que pour un chrétien.

Défauts dans l'enseignement du Christ

Après avoir reconnu l'excellence de ces maximes, j'en viens à certains textes où ne se manifestent ni l'extraordinaire sagesse ni l'extraordinaire bonté que les Évangiles accordent au Christ (la question de l'historicité du personnage étant réservée). Il est en effet très douteux que le Christ ait jamais existé, et s'il a vécu nous ne savons rien de sa vie. Je parle donc du Christ tel qu'il apparaît dans les Évangiles et je prends les Évangiles tels qu'ils se présentent. Là nous découvrons des choses qui ne paraissent pas d'une grande sagesse. Le Christ pensait entre autres que le deuxième avènement s'effectuerait parmi des nuages de gloire et avant que ne mourussent les vivants de l'époque. Il existe de nombreux textes pour l'attester. Il dit, par exemple : *Vous n'aurez pas achevé de parcourir les villes d'Israël, que le Fils de l'Homme sera revenu*[7]. Puis il dit : *Plusieurs de ceux qui sont ici ne connaîtront point la mort qu'ils n'aient vu le Fils de l'Homme revenir dans la majesté de Son règne*[8]. Et il y a bien des passages où il est tout à fait évident qu'il a cru que le deuxième avènement aurait lieu alors que la plupart de ceux qui l'écoutaient

6. Matthieu, XIX, 21.
7. Matthieu, X, 23.
8. Matthieu, XVI, 28.

seraient encore en vie. C'était la croyance de ses premiers disciples, et ce fut la base d'une grande partie de son enseignement moral. Quand il a dit : *Ne vous inquiétez pas pour le lendemain*[9] et autres paroles du même genre, ce fut en grande partie parce qu'il pensait que le deuxième avènement aurait très vite lieu, et que les affaires terrestres de ce fait perdaient leur intérêt. J'ai bel et bien rencontré moi-même des chrétiens persistant à croire que le deuxième avènement était imminent. J'ai connu notamment un curé qui effrayait ses ouailles en leur racontant que le deuxième avènement était vraiment pour demain. Mais ce curé eut l'inconséquence de planter des arbres dans son jardin sous le regard de ses paroissiens qui désormais furent rassurés. Les premiers chrétiens, qui prenaient ce genre d'oracles à la lettre, s'abstenaient évidemment de telles initiatives, car le Christ les avait persuadés que le deuxième avènement était imminent.

Le problème moral

Il y a, à mon avis, un très sérieux défaut dans la morale du Christ. C'est qu'il croyait à l'enfer. Je ne pense pas que l'être profondément humain qu'on voit en lui ait pu admettre la possibilité d'un châtiment éternel. Or le Christ, tel que le décrivent les Évangiles, croyait certainement au châtiment éternel, et l'on y découvre à plusieurs reprises les témoignages d'une fureur vengeresse dirigée contre ceux qui n'acceptent pas son enseignement — attitude qui ne saurait surprendre chez un prédicateur mais qui pourrait nuire à la réputation d'un être à qui l'on prête une perfection extraordinaire. Si vous comparez Jésus à Socrate, par exemple, vous constaterez que le philosophe était doux et poli envers les gens qui refusaient de l'écouter. Il est, à mon avis, beaucoup plus digne d'un sage d'adopter cette ligne de conduite que de se laisser emporter par l'indignation. Qu'on se souvienne des paroles de Socrate au moment de mourir et de celles qu'il adressait couramment à ceux qui étaient en désaccord avec lui. Dans les Évangiles, vous entendrez le Christ s'exprimer de la sorte : *Serpents, race de vipères, comment pourrez-vous échapper au*

---

9. Matthieu, VI, 34.

châtiment de l'enfer[10] *?* Cela s'adressait à des gens qui n'appréciaient pas ses paroles. L'on trouve malheureusement beaucoup d'imprécations du même style, en ce qui concerne l'enfer, dans les textes sacrés. Il y a notamment celui qui s'applique au péché contre le Saint Esprit : *Quiconque parle contre le Saint Esprit, n'aura de pardon ni dans ce siècle ni dans le siècle à venir*[11]. Ce texte a provoqué un nombre indicible de tourments dans le monde, car toutes sortes de gens ont cru avoir commis le péché contre le Saint Esprit et qu'il ne leur serait pardonné ni dans ce monde ni dans le monde à venir. Je ne crois pas qu'un être possédant une once de bonté naturelle aurait pu introduire des craintes et des terreurs de ce genre dans le monde.

Le Christ dit encore : *Le Fils de l'Homme enverra ses anges qui enlèveront de son royaume tous les scandales et ceux qui font le mal et les jetteront dans la fournaise ardente où il y aura des pleurs et des grincements de dents*[12]. Et il s'obstine à parler de pleurs et de grincements de dents, verset après verset. Il devient évident pour le lecteur que le Christ considère sans déplaisir ces pleurs et ces grincements de dents. Sinon, ces mots ne reviendraient pas aussi souvent. Bien sûr vous vous souvenez tous de l'épisode des brebis et des chèvres. Lors du second avènement, Jésus sépare les brebis des chèvres et il dit aux chèvres : *Retirez-vous de moi, maudites, et gagnez le feu éternel*[13]. Il dit ailleurs : *Si ta main est pour toi une occasion de péché, coupe-la ; il vaut mieux pour toi entrer manchot dans la vie que d'avoir les deux mains et d'aller dans la Géhenne, dans le feu inextinguible, là où le ver ne meurt pas et où le feu ne s'éteint pas*[14].

Il revient sans cesse à l'enfer. Je dois dire que je considère toute cette doctrine, selon laquelle le feu de l'enfer est la punition du péché, comme une doctrine de cruauté. C'est une doctrine qui a introduit la cruauté dans le monde et justifié des siècles de torture. Le Christ des Évangiles, tel que ses apôtres le dépeignent, doit être considéré comme partiellement responsable de cet état de choses.

10. Matthieu, XXIII, 33.
11. Matthieu, XII, 32.
12. Matthieu, XIII, 41, 42.
13. Matthieu, XXV, 41.
14. Marc, IX, 43.

Parmi d'autres éléments de moindre importance, il y a le cas des porcs de Gadarène. Ce n'était pas vraiment très gentil pour ces animaux d'introduire en eux les démons et de les faire se précipiter du haut d'une colline dans la mer. Jésus n'était-il pas tout-puissant et n'eût-il pu simplement éloigner les démons ? Mais il a préféré les loger dans les porcs. Il y a aussi la curieuse histoire du figuier qui n'a jamais laissé de m'étonner. Vous vous souvenez de ce qui est arrivé au figuier : *Il eut faim. Il aperçut de loin un figuier couvert de feuilles et il s'avança pour voir s'il y trouverait quelque fruit. Il s'approcha donc de l'arbre mais n'y trouva que des feuilles car ce n'était pas encore la saison des figues. Alors il dit au figuier :* « *Que jamais personne ne mange de ton fruit…* » *et Pierre… dit à Jésus :* « *Maître, regardez ! Le figuier que vous avez maudit a séché*[15]. »

C'est une histoire très curieuse, car ce n'était pas la bonne époque de l'année pour les figues, et il n'était vraiment pas possible d'en blâmer l'arbre. Je ne pense pas qu'en matière de sagesse ou de vertu le Christ s'élève aussi haut que d'autres personnages historiques. Je pense qu'à cet égard je placerais le Bouddha ou Socrate au-dessus de lui.

Le facteur émotionnel

Comme je l'ai déjà dit, je ne crois pas que ce qui incite les gens à accepter une religion ait quelque chose à voir avec le raisonnement. Ils acceptent une religion pour des motifs émotionnels. On nous dit souvent que c'est très mal d'attaquer la religion, car la religion rend les hommes vertueux. Pour ma part, je n'en suis guère convaincu. Vous connaissez, bien sûr, la parodie que Samuel Butler a faite de cet argument dans son livre *Retour à Erewhon*. Vous vous souvenez qu'on y trouve un certain Higgs arrivant dans une contrée perdue. Il y passe quelque temps, puis s'échappe en ballon. Vingt ans plus tard, retournant dans cette région, il a la surprise d'y découvrir une nouvelle religion dans laquelle il est adoré sous le nom de *Fils du Soleil*. L'on raconte en effet qu'il est monté aux cieux. Comme l'on s'apprête à célébrer la Fête de l'Ascension, il entend les professeurs Hanky et Panky, hauts dignitaires de la religion du Fils du Soleil, se

15. Marc, XI, 14-21.

déclarer l'un à l'autre qu'ils n'ont jamais vu le dénommé Higgs, et qu'ils espèrent ne jamais le voir. Plein d'indignation, il s'approche d'eux et leur dit : « Je vais faire éclater au grand jour toute cette mystification et dire au peuple d'Erewhon que moi, Higgs, je ne suis qu'un homme comme les autres et que j'ai quitté votre pays en ballon. » On lui répond : « Ne le faites pas, car tous les principes moraux de ce pays sont liés à ce mythe, et s'ils viennent à savoir que vous n'êtes pas monté au ciel, ils deviendront tous méchants. » Il se laissa persuader et s'en alla sans bruit.

En vertu de cette conception, nous serions tous méchants si nous n'observions pas les préceptes de la religion chrétienne. Il me semble que bien des chrétiens se sont signalés par leur extrême méchanceté. Fait curieux, plus la religion a été ardente à une époque donnée et plus profonde la croyance dogmatique, plus grande fut la cruauté et pire l'état du monde. Dans les siècles où la foi est très vive et alors que les hommes acceptent la religion chrétienne dans son intégrité, c'est l'Inquisition et ses tortures. Je pense aux millions de femmes brûlées comme sorcières et à toutes les horreurs dont la religion fut le prétexte.

Il suffit de considérer l'histoire du monde pour s'apercevoir que le progrès, dans tous les domaines (humanisation de la guerre, adoucissement de l'esclavage, comportement à l'égard des gens de couleur), s'est constamment heurté à l'opposition des Églises, quelles qu'elles fussent. J'affirme, en pesant mes termes, que la religion chrétienne, telle qu'elle est établie dans ses Églises, fut et demeure le principal ennemi du progrès moral dans le monde.

Comment les Églises ont retardé le progrès

Vous estimez peut-être que je vais trop loin quand je dis qu'il en est encore ainsi. Je ne le pense pas. Prenons un fait. Il n'est pas agréable de s'y référer, mais l'attitude des hommes de religion nous y contraint. Supposons que, dans ce monde où nous vivons aujourd'hui, une jeune fille sans expérience se soit mariée par erreur avec un syphilitique. Dans ce cas, l'Église proclame : « Le mariage est un sacrement indissoluble. Il vous faut demeurer ensemble pour la vie. » Et cette femme ne peut entreprendre aucune démarche afin d'empêcher que naissent d'elle des enfants syphilitiques. Tel est le point de vue de l'Église catholique. Personne ne saurait soutenir, à moins d'avoir le cœur absolument fermé à la souffrance d'autrui, qu'il soit convenable et juste qu'un tel état de choses puisse se perpétuer.

Ce n'est là qu'un exemple. Il existe encore bien des domaines où l'Église, par le contrôle qu'elle exerce sur ce qu'il lui plaît d'appeler la moralité, impose gratuitement des souffrances inutiles à un grand nombre d'humains. Et bien sûr, nous le savons, elle se manifeste comme un adversaire de tout progrès quand il s'agit de diminuer la souffrance dans le monde. Elle a choisi d'étiqueter sous le nom de moralité une série de règles de conduite qui brillent par leur étroitesse et qui n'ont rien à voir avec le bonheur de l'homme ; et quand on dit qu'il faudrait faire ceci ou cela en vue du bonheur de l'humanité, elle répond que ça n'a absolument rien à voir avec le sujet : « L'objet de la morale n'est pas de rendre les gens heureux. »

La crainte, base de la religion

La religion est fondée d'abord et surtout sur la crainte. C'est en partie l'effroi devant l'inconnu, et en partie le désir de sentir qu'une sorte de frère aîné se tiendra à vos côtés quand vous aurez des soucis ou des conflits. La crainte est au départ de cette affaire — crainte de ce qui est mystérieux, crainte de l'échec, crainte de la mort. La crainte engendre la cruauté. Aussi n'est-il pas étonnant de voir la cruauté et la religion aller de pair. La crainte est à la base de l'une et de l'autre. En ce monde, nous commençons à comprendre les choses, à les maîtriser un peu à l'aide de la science — qui s'est frayé peu à peu un chemin malgré l'opposition de la religion chrétienne, des Églises en général, et de toutes les superstitions. La science peut nous aider à surmonter cette lâche crainte au sein de laquelle l'humanité a vécu pendant tant de générations. La science peut nous enseigner, et je pense que notre propre cœur peut nous enseigner aussi à ne plus rechercher autour de nous des appuis imaginaires, à ne plus nous forger des alliés dans le ciel, mais plutôt à concentrer nos efforts ici-bas afin de faire de ce monde un lieu où l'on puisse vivre convenablement, contrairement à ce qu'ont fait les Églises au cours des siècles.

Ce que nous devons faire

Nous voulons demeurer debout par nos propres moyens et regarder franchement le monde, ses hauts faits, ses bassesses, ses beautés et ses laideurs ; voir le monde tel qu'il est, sans avoir peur. Conquérir le monde par l'intelligence et non pas être soumis comme des esclaves par suite de la terreur qu'il fait naître. Toute la conception de Dieu est une conception tirée du vieux despotisme oriental. C'est une conception absolument indigne d'hommes libres. Quand je vois des gens qui se courbent à l'église en confessant qu'ils sont de misérables pécheurs, et tout ce qui s'ensuit, je juge cela méprisable, indigne du respect qu'on se doit à soi-même. Nous devons au contraire nous redresser et regarder le monde bien en face. Nous devons faire du mieux que nous pouvons en ce monde, et s'il n'est pas aussi bon après nous que nous l'avons désiré, il sera malgré tout encore meilleur que ce qu'en ont fait les autres dans le passé. Un monde à notre mesure exige du savoir, de la bonté et du courage ; il n'exige pas une intense nostalgie du passé, ni que la libre intelligence subisse les entraves imposées par les formules qu'inventèrent autrefois des ignorants. Il exige une perspective d'avenir dégagée de toute crainte et une vue claire des choses. Il exige l'espoir en l'avenir et qu'on ne se retourne pas sans cesse vers un passé mort, qui, nous en sommes sûrs, sera de beaucoup surpassé par l'avenir que notre intelligence est capable de créer.

La religion a-t-elle contribué à la civilisation ?[1]

Mon point de vue sur la religion est celui de Lucrèce. Je la considère comme une maladie née de la peur et comme une source de malheurs indicibles pour l'humanité. Je ne puis cependant nier qu'elle a apporté quelques contributions à la civilisation. Elle a servi aux temps anciens à fixer le calendrier, et elle a amené les prêtres égyptiens à enregistrer les éclipses avec un tel soin qu'à un moment donné ils devinrent capables de les prédire. Ces deux services, je suis tout prêt à les reconnaître, mais je n'en vois pas d'autres.

Qu'est-ce que la religion ?

Le mot religion est employé de nos jours dans un sens très vague. Certains, sous l'influence d'un protestantisme extrême, emploient le mot pour désigner toute conviction personnelle sérieuse dans le domaine des idées morales ou sur la nature de l'univers. Cet emploi va tout à fait à l'encontre de l'histoire. La religion est d'abord un phénomène social. Les Églises peuvent devoir leur origine à des maîtres possédant de fortes convictions individuelles, mais ces maîtres ont rarement eu beaucoup d'influence sur les Églises qu'ils fondèrent, alors que les Églises ont exercé une énorme influence sur les communautés où elles s'épanouirent. Prenons le cas qui intéresse le plus les membres de la civilisation occidentale : l'enseignement du Christ, tel qu'il est recueilli dans les Évangiles, a eu vraiment très peu d'action sur l'éthique des chrétiens. Le caractère le plus important du christianisme, d'un point de vue social et historique, n'est pas le Christ

1. Texte publié pour la première fois en 1930.

mais l'Église, et s'il nous faut porter un jugement sur le christianisme en tant que force sociale, ce n'est pas aux Évangiles qu'il nous faut nous reporter pour l'étayer. Le Christ a enseigné qu'il faut donner ses biens aux pauvres, qu'il ne faut pas se battre, qu'il ne faut pas se rendre à l'église et qu'il ne faut pas punir l'adultère. Ni les catholiques ni les protestants n'ont manifesté un vif désir de suivre cet enseignement, sous quelque forme que ce soit. Quelques franciscains, c'est vrai, ont tenté de répandre la doctrine de la pauvreté apostolique, mais le pape les a condamnés et leur doctrine fut déclarée hérétique. Considérez d'autre part un texte comme celui-ci : « Ne jugez pas afin de n'être pas jugé », et demandez-vous quelle influence un tel principe a exercée sur l'Inquisition et sur le Ku Klux Klan, par exemple.

Ce qui est vrai du christianisme l'est également du bouddhisme. Le Bouddha était un homme affable et éclairé ; sur son lit de mort, il se moquait de ses disciples qui le croyaient immortel. Mais les prêtres bouddhistes, tels qu'ils existent au Tibet notamment, furent obscurantistes, tyranniques et cruels au plus haut degré.

La différence entre l'Église et son fondateur n'a rien d'accidentel. Dès qu'on suppose que la vérité absolue réside dans les dires d'un homme, un corps d'experts apparaît qui interprète ses dires, et ces experts, infailliblement, prennent toute la place, puisqu'ils détiennent la clef de la vérité. Comme c'est le cas de toute caste privilégiée, ils utilisent leur puissance à leur avantage personnel. Ils sont toutefois pires à un certain point de vue. Étant chargés d'exposer une vérité immuable, révélée une fois pour toutes dans son absolue perfection, ils deviennent nécessairement les ennemis de tout progrès intellectuel et moral. L'Église fut hostile à Galilée et à Darwin ; de nos jours elle est hostile à Freud. A l'époque de sa plus grande puissance, elle alla encore plus loin dans son opposition à l'intelligence. Le pape Grégoire le Grand pouvait écrire à un évêque une lettre qui commençait ainsi : « Il nous est parvenu un rapport dont nous ne pouvons parler sans rougir, à savoir que vous expliquez la grammaire à des amis. » L'évêque fut contraint de renoncer à cette œuvre perverse, et il fallut attendre la Renaissance pour que le monde se remît à respirer. Le caractère pernicieux de la religion ne se manifeste pas seulement dans le domaine de l'esprit mais aussi sur le plan de la morale. Je veux dire par là qu'elle enseigne un code éthique peu propre à assurer le bonheur de l'homme. Il y a quelques années, un plébiscite ayant été organisé en Allemagne pour savoir si les maisons royales dépossédées devaient continuer à jouir de leurs biens privés, les fidèles déclarèrent que ce serait contraire à l'enseignement du christianisme que de les dépouiller. Les Églises, tout le monde le sait, s'opposèrent à l'abolition de l'esclavage aussi longtemps qu'elles l'osèrent. De nos jours, elles s'appliquent à freiner tout mouvement qui postule la justice sociale. Le pape n'a-t-il pas officiellement condamné le socialisme ?

Le christianisme et la sexualité

Le caractère le plus condamnable de la religion catholique, toutefois, c'est son attitude à l'égard de la sexualité — attitude si malsaine, si contraire à la nature que, pour la comprendre, il faut remonter jusqu'à l'époque du déclin de l'Empire romain. Il est faux que le christianisme ait amélioré le sort de la femme. La femme, en effet, ne saurait jouir d'une situation supportable dans une société où l'on considère comme très important qu'elle accepte un code moral très sévère. Les moines ont toujours considéré la femme comme une tentatrice, comme la source des désirs impurs. L'Église a enseigné, et enseigne encore, que la virginité est ce qu'il y a de mieux, mais que ceux qui sont incapables de s'y plier sont autorisés à se marier. *Il vaut mieux se marier que brûler*, comme le déclare brutalement saint Paul. En rendant le mariage indissoluble et en étouffant toute connaissance de l'*ars amandi*, l'Église fit ce qu'elle put pour que la seule forme de sexualité admise entraînât très peu de plaisir et beaucoup de souffrance. Son opposition au *birth control* relève en fait du même motif : si une femme a un enfant tous les ans jusqu'à ce qu'elle en meure d'épuisement, on peut augurer qu'elle ne tirera guère de plaisir de sa vie conjugale. Que l'on décourage donc le *birth control* !

La conception du péché qui est liée à l'éthique chrétienne est de celles qui font beaucoup de mal, car elle offre aux gens une porte de sortie à leur sadisme, qu'ils considèrent comme légitime et même noble. Prenons, par exemple, la question de la syphilis. On sait qu'en prenant des précautions on peut rendre négligeable le risque d'une contamination. Les chrétiens cependant ne désirent pas que ce fait soit connu et répandu, car ils estiment bon que les pécheurs soient punis, au point même de voir le châtiment s'étendre au partenaire et à la progéniture. Il y a actuellement dans le monde des milliers d'enfants qui souffrent de syphilis congénitale et qui n'auraient jamais vu le jour sans cette manie chrétienne de la punition. Je ne puis comprendre comment de telles doctrines pourraient avoir d'heureux effets sur les mœurs.

L'attitude chrétienne constitue un danger pour le bien-être de l'humanité. Ceux qui ont pris soin d'aborder la question sexuelle sans préjugés savent qu'en ce domaine l'ignorance prônée par les chrétiens orthodoxes a des conséquences désastreuses pour la santé morale et physique de la jeunesse. Elle incite ceux qui puisent leurs renseignements dans des conversations *inconvenantes*, comme le font la plupart des enfants, à considérer les problèmes sexuels comme choquants et ridicules. Je ne crois pas qu'on puisse jamais soutenir que la connaissance en général ne soit pas désirable. Mieux vaut le savoir que l'ignorance, à quelque âge que ce soit. Dans le cas particulier de l'éducation sexuelle, il existe des arguments encore plus puissants qu'ailleurs en faveur de la connaissance, car il est évident que l'homme instruit, en l'occurrence, aura un comportement plus raisonnable qu'un simple ignorant. La curiosité sexuelle est une curiosité naturelle. Il est inutile de l'associer à la notion de péché.

Tous les garçons s'intéressent aux chemins de fer. Supposons que nous leur racontions que c'est là une marque d'intérêt pernicieuse ; supposons que nous leur maintenions les yeux bandés lorsqu'ils sont dans un train ou dans une gare ; supposons que nous nous interdisions de jamais mentionner le mot *train* en leur présence et que nous entourions d'un impénétrable mystère les moyens utilisés pour les transports d'un endroit dans un autre. Il n'en résulterait pas qu'ils cesseraient de s'intéresser aux chemins de fer ; au contraire, leur intérêt n'en serait que plus grand, mais il serait affecté d'un coefficient maladif de péché. Tout garçon vif d'esprit pourrait de la sorte sombrer dans la neurasthénie. C'est précisément ce qui se produit dans le domaine de la sexualité. Et comme la sexualité est beaucoup plus intéressante que les chemins de fer, les résultats sont pires. Presque tous les adultes appartenant à une communauté chrétienne sont plus ou moins malades pour la seule raison que l'éducation sexuelle était taboue au temps de leur jeunesse. Le sens du péché qu'on leur a ainsi inculqué devient plus tard cause de cruauté, de timidité, de stupidité. Il n'est aucun motif raisonnable d'aucune sorte qui commande de tenir un enfant à l'écart de ce qu'il veut savoir, dans le domaine de la sexualité ou en tout autre domaine. Et nous n'obtiendrons jamais une population saine avant que ces idées ne soient appliquées. Il faudrait qu'elles le fussent dès l'école primaire, chose impossible aussi longtemps que les Églises auront le pouvoir de contrôler la politique scolaire des États.

Il est clair que les doctrines fondamentales du christianisme supposent chez celui qui s'y soumet une rare déformation morale. Le monde, nous dit-on, fut créé par un Dieu à la fois bon et omnipotent. Mais avant de créer le monde, il a prévu toute la douleur et les souffrances qu'il contiendrait. Dieu est donc responsable, et il est vain de prétendre que le péché est à l'origine de la souffrance qui règne dans le monde. D'abord, cela n'est pas vrai. Ce n'est pas le péché qui fait déborder les rivières et qui fait entrer en éruption les volcans. Et même si cela était vrai, Dieu n'en serait pas pour autant justifié. Si je devais engendrer un enfant sachant que cet enfant sera un fou homicide, je serais par avance responsable de ses crimes. A supposer que Dieu connût les crimes dont chaque homme se rendra coupable, Dieu en serait *ipso facto* responsable pour les avoir implicitement voulus au moment où il décida de créer l'homme. Le christianisme, ordinairement, soutient que la souffrance est le salaire du péché, et que c'est donc une bonne chose. Quel sadisme et quelle pauvreté ! Je voudrais inviter n'importe quel chrétien à m'accompagner dans une salle d'hôpital pour enfants, pour lui donner le spectacle des souffrances qu'on y endure, et je serais curieux de savoir s'il affirme encore que ces enfants sont dépravés au point de mériter leurs souffrances. Pour en venir à s'exprimer ainsi, il faut avoir anéanti en soi-même tout sentiment de pitié. Il faut, en bref, être devenu aussi cruel que le Dieu en qui l'on croit. Celui qui admet que tout va pour le mieux dans ce monde misérable, les valeurs morales intangibles lui font défaut. Il aura toujours à trouver des excuses à la douleur et à la souffrance universelles.

Les objections contre la religion

Les objections contre la religion sont de deux sortes : intellectuelles et morales. Intellectuelles, car il n'y a pas de raison de supposer qu'aucune religion soit vraie ; morales, parce que les préceptes moraux remontent à une époque où l'on était plus cruel qu'on ne l'est aujourd'hui, et qu'ils tendent donc à perpétuer des cruautés que notre conscience réprouve.

D'abord l'objection intellectuelle. Il existe une tendance, en cette époque de pragmatisme, à considérer qu'il n'importe pas tant de savoir si les enseignements de la religion sont vrais ou non, mais s'ils sont utiles. Cette dernière question cependant ne peut être tranchée sans que la première le soit. Si nous croyons en la religion chrétienne, notre conception du bien sera différente de ce qu'elle sera si nous n'y croyons pas. C'est pourquoi pour les chrétiens les effets du christianisme peuvent paraître bons, tandis que pour les incroyants ils peuvent paraître mauvais. En outre, la tournure d'esprit qui entraîne à admettre telle ou telle proposition sans s'occuper de savoir s'il existe une preuve en sa faveur, est peu favorable à la recherche de la vérité.

Une certaine objectivité scientifique est une qualité importante, et elle n'existe pour ainsi dire pas chez un homme qui imagine qu'il existe des choses qu'il doit croire par devoir. Nous ne pouvons vraiment trancher la question de savoir si la religion est bonne sans examiner la question de savoir si la religion est vraie. Pour les chrétiens, les mahométans et les juifs, la question tout à fait primordiale qu'implique la vérité de la religion, c'est celle de l'existence de Dieu. Aux temps où la religion était encore triomphante, le mot *Dieu* avait une signification parfaitement déterminée ; mais sous les coups des rationalistes le mot est devenu de plus en plus pâle, au point qu'il est difficile de savoir ce qu'entendent les gens quand ils affirment croire en Dieu. Prenons pour les besoins de la cause la définition de Matthew Arnold : « Une puissance hors de nous qui tend au bien. » Peut-être pourrons-nous la rendre encore plus vague en nous demandant si nous avons la preuve qu'existe une fin dans l'univers en dehors des fins que se proposent les êtres vivant à la surface de cette planète.

L'argument habituel des gens qui pratiquent une religion est en gros celui-ci : « Mes amis et moi sommes des gens d'une intelligence et d'une bonté étonnantes. On peut difficilement concevoir que tant d'intelligence et de bonté soient le fait du hasard. Il faut donc que quelqu'un d'une intelligence et d'une bonté au moins égales à la nôtre ait mis la machine cosmique en mouvement afin de nous créer. » Je regrette, mais je dois dire que je ne trouve pas cet argument aussi décisif que ceux qui l'utilisent. L'univers est vaste. Pourtant, s'il faut en croire Eddington, il n'existe probablement nulle part ailleurs dans l'univers des êtres aussi intelligents que l'homme. Si l'on considère la masse totale de la matière dans le monde et qu'on la compare à la masse formant le corps des êtres intelligents, on constate que cette dernière ne représente qu'une proportion infinitésimale de la première. En conséquence, même s'il est hautement improbable que les lois du hasard donnent naissance, à la suite d'une sélection accidentelle d'atomes, à un organisme doué d'intelligence, il est cependant probable qu'on trouvera dans l'univers un petit nombre d'organismes de ce genre ; nous l'y rencontrons en fait. Mais, même considérés comme l'apogée d'une si vaste évolution, nous ne sommes pas encore si étonnants ! Sans doute, j'ai conscience que certains théologiens sont beaucoup plus étonnants que moi, bien que je ne me sente pas tout à fait capable d'apprécier exactement des mérites qui dépassent de si loin les miens. Cependant, même après cet aveu, je ne puis m'empêcher de penser qu'un Être omnipotent, agissant depuis l'éternité, aurait pu produire quelque chose de mieux. Si peu que ce soit, ce résultat n'est pourtant qu'un feu de paille. La terre ne demeurera pas toujours habitable ; la race humaine disparaîtra, et si le processus cosmique doit se justifier par la suite, il devra le faire ailleurs qu'à la surface de notre planète. De toute façon, une fin interviendra plus ou moins tôt. La seconde loi de la thermodynamique incite à penser que l'univers dépérit, en sorte que l'anecdote des hommes a peu de chances de se reproduire ailleurs. Il nous est évidemment loisible de dire que le moment venu Dieu remontera la machine, mais nous ne pouvons fonder une telle affirmation que sur la foi, à l'exclusion de toute preuve scientifique. Si l'on s'en rapporte à la science, l'univers aurait glissé par phases lentes vers l'état plutôt pitoyable que nous lui connaissons, et il glisserait, en passant par des phases encore plus misérables, vers l'immobilité de la mort universelle. S'il faut prendre cette description comme la preuve de l'existence d'un plan, je puis dire que ce plan est de ceux qui ont pour moi peu d'attrait. Je ne vois donc pas de raison de croire en un Dieu de quelque espèce que ce soit, si vague et si ténu qu'il soit. Je laisse de côté les vieux arguments métaphysiques, puisque les défenseurs de la religion eux-mêmes les ont abandonnés.

L'âme et l'immortalité

L'importance accordée par le christianisme à l'âme individuelle a exercé une profonde influence sur la morale des communautés chrétiennes. C'est fondamentalement une doctrine proche de celle des stoïciens, née comme la leur de communautés privées d'espérance politique. L'instinct naturel d'un être vigoureux et équilibré, c'est de tenter de faire le bien. S'il est dépouillé de tout pouvoir politique et de toute possibilité d'exercer une influence sur les événements, il se détournera de sa conduite naturelle et décidera que l'essentiel c'est d'être bon. C'est ce qui est arrivé aux premiers chrétiens ; ce qui les amena à une conception personnelle de la sainteté tout à fait indépendante d'une action bienfaisante, puisque la sainteté devait être un état auquel pouvaient atteindre des gens qui ne pouvaient exercer aucune action. L'action sur le plan social en vint donc à être exclue de la morale chrétienne. Aujourd'hui encore, les chrétiens confits en religion considèrent qu'un homme adultère est plus pervers qu'un homme politique qui touche des pots-de-vin, bien que ce dernier fasse probablement mille fois plus de mal. La conception médiévale de la bonté, comme on le voit dans la peinture de l'époque, était insipide, inerte et sentimentale. L'homme qui l'emportait en vertu, c'était celui qui se retirait du monde ; les seuls hommes d'action qui passèrent pour saints furent ceux qui gaspillèrent la vie et la fortune de leurs sujets en combattant les Turcs, tels saint Louis. L'Église ne voulut jamais considérer comme saint un homme qui réforma les finances, ou le droit criminel ou le pouvoir judiciaire. Ces simples contributions au bien-être humain étaient considérées comme de nulle importance. Je ne crois pas qu'il existe un seul saint du calendrier dont la sainteté résulte d'une œuvre d'utilité publique. Cette séparation entre la personne sociale et la personne intime s'accompagna d'une séparation croissante entre le corps et l'âme, qui a survécu dans la métaphysique chrétienne et les systèmes dérivés de celui de Descartes. On peut dire, grosso modo, que le corps représente l'aspect social et public de l'homme, tandis que l'âme en représente l'aspect intérieur. En mettant l'accent sur l'âme, la morale chrétienne est devenue tout à fait individualiste. A mon avis, il est clair que le résultat brut de tous ces siècles de christianisme fut de rendre l'homme plus égoïste, plus enfermé en lui-même qu'il n'était naturellement ; car les instincts qui portent l'homme à franchir les murs de son moi sont ceux de la sexualité, de la famille, de la patrie ou l'instinct grégaire. La sexualité, l'Église a fait tout ce qu'elle pouvait pour la décrier et la déconsidérer ; l'affection familiale fut dévalorisée par le Christ lui-même et par la masse de ses disciples ; et le patriotisme ne pouvait trouver place au sein des populations asservies de l'Empire romain. La polémique menée contre la famille dans les Évangiles est un point qui n'a pas retenu l'attention qu'il mérite. L'Église traite la mère du Christ avec respect mais lui-même n'observe pas cette attitude : *Femme, qu'y a-t-il de commun entre toi et moi*[2] ? — telle est sa façon de lui parler. Il dit aussi qu'Il est venu mettre la division entre le fils et le père, entre la fille et la mère, entre la bru et sa belle-mère et que celui qui aime son père et sa mère plus que Lui n'est pas digne de Lui[3]. Tout cela implique la rupture du lien biologique familial au profit de la croyance — attitude qui a beaucoup à voir avec l'intolérance qui surgit dans le monde en même temps que l'expansion du christianisme.

Cet individualisme atteignit son point culminant avec la doctrine de l'immortalité de l'âme individuelle, qui devait connaître une félicité sans fin ou un malheur infini selon les circonstances. Ces circonstances (dont dépendait cette importante différence de traitement) étaient parfois étranges. Par exemple, si l'on mourait aussitôt après qu'un prêtre eut versé de l'eau sur votre corps, tout en prononçant certains mots, l'on obtenait en partage une félicité éternelle ; au contraire, si à la suite d'une longue vie de vertu, il arrivait qu'on fût frappé de la foudre au moment où on jurait parce qu'on avait cassé un lacet, l'on récoltait des tourments éternels. Je ne prétends pas que, de nos jours,

2. Jean, XI, 4.
3. Matthieu, X, 35-37.

un protestant croie cela, non plus peut-être que le catholique à qui l'on n'a pas strictement enseigné la théologie ; mais je prétends que c'est là la doctrine orthodoxe à laquelle l'on crut fermement jusqu'à une époque récente. Les Espagnols, au Mexique et au Pérou, avaient l'habitude de baptiser les petits Indiens puis, aussitôt après, de leur faire sauter la cervelle ; ainsi s'assuraient-ils que ces enfants iraient au ciel. Nul chrétien orthodoxe ne saurait trouver une raison logique pour condamner leur action, bien que de nos jours cette condamnation soit unanime. A d'innombrables points de vue la doctrine de l'immortalité personnelle sous sa forme chrétienne a eu des effets désastreux sur les mœurs, et la séparation métaphysique de l'âme et du corps a eu des effets désastreux sur la philosophie.

Les sources de l'intolérance

L'intolérance qui s'est étendue sur le monde avec l'avènement du christianisme est l'un des traits curieux de cette religion — dû à la croyance juive en la bonté et en la réalité exclusives du Dieu des Juifs. Pourquoi les Juifs ont-ils présenté ces étrangetés ? Je ne saurais le dire. Elles semblent s'être développées au cours de la captivité comme une réaction contre la tentative de noyer les Juifs parmi des populations étrangères. Quoi qu'il en soit, les Juifs, et plus spécialement les prophètes, mirent l'accent sur l'observance de la Loi et sur l'idée que, à l'exception d'une seule, il est mauvais de tolérer quelque religion que ce soit. Ces deux idées ont eu un effet désastreux sur l'histoire de l'Occident.

L'Église a fait grand bruit à propos de la persécution des chrétiens sous l'Empire romain avant l'avènement de Constantin. Cette persécution, pourtant, fut légère, intermittente et uniquement de nature politique. A toutes les époques, et depuis le règne de Constantin jusqu'à la fin du XVIIᵉ siècle notamment, des chrétiens persécutèrent beaucoup plus férocement d'autres chrétiens que ne le firent jamais les empereurs romains. Cette attitude persécutrice fut inconnue du monde ancien, sauf parmi les Juifs, jusqu'à la montée du christianisme. L'on trouvera sous la plume d'Hérodote, par exemple, un tableau des mœurs en usage parmi les populations étrangères qu'il a visitées, peint avec beaucoup de bienveillance et un sens aigu de la tolérance. Parfois, il est vrai, une coutume particulièrement barbare peut le choquer, mais en général il est accueillant envers les dieux et les coutumes d'ailleurs. Il ne désire pas prouver que les gens qui appellent Zeus d'un autre nom encourront la damnation éternelle, et qu'il faille les mettre à mort toute affaire cessante. Cette attitude fut le triste privilège des chrétiens. Si le chrétien actuel est moins rigoureux, le christianisme n'y est vraiment pour rien. Cela est dû aux générations de libres penseurs qui, de la Renaissance à l'époque actuelle, ont rendu les chrétiens honteux de plusieurs de leurs croyances traditionnelles. Il est amusant d'entendre le chrétien moderne expliquer que le christianisme est empreint de douceur et de rationalisme, et ne pas tenir compte du fait que toute cette douceur et ce rationalisme sont dus à l'enseignement d'hommes qui en leur temps furent persécutés par tous les chrétiens orthodoxes. Nul ne croit plus aujourd'hui que le monde fut créé en 4004 avant J.-C. ; mais il n'y a pas si longtemps, tout doute à ce sujet était considéré comme un crime abominable. Mon arrière-arrière-grand-père, après avoir observé l'épaisseur de la lave sur les flancs de l'Etna, en arriva à la conclusion que le monde devait être plus ancien que les orthodoxes ne le supposaient, et il fit connaître cette opinion dans un livre. Pour cet outrage, il fut destitué par l'administration du Comté, et exclu de la société. S'il avait eu des moyens plus réduits, son châtiment eût sans doute été plus sévère. Ce n'est pas à l'honneur des orthodoxes de ne plus ajouter foi à toutes les absurdités auxquelles ils crurent il y a cent cinquante ans. L'émasculation progressive de la doctrine chrétienne s'est produite en dépit d'une résistance des plus vigoureuses — et seulement sous l'action des libres penseurs et grâce à leurs assauts répétés.

La doctrine du libre arbitre

L'attitude des chrétiens en ce qui concerne les lois naturelles a été curieusement oscillante et incertaine. Il y eut, d'une part, la doctrine du libre arbitre, qui était article de foi pour la grande majorité des chrétiens ; et cette doctrine demandait que les êtres humains échappassent à la loi naturelle. Il y eut, d'autre part, surtout aux XVIIIe et XIXe siècles, une croyance en un Dieu législateur qui faisait de la loi naturelle l'une des preuves essentielles de l'existence du Créateur. De nos jours l'opposition au libre arbitre est plus forte que l'opposition aux lois naturelles considérées comme preuve de l'existence du Législateur. Les matérialistes se servirent des lois de la physique pour démontrer, ou tenter de démontrer, que les mouvements du corps de l'homme sont mécaniquement réglés, et que, en conséquence, tout ce que nous disons et tous les changements de position que nous effectuons échappent à l'action d'un présumé libre arbitre. S'il en est ainsi, tout ce qui peut demeurer de nos libres volitions a peu de valeur. Quand un homme écrit un poème ou commet un meurtre, les mouvements du corps impliqués dans son acte résultent uniquement de causes physiques. Il paraît donc absurde de lui élever une statue dans un cas, et dans l'autre de le pendre. Il est vrai que certains systèmes métaphysiques prévoient une zone réservée à la pensée pure où la volonté serait libre ; mais comme cette pensée ne pourrait être communiquée à autrui que par le biais d'un mouvement corporel, le royaume de la liberté ne pourrait jamais être objet de communication ni avoir d'incidence sur la vie sociale.

L'idée d'évolution, de son côté, a eu une influence considérable sur les chrétiens qui l'ont acceptée. Ils se sont aperçus qu'il n'était guère possible d'élever en faveur de l'homme des prétentions fondamentalement différentes de celles que l'on élève en faveur d'autres formes de vie. C'est pourquoi, afin de sauvegarder le libre arbitre chez l'homme, ils se sont opposés à toute tentative d'expliquer le comportement de la matière vivante en termes de lois physiques et chimiques. La position de Descartes, qui prétend que tous les animaux inférieurs sont des automates, n'est plus en faveur auprès des théologiens libéraux. La doctrine de la continuité les incite à faire un pas de plus et à soutenir que même ce qu'on désigne sous le nom de matière inorganique n'est pas soumis dans son comportement à des lois inaltérables. Ils semblent avoir négligé le fait que si l'on abolit le règne de la loi, on abolit en même temps la possibilité du miracle (puisque le miracle est un acte de Dieu contrevenant aux lois qui règlent habituellement les phénomènes). Je puis cependant me représenter un théologien libéral qui soutiendrait, en prenant des airs profonds, que toute la création est miraculeuse — ce qui le dispenserait d'attribuer à certains événements la signification d'une preuve toute particulière de l'intervention divine.

Sous l'influence de cette réaction contre les lois naturelles, des défenseurs de la foi chrétienne se sont emparés des doctrines les plus récentes concernant l'atome, qui tendent à montrer que les lois physiques en lesquelles nous avons cru jusqu'à maintenant n'ont qu'une valeur de vérité approximative et moyenne. Elles seraient statistiquement vraies à l'échelle de l'atome, mais elles ne joueraient plus dans le monde fantaisiste où se manifestent les électrons. Je crois qu'il s'agit là d'une vue temporaire, et que les physiciens découvriront avec le temps les lois gouvernant les phénomènes infinitésimaux, étant admis que ces lois pourraient différer considérablement de celles de la physique traditionnelle. Quoi qu'il en soit, il convient d'observer que les doctrines modernes concernant les phénomènes de la microphysique n'ont pas d'incidences sur le plan pratique. Les mouvements visibles, et en fait tous les mouvements d'une certaine ampleur, mettent en branle un si grand nombre d'atomes qu'ils entrent naturellement dans le cadre des lois anciennes. Pour écrire un poème ou pour commettre un meurtre (selon nos exemples précédents), il faut déplacer une masse appréciable d'encre ou de plomb. Les électrons qui composent l'encre peuvent danser librement autour de leur petite salle de bal, mais l'ensemble de la salle de bal se déplace selon les lois de la physique classique, et cela seul intéresse notre poète. Les doctrines modernes n'ont aucune influence sur les problèmes humains qui intéressent le théologien.

La question du libre arbitre demeure donc ce qu'elle était. Quelles que soient les considérations auxquelles on se livre sur le plan de la haute métaphysique, il est bien évident que personne n'y croit en pratique. On a toujours cru qu'il était possible de former le caractère ; on a toujours su que l'alcool ou l'opium ont quelque influence sur le comportement. Le défenseur du libre arbitre soutient qu'on peut à son gré éviter de s'enivrer, mais il ne soutient pas que lorsqu'on est ivre on puisse articuler les syllabes de *Constitution britannique* de manière aussi claire qu'à jeun. Et quiconque a eu affaire à des enfants sait qu'une éducation convenable contribue davantage à les rendre sages que les plus éloquentes exhortations. La seule conséquence, en fait, de la théorie du libre arbitre, c'est qu'elle empêche de suivre les données du bon sens jusqu'à leur conclusion rationnelle. Quand un homme se conduit de façon brutale, nous le considérons intuitivement comme méchant, et nous refusons de regarder en face le fait que sa conduite résulte de causes antérieures, lesquelles, si l'on remontait assez loin, nous entraîneraient bien au-delà de sa naissance, donc jusqu'à des événements dont il ne saurait être tenu pour responsable, quelque effort d'imagination que nous fissions.

Personne ne traite une automobile aussi stupidement qu'on traite un être humain. Quand l'automobile ne veut pas avancer, on n'attribue pas cette panne à quelque péché ; on ne dit pas : « Tu es une méchante automobile, et je ne te fournirai pas d'essence avant que tu ne partes. » Au contraire, l'on cherche à découvrir ce qui ne marche pas et à le réparer. Traiter de manière analogue un être humain est cependant considéré comme contraire aux vérités de notre sainte religion, même en ce qui concerne les petits enfants. Bien des enfants ont de mauvaises habitudes que les châtiments entretiennent, alors qu'elles passeraient sans doute d'elles-mêmes si on n'y faisait pas attention. Il n'empêche que les gouvernantes, à de rares exceptions près, considèrent qu'il est bon de punir à tour de bras, cette façon de procéder dût-elle entraîner des troubles mentaux chez les victimes. Quand la folie par hasard se déclare, on la présente alors comme une preuve surabondante du caractère néfaste des mauvaises habitudes, et non comme la conséquence du châtiment. (Allusion à des poursuites pour obscénité devant un tribunal de l'État de New York.)

De profondes réformes ont été apportées en matière d'éducation à la suite de l'examen des fous et des arriérés mentaux. Ceux-ci n'étant pas considérés comme responsables de leurs fautes, ils ont été traités de façon plus scientifique que les enfants normaux. Jusqu'à une date toute récente, l'on a considéré que si un petit garçon ne parvenait pas à apprendre ses leçons, une fessée constituait le traitement le plus approprié. Ce point de vue a pour ainsi dire été abandonné par les éducateurs, mais on le retrouve dans le droit criminel. Il est évident qu'il faut arrêter un homme qui manifeste des tendances criminelles, mais il faut arrêter aussi celui qui souffre de la rage et qui cherche à mordre, bien qu'on ne le considère pas comme moralement responsable. Quiconque est atteint de la peste doit être isolé jusqu'à ce qu'il soit guéri, bien que, de l'avis de chacun, il ne soit pas méchant. Il devrait en être de même pour celui qui a tendance à faire des faux ; mais, dans un cas comme dans l'autre, il ne faudrait pas faire intervenir l'idée de culpabilité. Et c'est là le bon sens même, bien que ce soit une forme de bon sens à laquelle l'éthique et la métaphysique chrétiennes sont hostiles.

Pour juger de l'influence morale d'une institution sur un groupe humain, il nous faut savoir à quel genre d'impulsion obéit cette institution et l'efficacité de cette impulsion. Il arrive qu'elle se révèle au grand jour, mais parfois elle est plus secrète. Un club alpin, par exemple, renferme une impulsion tournée vers l'aventure. Celle d'une société savante sera tournée vers la science. La famille en tant qu'institution renferme la jalousie et l'amour des parents ; un club de football ou un parti politique renferment une impulsion tournée vers la compétition. Mais les deux principales institutions sociales, je veux dire l'Église et l'État, font appel à des motivations psychologiques plus complexes. Le but premier de l'État, c'est d'assurer la sécurité contre les criminels à l'intérieur, et à l'extérieur contre les ennemis. C'est une tendance incoercible chez les enfants de se presser les uns contre les autres quand ils ont peur, et de rechercher la présence d'un adulte pour éprouver un sentiment de sécurité. L'Église a des origines plus complexes. Il est indéniable que la source essentielle des religions, c'est la peur. De nos jours même, à la moindre alarme, les gens tournent leur pensée vers Dieu. La guerre, les épidémies, les naufrages, tout incite à se prosterner. La religion a cependant d'autres séductions que la terreur ; elle fait appel notamment à la bonne opinion de soi-même. Si le christianisme est vrai, le genre humain ne se compose pas de vers de terre aussi pitoyables qu'il semblerait, car les êtres ont de l'importance aux yeux du créateur de l'univers : Dieu se donne la peine d'être satisfait quand les hommes se conduisent bien et mécontent lorsqu'ils se conduisent mal. C'est là un grand honneur qui leur est accordé. Il ne nous viendrait pas à l'idée d'étudier une fourmilière pour savoir quelles sont parmi les fourmis celles qui exécutent ponctuellement leurs présumés devoirs. Nous ne songerions pas davantage à punir les fourmis négligentes en les précipitant dans un brasier. Si Dieu en use ainsi, c'est évidemment pour marquer l'importance qu'il nous accorde. Quel honneur supplémentaire quand il récompense les justes qui se trouvent parmi nous par un bonheur céleste éternel ! Il y a là cette idée relativement moderne : que l'évolution cosmique est entièrement conçue de façon à nous conduire à des fins que nous estimons satisfaisantes, autrement dit à des fins qui nous procurent du plaisir. Il est flatteur pour nous de pouvoir penser que l'univers est sous le contrôle d'un Être qui partage aussi bien nos goûts que nos préjugés.

L'idée de juste

La troisième impulsion contenue dans la religion est celle qui a conduit à l'idée de juste[4]. Je n'ignore pas que bien des libres penseurs traitent cette idée avec beaucoup de respect et soutiennent qu'il faut la sauvegarder alors même que la religion sous sa forme dogmatique tombe en ruine. Je ne suis pas d'accord avec eux sur ce point. L'analyse psychologique de l'idée de juste me paraît révéler qu'elle a pour racines des sentiments peu avouables et qu'on ne doit pas la renforcer en lui accordant l'imprimatur de la raison. Il faut considérer ensemble le juste et l'injuste ; il est impossible d'attirer l'attention sur l'un sans attirer aussi l'attention sur l'autre. Or qu'est-ce que l'injuste, en pratique ? C'est un certain comportement que le troupeau déteste. Un autre comportement, lié à l'idée de justice, est à l'origine d'un système moral raffiné. C'est ainsi que le troupeau se justifie, tire vengeance de ceux qui lui déplaisent, et les châtie. En même temps, comme le troupeau est par définition juste, il rehausse à ses propres yeux la bonne opinion qu'il a de lui-même au moment même où il libère son penchant pour la cruauté. Telle est la psychologie du lynchage, telle est celle des moyens généralement employés pour punir le criminel. L'essence de l'idée de juste, c'est donc d'offrir une issue au sadisme en affublant la cruauté du masque de la justice.

Mais, dira-t-on, la définition que vous donnez du juste est totalement inapplicable au cas des prophètes juifs. Or ce sont eux, vous le dites vous-même, qui inventèrent cette idée. Le juste, dans la bouche des prophètes juifs, c'était ce qui était approuvé par eux et par Iahvé. On trouve la même disposition d'esprit exprimée dans les Actes des Apôtres, où une déclaration commence par ces mots : *En effet il a paru bon à l'Esprit Saint et à nous*[5]… Cette espèce de certitude personnelle

---

4. En anglais : *righteousness*.
5. Actes, XV, 28.

quant aux goûts et opinions de Dieu ne peut, cependant, constituer la base d'une institution. Ce fut toujours la difficulté à laquelle se heurta le protestantisme : un nouveau prophète pouvait soutenir que sa révélation était plus authentique que celle de ses prédécesseurs, et il ne se présentait rien dans la perspective générale du protestantisme pour démontrer que cette prétention était déraisonnable. Aussi le protestantisme a-t-il éclaté en d'innombrables sectes, qui se sont affaiblies mutuellement, et il y a tout lieu de supposer que d'ici un siècle le catholicisme sera le seul représentant effectif de la foi chrétienne. Dans l'Église catholique, l'inspiration qui possédait les prophètes a sa place marquée ; mais il est reconnu que des phénomènes qui semblent d'inspiration divine peuvent n'être en fait que diaboliques. C'est donc à l'Église de faire le partage, de même qu'on a recours à un expert pour reconnaître un vrai Léonard de Vinci d'un faux. De cette façon, la révélation est transformée en institution. Le juste, c'est ce que l'Église approuve ; l'injuste, c'est ce qu'elle désapprouve.

Il semblerait donc que les trois impulsions contenues dans la religion soient la crainte, la suffisance et la haine. Le but de la religion, pour ainsi dire, c'est de donner un air de respectabilité à ces tendances, à condition qu'elles épousent certains cours. Parce que ces tendances favorisent dans l'ensemble la misère humaine, la religion est une force du mal. Elle autorise en effet les hommes à s'abandonner sans retenue à ces tendances, là où, sans l'appui qu'elle leur apporte, ils auraient pu (du moins jusqu'à un certain point) les contrôler.

Ici se place une objection, que ne feront sans doute pas tous les chrétiens orthodoxes, mais qui vaut la peine d'être examinée. La haine et la crainte sont des traits essentiels de la nature humaine ; l'humanité les a toujours éprouvées et les éprouvera toujours. Le mieux qu'on puisse faire, estimera-t-on, c'est de les diriger selon certains cours, afin de les rendre moins nuisibles. Un théologien chrétien pourrait soutenir que le traitement qu'en propose l'Église ressemble au traitement qu'elle applique à l'impulsion sexuelle (qu'elle déplore). Elle tente de rendre inoffensive la concupiscence en l'emprisonnant dans les limites du mariage. Ainsi, dira-t-on, s'il est inévitable que l'humanité éprouve de la haine, il vaut mieux diriger cette haine contre ceux qui sont méchants, et c'est là précisément ce que fait l'Église avec sa conception de la vertu.

Il existe deux réponses sur ce point litigieux. L'une est relativement superficielle ; l'autre va au fond de la question. La première, c'est que la conception de la vertu telle que la présente l'Église n'est pas la meilleure possible ; la seconde, c'est que la haine et la peur peuvent, dans l'état actuel de nos connaissances et de la technique industrielle, être complètement éliminées de l'existence.

Et d'abord, la conception de la vertu selon l'Église n'est pas souhaitable dans le domaine social, et cela pour plusieurs raisons. En premier lieu — et c'est le plus important — à cause de son mépris de l'intelligence et de la science. Ce défaut, elle l'a hérité des Évangiles. Le Christ nous enjoint de devenir semblables à de petits enfants. Or les petits enfants ne sauraient comprendre le calcul différentiel, ou les principes de la circulation financière, ou les méthodes modernes de prophylaxie. Acquérir ces connaissances n'entre pas dans le cadre de nos devoirs, selon l'Église. L'Église ne soutient plus que la science constitue par elle-même un péché, bien qu'elle ne s'en soit pas privée au temps où elle triomphait. Mais l'acquisition du savoir, même si ce n'est pas à proprement parler un péché, comporte un danger, car elle peut induire en tentation d'orgueil intellectuel, et de là inciter à mettre en question le dogme chrétien. Prenons, par exemple, deux hommes. L'un a fait complètement disparaître la fièvre jaune d'une vaste région des tropiques, mais il a eu au cours de ses travaux des relations amoureuses avec un certain nombre de femmes ; l'autre est un paresseux, un incapable, mais il fait chaque année un enfant à sa femme, jusqu'à ce que celle-ci en meure d'épuisement. Il prend si peu de soin de ses enfants que la moitié d'entre eux succombent à des maladies facilement évitables. Au surplus, il ne se laisse jamais aller à des relations sexuelles interdites. Tout bon chrétien soutiendra donc que le second de ces hommes est plus vertueux que le premier. Une telle façon de penser est, bien entendu, entachée de superstition et absolument contraire à la raison. L'on arrive fatalement à cette absurdité dès l'instant où l'on considère qu'éviter le péché est plus important qu'un mérite positif, et pour peu qu'on fasse fi du savoir en tant qu'auxiliaire d'une vie utile.

La seconde objection, plus essentielle, contre l'utilisation de la crainte et de la haine, c'est que ces passions peuvent désormais être presque totalement extirpées de la nature humaine grâce à des réformes d'ordre éducatif, économique et politique. Les réformes d'ordre éducatif doivent venir d'abord. Car les hommes qui éprouvent de la haine et de la peur auront en même temps de l'admiration pour ces passions et désireront en prolonger l'existence, bien que cette admiration et ce désir soient inconscients, comme c'est le cas chez le commun des chrétiens. Une éducation destinée à extirper la crainte n'est nullement difficile à mettre sur pied. Il faut seulement traiter l'enfant avec bonté, le placer dans un milieu où il peut prendre des initiatives sans qu'il s'ensuive des résultats désastreux, et le préserver de tout contact avec des adultes soumis à des frayeurs irrationnelles, comme l'obscurité, les souris ou la révolution sociale. Il ne faut pas non plus que l'enfant soit soumis à des châtiments sévères, à des menaces ou à des reproches graves ou excessifs. Préserver un enfant de la haine est une affaire un peu plus difficile. Il faut éviter avec soin les situations qui suscitent la jalousie et faire intervenir la notion de justice dans ses rapports avec autrui. Il faut qu'un enfant se sente l'objet d'une chaude affection de la part d'au moins quelques-uns des adultes qui l'entourent, et l'on ne doit pas contrecarrer systématiquement ses activités et ses curiosités naturelles, sauf lorsque sa vie ou sa santé sont en jeu. Il ne doit exister en particulier aucun tabou dans le domaine de l'éducation sexuelle. Si l'on se conforme à ces principes tout simples dès le départ, l'enfant sera courageux et amical.

En entrant dans l'âge adulte toutefois, l'adolescent ainsi élevé se trouvera plongé dans un monde saturé d'injustice et de cruauté, plein d'une misère à laquelle on pourrait remédier. L'injustice, la cruauté, la misère qui se trouvent dans le monde moderne sont un héritage du passé, et leur source dernière est d'ordre économique, puisque la lutte pour la vie afin de se procurer les moyens de subsister était autrefois de règle. Elle n'est plus inévitable de nos jours. La technique industrielle actuelle nous permet, si nous le voulons, de fournir à chacun des moyens d'existence acceptables. Nous pourrions aussi assurer la stabilité de la population du globe si ne s'y opposait l'influence politique de l'Église qui préfère la guerre, les épidémies et la famine à la contraception. Nous sommes en possession de connaissances qui peuvent assurer le bonheur universel ; le principal obstacle à leur utilisation, c'est l'enseignement de la religion. La religion empêche nos enfants de recevoir une instruction fondée sur la raison ; la religion nous empêche d'éliminer les causes essentielles de la guerre ; la religion nous empêche d'enseigner la morale de la coopération scientifique à la place des vieilles et féroces doctrines du péché et du châtiment. Il se peut que l'humanité soit au seuil de l'âge d'or ; mais il sera d'abord nécessaire de mettre à mort le dragon qui en garde la porte, et ce dragon, c'est la religion.

Ce que je crois[1]

La nature et l'homme

L'homme est une partie de la Nature, et non pas quelque chose qui fait contraste avec la Nature. Son corps et les mouvements de son corps obéissent aux mêmes lois que celles qui régissent le mouvement des étoiles et des atomes. Le monde physique est vaste, comparé à l'Homme — plus vaste qu'on ne le supposait à l'époque de Dante, mais non aussi vaste qu'il paraissait il y a cent ans. A la fois vers le haut et vers le bas, dans l'infiniment grand comme dans l'infiniment petit, la science paraît atteindre des limites. On pense que l'univers est d'une étendue limitée dans l'espace, dont la lumière pourrait faire le tour en quelques centaines de millions d'années. On pense que la matière se compose d'électrons et de protons, qui sont de dimension limitée et dont le nombre est également limité. Il est probable que leurs modifications ne sont pas continues, comme on l'a cru, mais obéissent à des *quanta*, qui ne sont jamais inférieurs à un certain *quantum* minimum. Les lois qui régissent ces modifications peuvent apparemment être résumées en un petit nombre de principes très

1. *Ce que je crois* fut publié sous la forme d'un petit livre en 1925. Russell écrivait dans la préface : « J'ai tenté de dire ce que je pense de la place de l'homme dans l'univers, et de ses possibilités de mener à bien une vie utile… Dans les affaires humaines, nous voyons des forces s'activer en faveur du bonheur, d'autres forces en faveur de la misère. Nous ne savons lesquelles domineront, mais pour agir conformément à la sagesse, nous devons avoir conscience des unes et des autres. » Lors de l'action en justice de 1940, à New York, contre Russell, *Ce que je crois* fut présenté comme un des livres prouvant que Russell n'était pas digne d'enseigner au Collège de la Ville. Des extraits en furent largement cités par la presse, et de manière à donner, bien entendu, une fausse idée des conceptions de l'auteur.

généraux, qui définissent le passé et l'avenir du monde, pour peu que l'on connaisse un petit fragment de son histoire.

La physique s'approche ainsi du stade où elle sera achevée, et donc inintéressante. Une fois établies les lois gouvernant le mouvement des électrons et des protons, le reste relève purement de la géographie — un groupe de faits particuliers indiquant leur répartition à travers un fragment de l'histoire du monde. Le nombre total de faits géographiques exigé pour déterminer l'histoire du monde est probablement limité ; théoriquement, on pourrait tous les inscrire dans un gros livre qu'on conserverait à Somerset House, avec une machine à calculer qui, lorsqu'on tournerait une manivelle, donnerait à qui le désire le moyen de découvrir les événements d'autres époques que celles qui y seraient enregistrées. Il est difficile d'imaginer chose moins intéressante ou plus éloignée des jouissances et de la passion que procure une découverte inachevée. Cela fait penser à quelqu'un qui entreprendrait l'ascension d'une haute montagne pour ne trouver au sommet qu'un restaurant où l'on vend de la limonade, immergé dans le brouillard mais équipé d'un poste de radio. Peut-être, à l'époque d'Ahmes, la table de multiplication était-elle passionnante !

De ce monde physique, en soi inintéressant, l'homme est une part. Son corps, comme toute la matière, se compose d'électrons et de protons, qui, pour autant qu'on le sache, obéissent à ces mêmes lois qui rendent compte de tous les phénomènes naturels. Il est des gens pour soutenir que la physiologie ne pourra jamais être réduite à la physique, mais leurs arguments ne sont pas très convaincants et il paraît prudent de supposer qu'ils se trompent. Ce que nous appelons nos *pensées* semble dépendre de traces imprimées dans notre cerveau, de même que les voyages dépendent des routes et des voies ferrées. L'énergie utilisée pour penser semble être d'origine chimique ; un manque d'iode, par exemple, transformera un homme intelligent en un idiot. Les phénomènes mentaux semblent liés à la structure de la matière. S'il en est ainsi, nous ne pouvons supposer qu'un électron ou un proton solitaires puissent *penser* ; on pourrait aussi bien admettre qu'un individu isolé fût capable à lui seul de jouer un match de football. Pas davantage nous ne pouvons imaginer que la pensée puisse survivre à la mort du corps, puisque la mort détruit l'organisation cérébrale et disperse l'énergie qui suivait les *traces* imprimées dans notre cerveau.

Dieu et l'immortalité, dogmes placés au centre de la religion chrétienne, ne trouvent aucun appui auprès de la science. L'on ne saurait dire que l'un ou l'autre de ces dogmes soit essentiel à l'établissement d'une religion, car on ne les trouve pas dans le bouddhisme, par exemple. (En ce qui concerne l'immortalité, cette affirmation sous sa forme absolue peut induire en erreur, mais elle est correcte néanmoins.) Nous autres, en Occident, nous en sommes venus à les considérer comme la place forte inexpugnable de la théologie. Il n'est pas douteux qu'on continue à entretenir ces croyances parce qu'elles sont agréables, de même qu'il nous est agréable de penser que nous sommes l'incarnation de la vertu, et nos ennemis celle du mal ! Quant à moi, je ne vois aucune raison pour qu'il en soit ainsi ni dans un cas ni dans l'autre. Je ne suis pas à même de démontrer que Dieu n'existe pas, mais je ne puis démontrer non plus que Satan soit une fiction. Il se peut que le dieu des chrétiens existe ; il se peut qu'il en soit de même des dieux de l'Olympe, ou de ceux de l'ancienne Égypte, ou de Babylone. Mais aucune de ces hypothèses n'a un caractère de probabilité plus grand que l'autre : elles se situent hors de la région d'une connaissance probable et à égalité, et donc il n'y a pas de raison d'en examiner aucune. Je ne développerai pas ce thème, car je l'ai traité ailleurs[2].

La question de l'immortalité personnelle se présente d'une façon différente. Ici la preuve est possible. Les êtres humains faisant partie du monde quotidien qui intéresse la science, les conditions qui définissent leur existence sont tangibles. Une goutte d'eau n'est pas immortelle ; elle se transforme en oxygène et en hydrogène. Si quelqu'un soutenait qu'une goutte d'eau possède une âme intrinsèque qui survit à sa dissolution, nous serions portés à quelque scepticisme. Nous savons évidemment que le cerveau n'est pas immortel et que l'énergie dont dispose un corps, démobilisée par la mort, est désormais indisponible. Tous les signes tendent à montrer que ce que nous regardons comme notre vie mentale est lié à une structure cérébrale et à une énergie corporelle organisées. Il est donc raisonnable de supposer que la vie

---

2. Voir ma *Philosophie de Leibniz*, chapitre XV.

mentale s'arrête quand s'arrête la vie du corps. L'argument ne relève que de la probabilité, mais il est d'une certaine force.

Il existe plusieurs points sur lesquels on peut attaquer cette conclusion. Les métapsychistes déclarent posséder une preuve véritablement scientifique de notre survie, et sans doute leur façon de démontrer est scientifiquement correcte, en principe. Une preuve dans cet ordre serait si écrasante que nul homme doué d'esprit scientifique ne pourrait la rejeter. Le poids d'une telle preuve est cependant subordonné à la solidité de l'hypothèse sur laquelle cette preuve repose. Il existe différentes manières d'expliquer les phénomènes, et parmi celles-ci nous préférons d'instinct celles qui conduisent à la conclusion, selon nous, la moins improbable. Ceux qui spontanément jugent vraisemblable l'existence d'esprits désincarnés seront tout prêts à regarder cette hypothèse comme la meilleure explication des phénomènes qui appartiennent à la métapsychique. Ceux qui considèrent cette hypothèse comme improbable chercheront naturellement d'autres explications. Pour ma part, je considère les preuves avancées par les métapsychistes, en faveur de la survie, comme beaucoup plus faibles que celles apportées par leurs adversaires. Mais j'admets absolument qu'elles puissent à tout instant devenir plus fortes. En ce cas, il serait contraire à l'esprit scientifique de ne pas croire en la survie.

La survie à la mort corporelle est cependant un sujet différent de l'immortalité, car elle peut ne signifier qu'un simple ajournement de la mort psychique. Or c'est en l'immortalité que l'homme veut croire. Les partisans de l'immortalité adressent des objections aux arguments des physiologistes, dont nous avons fait état. Ils affirment que l'âme et le corps sont d'essences différentes, que l'âme est autre chose que les manifestations que nous extériorisons par le truchement de nos organes corporels. Je ne vois là pour ma part qu'une illusion d'origine métaphysique. L'esprit, la matière, ce sont des termes commodes, mais ils ne constituent pas des réalités dernières. Les électrons et les protons, comme l'âme, sont des fictions logiques : chacune de ces notions représente une histoire, une suite d'événements, et non pas une entité singulière et permanente. Dans le cas de l'âme, les phases de la croissance humaine prouvent qu'il en est de même. Quiconque envisage la conception, la gestation et l'enfance ne peut croire sérieusement que l'âme soit quelque chose d'indivisible, de parfait et d'achevé tout au long de ce développement. Il est évident qu'elle croît comme le corps, et qu'elle dérive à la fois du spermatozoïde et de l'ovule, de manière indivisible. Il n'est pas question ici de matérialisme. Il s'agit simplement de reconnaître que tout ce qui a une valeur vitale est le résultat d'un processus d'organisation, et nullement une substance primitive.

Les métaphysiciens ont proposé des arguments innombrables afin de prouver que l'âme est immortelle. Rien n'est plus facile que de réduire à néant leurs arguments, car ces arguments, s'ils étaient valables, prouveraient également que l'âme doit occuper tout l'espace. Mais comme nous ne sommes pas aussi désireux d'être volumineux que de vivre longtemps, aucun des métaphysiciens en question ne s'est jamais arrêté à cette application de son raisonnement. C'est là un exemple du pouvoir étonnant du désir qui aveugle même des hommes très compétents et les fait tomber dans des erreurs qui autrement se révéleraient immédiatement comme telles. Si nous n'avions pas peur de la mort, je ne crois pas que serait jamais née l'idée d'immortalité.

Le sentiment de la peur est à l'origine de toute religion et il explique en bien des cas le comportement des humains. La peur, que ce soit à titre individuel ou collectif, s'inscrit dans le filigrane de la vie sociale. C'est cette peur très particulière qui donne naissance à la religion. L'antithèse entre l'esprit et la matière est, comme nous l'avons reconnu, plus ou moins illusoire. La véritable antithèse, c'est celle qui existe entre les choses que nos désirs peuvent modifier et celles sur lesquelles ils ne peuvent rien. La ligne de partage n'est évidemment ni nette ni immuable. Mais à mesure que la science progresse, il y a de plus en plus de choses qui tombent sous le contrôle de l'homme. Il en est pourtant qui, du fait de leur nature même, échapperont toujours à notre prise : notamment les phénomènes à l'échelle macroscopique, ceux par exemple dont s'occupe l'astronome. Ce ne sont guère que les phénomènes qui se déroulent à la surface de la terre, ou dans une proximité immédiate, que nous pouvons jusqu'à un certain point modifier dans le sens de nos désirs. Or, même dans ce domaine, nos pouvoirs sont limités. Nous ne pouvons éviter la mort, mais souvent, et de plus en plus, nous parvenons à en retarder l'échéance.

La religion est une tentative de surmonter cette antithèse. Si Dieu contrôle le monde, si Dieu peut être touché par la prière, nous acquérons une part de son omnipotence. Jadis, des miracles répondaient à la prière ; ils interviennent encore dans l'Église catholique, mais les protestants ont perdu ce pouvoir. Pourtant il est possible de se passer des miracles, car la Providence a décrété que le déroulement des lois naturelles produirait les résultats les meilleurs. Ainsi la croyance en Dieu sert encore à humaniser la nature, et à donner aux hommes le sentiment que les forces physiques sont vraiment leurs alliées. Ainsi l'immortalité fait disparaître la peur de la mort. Ceux qui croient qu'à leur mort ils connaîtront une félicité éternelle, on peut supposer qu'ils envisagent ce terme sans être frappés d'horreur. Heureusement pour les médecins, il n'en va pas toujours ainsi ! Cette croyance allège quelque peu les craintes humaines, mais elle ne parvient jamais à les apaiser complètement.

La religion, puisque telle est son origine, a conféré une sorte de dignité à la peur et a amené les hommes à la subir sans honte. En quoi elle a rendu un fort mauvais service aux hommes, car toute crainte est néfaste. Je crois qu'à ma mort, je me décomposerai et que mon moi ne survivra pas. Je ne suis plus jeune, et pourtant j'aime la vie. Mais je me mépriserais de frissonner de terreur à la pensée de l'anéantissement. Le bonheur n'en est pas moins un bonheur pour être soumis à une fin. Ni la pensée ni l'amour ne perdent de leur valeur pour n'être pas éternels. De nombreux humains se sont courageusement comportés sur l'échafaud. Que ne sommes-nous animés par le même courage quand nous nous interrogeons sur la place de l'homme dans le monde !

La philosophie de la nature est une chose, la philosophie de la valeur en est une autre. Rien ne peut être plus funeste que leur confusion. Ce que nous considérons comme bon, ce que nous aimerions, n'a aucune relation avec ce qui existe, qui appartient à la philosophie de la nature. Or l'on ne saurait nous interdire d'accorder de la valeur à ceci ou cela sous prétexte que le monde non humain est indifférent à ces valeurs, et nous ne sommes forcés non plus d'admirer quelque chose sous prétexte que cette chose exprime une loi de la nature. Nous faisons incontestablement partie de la nature qui a créé nos désirs, nos espoirs et nos craintes, conformément à des lois que le physicien commence à découvrir. En ce sens nous sommes une partie de la nature, nous sommes subordonnés à la nature, le résultat de lois naturelles, et à la longue leurs victimes.

La philosophie de la nature ne doit pas s'attacher par trop à la terre ; pour elle, la terre n'est qu'une des plus petites planètes parmi les milliards d'étoiles qui composent la Voie Lactée. Il serait ridicule de gauchir la philosophie de la nature à seule fin de mettre en évidence des particularités agréables aux parasites minuscules d'une insignifiante planète. Le vitalisme en tant que philosophie, et l'évolutionnisme, manquent à cet égard du sens des proportions et de pertinence logique. Ils considèrent les faits de la vie, qui nous intéressent personnellement, comme ayant une signification cosmique et non pas une signification limitée à la surface de la terre. L'optimisme et le pessimisme, en tant que philosophies cosmiques, manifestent un anthropocentrisme naïf ; le vaste monde, pour autant que nous le connaissons par la philosophie de la nature, n'est ni bon ni mauvais, et ne s'occupe pas de nous rendre heureux ou malheureux. Toutes ces philosophies ont leur origine dans la haute importance que l'homme s'accorde, et un peu d'astronomie corrige aisément cette erreur d'optique.

Mais dans la philosophie de la valeur la situation est renversée, la Nature ne représentant qu'une partie de ce que nous sommes capables d'imaginer. Tout ce qui est réel ou imaginaire, nous pouvons l'évaluer, et il n'existe pas de critère objectif pour prouver que notre évaluation est erronée. Nous sommes les arbitres ultimes et irréfutables de la valeur, et dans le monde de la valeur la Nature n'est qu'une partie. Ainsi donc, dans ce monde nous surpassons la Nature. Dans le monde des valeurs, la Nature elle-même est neutre, ni bonne ni mauvaise et ne mérite ni l'admiration ni le blâme. C'est nous qui créons la valeur et ce sont nos désirs qui informent la valeur. Dans ce royaume où nous sommes des rois, nous dégradons notre titre si nous nous abaissons devant la Nature. C'est à nous de prendre le parti de mener une vie vertueuse, et non pas à la Nature de nous y enjoindre — fût-elle identifiée à la personne de Dieu.

La vie vertueuse

A toutes les époques, et parmi les peuples les plus différents, l'on trouve des conceptions très variées de la vie vertueuse. Dans une certaine mesure, ces conceptions relèvent de la discussion, quand, par exemple, les hommes diffèrent sur le choix des moyens propres à atteindre une fin donnée. Certains estiment que la prison est une bonne manière de faire obstacle au crime ; d'autres considèrent que l'éducation serait préférable. Une contradiction de ce genre ne pourrait être résolue qu'à l'aide d'une preuve suffisante. Mais il est des contradictions dont on ne peut venir à bout de cette façon. Tolstoï condamnait toute guerre ; d'autres ont considéré que la vie d'un soldat qui se bat pour le droit est très noble. Ceux qui adressent des éloges à ce soldat considèrent d'ordinaire que le châtiment du pécheur est en soi une bonne chose ; Tolstoï n'était pas de cet avis. Sur de tels sujets, la discussion n'est pas possible. Je ne puis donc prouver que mon opinion sur la vie vertueuse est juste ; je ne puis qu'exposer mon opinion et espérer que s'y rallieront le plus possible de gens. Mon opinion est celle-ci : la vie vertueuse est celle qu'inspire l'amour et que guide le savoir.

Le savoir et l'amour sont des notions extensibles à l'infini ; aussi, quelle que vertueuse que puisse être une vie, on peut en concevoir une encore plus vertueuse. L'amour sans le savoir, ou le savoir sans l'amour peuvent procurer une vie vertueuse. Au moyen âge, quand la peste apparaissait dans un pays, des hommes pieux conseillaient à la population de se réunir dans les églises et de prier pour qu'elle disparaisse ; il s'ensuivait que le mal se répandait avec une rapidité extraordinaire parmi les suppliants ainsi rassemblés. C'est là un exemple d'amour sans savoir. La dernière guerre fournit un exemple de savoir sans amour. Dans l'un et l'autre cas, le résultat fut la mort à une grande échelle.

Bien que l'amour et le savoir soient tous deux nécessaires, l'amour en un sens est plus essentiel, puisqu'il peut amener les gens intelligents à la recherche du savoir afin de découvrir comment faire du bien à ceux qu'ils aiment. Mais si les gens ne sont pas intelligents, ils se contenteront de croire ce qu'on leur dit et ils peuvent faire du mal en dépit de la plus réelle bonne volonté. La médecine fournit peut-être le meilleur exemple de ce que j'avance. Un médecin compétent a plus d'utilité pour un malade que l'ami le plus dévoué, et le progrès dans le domaine de la science médicale fait plus pour la santé d'une communauté que la philanthropie mal dirigée. Pourtant un peu de bonne volonté est essentielle même dans ce cas (si l'on veut que les riches ne soient pas seuls à profiter des découvertes scientifiques).

L'amour est un mot qui englobe une grande variété de sentiments ; je l'ai employé à dessein, car je désire inclure tous ces sentiments. L'amour en tant qu'émotion — et c'est celui dont je parle, car l'amour en tant que principe ne me semble pas authentique — oscille entre deux pôles : d'un côté, la joie qu'on trouve dans la contemplation ; de l'autre, la pure bonne volonté. Là où entrent en ligne de compte des objets inanimés, la joie seule intervient ; nous n'éprouvons pas de bonne volonté envers un paysage ou une sonate. Cette sorte de jouissance constitue sans doute une des sources de l'art. Elle est en général plus forte chez les enfants très jeunes que chez les adultes, qui sont portés à regarder les objets en fonction de leur utilité. Elle joue un large rôle dans nos sentiments à l'égard des êtres, dont certains ont du charme et d'autres en sont dénués, quand on les considère simplement comme les objets d'une contemplation esthétique.

Le pôle opposé de l'amour est la pure bonne volonté. Des hommes ont sacrifié leur vie pour venir en aide aux lépreux ; en ce cas l'amour qu'ils éprouvaient ne comportait pas trace de jouissance esthétique. L'affection des parents s'accompagne en général de plaisir lorsque l'enfant est devant eux, mais subsiste néanmoins quand cet élément est absent. On trouverait étrange d'appeler *bonne volonté* l'intérêt que porte une mère à son enfant malade, car nous utilisons d'ordinaire ce mot pour définir une émotion assez pâle, qui est pour les neuf dixièmes une mystification. Mais on trouve difficilement un autre mot pour définir le désir de faire du bien à autrui. C'est un fait qu'un désir de ce genre peut atteindre un degré illimité lorsqu'il s'agit de l'amour des parents. En d'autres cas, il est beaucoup moins intense. Il est vraisemblable que toute émotion altruiste est une sorte d'extension de l'amour des parents, ou parfois en est une sublimation. A défaut d'un mot plus juste, j'appellerai cette émotion *bonne volonté*. Mais qu'on me comprenne bien, je parle d'une émotion et non d'un principe, et je n'y introduis aucunement le sentiment de supériorité auquel on voit parfois le mot associé. Le mot sympathie exprime en partie ce que je veux dire, mais exclut l'aspect actif que je désire y mettre.

L'amour à son comble est un mélange indissoluble de ces deux éléments, la jouissance et le dévouement. Le plaisir qu'éprouve l'un des parents devant un bel enfant heureux est un mélange des deux éléments ; il en est de même de l'amour sexuel dans le meilleur des cas. Mais dans l'amour sexuel, la générosité ne paraîtra que là où il y a possession assurée, car autrement la jalousie le détruira, tout en augmentant peut-être la jouissance de la contemplation. La jouissance sans bonté peut être cruelle ; la bonté sans jouissance a tendance à devenir froide et à affecter des airs un peu supérieurs. Quelqu'un qui désire être aimé désire être l'objet d'un amour qui renferme ces deux éléments, sauf dans les cas d'extrême faiblesse, comme la petite enfance ou la maladie grave. Inversement, dans les cas de force extrême, on désire plus l'admiration que la générosité ; tel est l'état d'esprit des tyrans et aussi des grandes coquettes. Nous ne désirons voir les autres s'intéresser à nous que dans la mesure où nous sentons que nous avons besoin d'aide, ou s'il est en leur pouvoir de nous faire du mal. Du moins, il semblerait que telle devrait être la logique biologique, mais ce n'est pas conforme à la vie. Nous recherchons l'affection afin d'échapper à la sensation de solitude, afin d'être compris, comme nous disons. C'est là une affaire de sympathie, et non pas simplement de générosité ; quelqu'un dont l'affection nous satisfait doit non seulement nous manifester de bons sentiments, mais savoir aussi en quoi réside notre bonheur. Or cela relève de l'autre élément de la vie bienheureuse, je veux dire le savoir.

Dans un monde parfait, tout être doué de sensibilité devrait être pour tous les autres l'objet de l'amour le plus large, un composé de joie, de générosité et de compréhension inextricablement fondues. Il ne s'ensuit pas que, dans le monde tel qu'il est, nous devions tenter d'éprouver ces sentiments envers tous les êtres doués de sensibilité que nous rencontrons. Il en est beaucoup auprès desquels il nous est impossible d'éprouver de la joie, parce qu'ils sont répugnants ; s'il nous fallait faire violence à notre nature en tentant de découvrir chez eux de beaux côtés, nous ne ferions qu'émousser notre faculté de réagir en face de ce que nous trouvons naturellement beau. Sans même mentionner les êtres, il existe des puces, des punaises et des limaces. Il nous faudrait être aussi vivement sollicité que le Vieux Marin[3] pour pouvoir éprouver de la joie dans la contemplation de ces bestioles. Il y eut des saints, il est vrai, qui les appelèrent les *perles de Dieu*, mais ce qui plaisait à ces hommes, c'était l'occasion de faire étalage de leur sainteté.

---

3. Allusion au célèbre poème de Coleridge *The Ancient Mariner*. (*N.d.E.*)

Il est facile de pousser fort loin la générosité, mais même la générosité a des limites. Si un homme désire épouser une femme, nous n'aurions pas d'estime particulière pour lui s'il se retirait à l'annonce que quelqu'un d'autre désire également l'épouser ; nous verrions là un domaine propre à une loyale compétition. Or les sentiments qu'on éprouve à l'égard d'un rival ne peuvent être totalement généreux. J'estime que dans toutes les définitions de la vie bienheureuse, il faut faire entrer un certain élan, un instinct animal, sans quoi la vie devient fade et sans intérêt. Il faudrait que la civilisation vînt s'y ajouter et non pas s'y substituer ; l'ascète et le sage détachés de tout ne parviennent pas à cet égard à la qualité d'êtres parfaitement humains. En petit nombre, ils peuvent enrichir une société ; mais un monde qui en serait exclusivement composé mourrait d'ennui.

Ces considérations amènent à mettre l'accent sur la joie comme l'une des composantes de l'amour le plus beau. La joie, dans ce monde-ci, est inévitablement sélective, et nous interdit d'éprouver les mêmes sentiments envers tout le genre humain. Quand des conflits s'élèvent entre la joie et la générosité, il faut en général qu'intervienne un compromis et non pas la soumission absolue de l'une à l'autre. L'instinct a des droits, et si nous lui faisons violence au-delà d'un certain point, il prend sa revanche par des biais subtils. Aussi lorsqu'on aspire à une vie bienheureuse, faut-il avoir présentes à l'esprit les limites des capacités humaines. Et nous voici ramenés à la nécessité du savoir.

Quand je parle du savoir en tant qu'élément de la vie bienheureuse, je ne pense pas au savoir éthique mais au savoir scientifique et à la connaissance de faits particuliers. Je ne crois pas qu'il y ait à proprement parler rien qui ressemble à un savoir éthique. Si nous désirons agir en vue d'une fin donnée, le savoir peut nous éclairer sur les moyens d'y parvenir, et ce savoir peut vaguement passer pour éthique. Mais je ne crois pas que nous puissions décider si une conduite est bonne ou mauvaise sans nous référer à ses conséquences probables. Étant donné une fin, c'est à la science de découvrir comment la réaliser. Toutes les règles morales doivent être soumises à un examen pour savoir si elles tendent vers les fins que nous désirons. Je dis les fins que nous désirons, non pas les fins que nous *devrions* désirer. Ce que nous devrions désirer n'est, en fait, que ce que quelqu'un d'autre souhaite nous voir désirer. D'ordinaire, c'est ce que les autorités — parents, professeurs, policiers, juges — souhaitent nous voir désirer. Si vous me dites : « Vous devriez faire telle ou telle chose », le moteur de votre injonction réside dans la supposition que je désire votre approbation — en même temps peut-être que les récompenses ou les punitions qui dépendent de votre approbation ou de votre désapprobation. Puisque tout comportement naît du désir, il est clair que les conceptions éthiques n'ont pas d'importance, sauf dans la mesure où elles influencent le désir. Elles y parviennent parce qu'on désire être approuvé et que l'on craint d'être désapprouvé. Ce sont là des forces sociales puissantes et il nous faudra naturellement nous efforcer de les négliger si nous désirons parvenir à une réussite sociale. Quand je dis qu'on doit juger de la moralité d'une conduite d'après ses conséquences probables, je veux dire que je désire voir l'approbation aller à un comportement qui a des chances d'aboutir dans le sens des fins sociales que nous désirons, et la désapprobation aller au comportement contraire. Il est rare qu'il en aille de la sorte, car il existe des règles traditionnelles selon lesquelles l'approbation et la désapprobation sont distribuées sans qu'on tienne aucun compte de leurs conséquences. Mais c'est là un sujet dont nous traiterons dans le prochain chapitre.

L'inutilité d'une éthique théorique est manifeste dans des cas simples. Supposons, par exemple, que votre enfant soit malade. Votre amour vous fait désirer qu'il guérisse, et la science vous apprend comment vous y prendre. Il n'existe pas de phase intermédiaire, et qui relèverait uniquement d'une éthique théorique. Votre acte naît directement d'un désir adapté à une fin en même temps que de la connaissance des moyens. Cela est également vrai de tous les actes, qu'ils soient bons ou mauvais. La fin diffère, et la connaissance est plus adéquate en certains cas qu'en d'autres. Mais on ne conçoit pas de moyen capable de faire faire aux gens ce qu'ils ne veulent pas faire. Ce qui est possible, c'est de modifier leurs désirs grâce à un système de récompenses et de punitions, parmi lesquelles l'approbation et la désapprobation ne sont pas les moins puissantes. Pour le moraliste normatif, la question se présente donc ainsi : comment organiser ce système de récompenses et de punitions de façon à obtenir le maximum de ce que désire l'autorité normative ? Si je dis que l'autorité normative a des désirs pernicieux, j'entends simplement que ses désirs entrent en conflit avec ceux d'une partie de la société à laquelle j'appartiens. En dehors des désirs humains, il n'existe pas de critère moral.

Ainsi donc, ce qui distingue l'éthique de la science, ce n'est pas un ordre de connaissance spécial mais simplement le désir. La connaissance qu'exige l'éthique est exactement semblable à toute autre. Ce qui lui est propre, c'est que certaines fins particulières sont recherchées, et que la bonne conduite est celle qui y mène. Naturellement, si l'on veut que la définition de la bonne conduite soit attrayante, les fins doivent être de celles que désirent de larges secteurs de l'humanité. Si je disais que la bonne conduite est celle qui accroît mon propre revenu, les lecteurs en disconviendraient. Toute l'efficacité d'un argument éthique repose sur sa partie scientifique, c'est-à-dire la preuve qu'un genre de conduite plus qu'un autre est un moyen adapté à une fin fortement désirée. Je distingue pourtant l'argument éthique de l'éducation éthique. Cette dernière consiste à renforcer certains désirs et à en affaiblir d'autres. Il s'agit là d'un procédé tout à fait différent, dont nous parlerons plus tard.

Nous sommes à même, désormais, d'expliquer avec plus d'exactitude le sens de la définition appliquée à la vie bienheureuse qui se trouve au début de ce chapitre. Quand j'ai dit que la vie vertueuse, c'est l'amour guidé par la connaissance, le désir qui me poussait, c'était le désir de mener une vie de ce genre autant qu'il est possible, et de voir les autres en faire autant ; et le contenu logique d'une telle affirmation, c'est que, dans une société où des hommes vivent ainsi, plus de désirs seront satisfaits que dans celle où existent moins d'amour et moins de connaissance. Je ne prétends pas qu'une telle vie soit *vertueuse* ou que son contraire soit une vie *pécheresse*. Ces notions me semblent en effet dénuées de toute justification scientifique.

Des règles morales

Le besoin pratique d'une morale résulte d'un conflit de désirs, soit entre personnes différentes, soit chez une même personne à des moments différents ou encore au même moment. Tel homme désire s'enivrer, mais aussi être en forme pour aller travailler le lendemain matin. Nous le considérons comme immoral s'il choisit le parti qui donne à son désir la satisfaction totale la plus facile. Nous avons mauvaise opinion des gens extravagants ou insouciants, même s'ils ne font de mal qu'à eux-mêmes. Bentham pensait que toute la morale pouvait résulter de l'intérêt égoïste bien compris, et que quelqu'un qui agissait toujours en vue d'un maximum de satisfaction personnelle finirait à la longue par agir toujours justement. Je ne puis me ranger à ce point de vue. Il a existé des tyrans qui trouvaient un plaisir exquis à voir infliger des tortures ; je ne puis louer ces hommes qui épargnaient prudemment la vie de leurs victimes en vue de les faire souffrir encore un autre jour. Cependant, toutes choses étant égales d'ailleurs, la prudence fait partie d'une vie équilibrée. Même Robinson Crusoé eut l'occasion de faire preuve d'activité, de sang-froid et de prévoyance, ce qu'il faut bien compter au nombre des qualités morales, puisqu'elles accrurent son bien-être sur tous les plans sans, en contrepartie, faire de mal à autrui. Cette partie de la morale joue un grand rôle dans l'éducation des jeunes enfants, qui sont peu portés à se préoccuper de l'avenir. Si on la pratiquait davantage à l'âge adulte, le monde deviendrait rapidement un paradis, car elle suffirait à empêcher complètement les guerres, qui sont des actes de passion, et non de raison. Cependant, en dépit de l'importance de la prudence, ce n'est pas la partie la plus intéressante de la morale. Ce n'est pas non plus celle qui donne naissance aux problèmes intellectuels, puisqu'elle n'exige rien qui fasse appel à quoi que ce soit au-delà de l'égoïsme.

La partie de la morale qui n'est pas incluse dans la prudence est, par essence, de même nature que la loi ou les règlements d'un club. C'est une méthode destinée à rendre les hommes capables de vivre ensemble en société en dépit de conflits de désirs possibles. Mais ici se présentent deux méthodes très différentes. Il y a la méthode de juridiction criminelle qui vise à une harmonie purement extérieure et lie des conséquences fâcheuses aux actes qui contrecarrent d'une certaine manière les désirs d'autrui. Telle est aussi la méthode de la censure sociale : être mal considéré par son propre groupe est une forme de châtiment, et pour y échapper la plupart des gens évitent qu'on ne sache qu'ils transgressent le code en usage. Mais il existe une autre méthode, qui va plus à l'essentiel, et qui est bien plus satisfaisante quand elle réussit. Elle consiste à modifier le caractère et les désirs de façon à diminuer les possibilités de conflit en rendant autant que possible l'aboutissement des désirs de chacun compatible avec ceux d'autrui. Voilà pourquoi l'amour est préférable à la haine, car il apporte l'harmonie à la place d'un conflit de désirs. Deux personnes liées par l'amour réussissent ou échouent ensemble, mais quand deux personnes se haïssent, la réussite de l'un, c'est l'échec de l'autre.

Si nous avons vu juste en disant que la vie bienheureuse s'inspire de l'amour et est guidée par la connaissance, il est clair que le code moral de toute société n'est pas fondamental et ne se suffit pas à lui-même. Il faut encore l'examiner pour voir s'il est tel que la sagesse et la générosité l'eussent dicté. Les Aztèques considéraient qu'un pénible devoir leur imposait de manger de la chair humaine, de peur que la lumière du soleil ne vînt à s'obscurcir. Leur science était en défaut ; et peut-être se fussent-ils rendu compte de leur erreur scientifique s'ils avaient éprouvé quelque amour envers les victimes offertes en sacrifice. Certaines tribus enferment des jeunes filles dans l'obscurité depuis l'âge de dix ans jusqu'à dix-sept ans, par crainte que les rayons du soleil ne les fécondent. Mais, dira-t-on, nos codes de morale modernes ne contiennent sûrement rien qui ressemble à ces pratiques cruelles ? Sans doute n'interdisons-nous que ce qui est vraiment pernicieux, ou à tout le moins si abominable qu'aucune personne convenable ne pourrait le défendre ? Je n'en suis pas si sûr. La moralité courante est un curieux mélange d'utilitarisme et de superstition, mais l'influence de la superstition est la plus forte, et c'est naturel puisque la superstition est à l'origine des règles morales. L'on considérait autrefois que certains actes irritaient les dieux. Ils furent interdits par la loi, car la colère divine était capable de retomber sur le groupe et non sur les seuls coupables. De là la conception du péché : ce qui irrite Dieu. On ne peut donner aucune raison expliquant pourquoi certains actes ont ce pouvoir ; il serait par exemple très difficile de dire pourquoi il était irritant que le chevreau fût bouilli dans le lait de sa mère. Mais la Révélation enseignait qu'il en était ainsi. Parfois les ordres divins furent curieusement interprétés. Par exemple, on nous commande de ne pas travailler le dimanche, ce que les protestants interprètent comme une interdiction de jouer le dimanche. Mais on attribue la même autorité sublime aussi bien à des interdictions récentes qu'à de plus anciennes.

Il est évident qu'un homme possédant des perspectives scientifiques sur l'existence ne peut se laisser intimider par les textes de l'Écriture ou par l'enseignement de l'Église. Il ne se contentera pas de dire : « Tel acte est un péché, cela ne se discute pas. » Il se demandera si cet acte fait du mal ou si au contraire le fait de croire que c'est un péché n'est pas ce qui fait du mal. Et il découvrira que, spécialement dans le domaine sexuel, notre moralité courante contient quantité de choses qui doivent, purement et simplement, leur origine à la superstition. Il découvrira également que cette superstition, comme celle des Aztèques, implique une inutile cruauté et qu'elle serait rejetée si des sentiments bienveillants animaient les gens envers leurs semblables. Mais les défenseurs de la morale traditionnelle sont rarement des gens au cœur ardent, ainsi que le montre l'amour du militarisme que manifestent les dignitaires ecclésiastiques. On est tenté de croire qu'ils estiment la morale dans la mesure où elle offre une issue légitime à leur désir d'infliger de la souffrance. Le pécheur est un bon gibier, donc à bas la tolérance !

Suivons une vie normale depuis la naissance jusqu'à la mort, et soulignons les points où une morale superstitieuse inflige une souffrance évitable. Je commence par la naissance, car ici l'influence de la superstition est particulièrement digne d'attention. Si les parents ne sont pas mariés, l'enfant porte d'emblée un stigmate qu'il ne mérite pas, de toute évidence. Si l'un des parents est atteint d'une maladie vénérienne, il est vraisemblable que l'enfant en héritera. Si leurs revenus sont inférieurs aux frais qu'entraîne le nombre d'enfants qu'ils ont, ce sera la pauvreté, la sous-alimentation, un appartement surpeuplé, vraisemblablement l'inceste. Cependant la grande majorité des moralistes sont d'accord pour affirmer qu'il est préférable que les parents ignorent comment la contraception permet de prévenir ce malheur[4]. Pour satisfaire ces moralistes, on inflige une vie de torture à des millions d'êtres qui n'auraient jamais dû voir le jour, uniquement

---

4. Ceci par bonheur n'est plus vrai. La grande majorité des leaders protestants et juifs ne sont plus hostiles au *birth control*. La déclaration de Russell est une description exacte de ce qui se passait en 1925. Il est également significatif que, à une ou deux exceptions près, tous les grands pionniers de la contraception — Francis Place, Richard Carlile, Charles Knowlton, Charles Bradlaugh et Margaret Sanger — furent d'éminents libres penseurs. (Note de Paul Edwards.)

parce que l'on imagine que les relations sexuelles que n'accompagne pas le désir d'engendrer sont un signe de perversité, mais tel n'est pas le cas si ce désir existe et même s'il est à l'avance certain que l'être ainsi engendré sera un déchet humain. Être assassiné brutalement pour être ensuite mangé, sort qui était celui des victimes aztèques, est une souffrance moindre que celle qu'on inflige à un enfant qui naît dans un milieu misérable et qui a hérité d'une maladie vénérienne. Pourtant, c'est la souffrance la plus sérieuse que de propos délibéré évêques et hommes politiques infligent au nom de la morale. S'ils avaient, ne fût-ce que la plus petite lueur d'amour ou de pitié pour les enfants, il leur serait impossible d'adhérer à un code moral qui implique cette cruauté infernale.

A sa naissance, et pendant les premières années, l'enfant normal souffre plus des conditions économiques que de la superstition. Quand les femmes aisées ont des enfants, elles ont les meilleurs docteurs, les meilleures infirmières, le meilleur régime, le repos et l'exercice les plus salutaires. Les femmes de la classe ouvrière ne jouissent pas de ces avantages, et parce qu'ils leur font défaut leurs enfants meurent souvent en bas âge. Les autorités publiques font un petit quelque chose dans le domaine des soins accordés aux mères, mais vraiment à contrecœur. A un moment où l'on supprime à la mère qui allaite son allocation de lait, afin de faire des économies, les autorités publiques vont dépenser des sommes considérables pour paver les rues de riches circonscriptions résidentielles où le trafic est réduit. Elles savent sûrement qu'en prenant cette décision elles condamnent à mort un certain nombre d'enfants de la classe ouvrière pour crime de pauvreté. Pourtant le parti au pouvoir reçoit l'appui de l'immense majorité des desservants religieux, qui, le pape en tête, ont engagé les forces immenses de la superstition régnant à travers le monde au service de l'injustice sociale.

A tous les stades de l'éducation, l'influence de la religion est désastreuse. Il est des enfants qui pensent par eux-mêmes. L'un des buts de l'éducation, c'est de les guérir de cette mauvaise habitude. *Chut, chut*, répond-on à leurs questions subversives, quand on ne les punit pas de surcroît. On utilise les sentiments collectifs pour que pénètrent en eux certains genres de croyances, et particulièrement celles qui relèvent du nationalisme. Les capitalistes, les militaristes et les ecclésiastiques coopèrent dans le domaine de l'éducation, parce que leur pouvoir repose tout entier sur la prédominance de l'émotion et l'affaiblissement du jugement critique. La nature humaine aidant, l'éducation réussit à augmenter et à intensifier ces penchants chez l'homme moyen.

Il est un autre domaine dans lequel la superstition porte atteinte à l'éducation. C'est l'influence qu'elle exerce sur le choix des maîtres. Pour des raisons d'économie, une femme qui enseigne ne doit pas être mariée ; pour des raisons morales, elle ne doit pas avoir de relations sexuelles en dehors du mariage. Et cependant quiconque a pris soin d'étudier la psychologie névrotique sait que la virginité prolongée est, d'ordinaire, très néfaste pour les femmes, si néfaste que, dans une société équilibrée, on en détournerait sérieusement les professeurs. Les entraves qu'on leur impose entraînent de plus en plus de femmes énergiques et entreprenantes à refuser la profession d'enseignantes. Cela est entièrement dû à cet ascétisme qu'on leur impose, fondé sur la superstition.

Dans les écoles que fréquentent les classes sociales moyennes ou supérieures, c'est encore pire. Il y a des exercices religieux obligatoires, et le soin d'enseigner la morale est un privilège du clergé. Les prêtres, c'est presque fatal, échouent doublement comme professeurs de morale. Ils condamnent des actes qui ne font aucun mal et ils en pardonnent qui font grand mal. Ils condamnent tous les relations sexuelles entre personnes qui ne sont pas mariées, qui s'aiment (mais qui ne sont pas encore sûres de vouloir vivre ensemble toute leur vie). La plupart d'entre eux condamnent le *birth control*. Aucun ne condamne le mari cruel qui provoque la mort de sa femme par des grossesses trop fréquentes. J'ai connu un élégant pasteur dont la femme mit au monde neuf enfants en neuf ans. Les médecins l'avertirent que si elle en avait encore un, elle en mourrait. L'année suivante elle en eut un autre et mourut. Nul ne le condamna. Il conserva sa fonction et se remaria. Tant que des pasteurs continueront à pardonner la cruauté et à condamner un innocent plaisir, ils ne pourront que faire du mal comme gardiens de la morale de la jeunesse.

Un autre effet pernicieux de la superstition sur l'éducation, c'est l'absence d'éducation sexuelle. On devrait expliquer les faits physiologiques essentiels, très simplement et très naturellement, avant la puberté, époque où ils n'ont pas d'influence excitante. Au moment de la puberté, il faudrait enseigner les éléments d'une morale sexuelle dépouillée de toute superstition. On devrait apprendre aux garçons et aux filles que rien ne saurait justifier les relations sexuelles s'il n'y a pas inclination réciproque. C'est contraire à l'enseignement de l'Église qui, si les parties en cause sont mariées et si l'homme veut avoir un autre enfant, justifie les relations sexuelles, quelle que soit la répugnance de la femme. On devrait apprendre aux garçons et aux filles le respect mutuel de leur liberté ; il faudrait leur faire sentir que rien ne donne à un être humain des droits sur autrui, et que la jalousie et l'instinct de possession tuent l'amour. On devrait leur apprendre que c'est une affaire très sérieuse que de mettre au monde un être, et qu'il ne faut l'entreprendre que lorsque les perspectives d'une bonne santé, un bon milieu et l'amour des parents seront assurés à l'enfant. Enfin, on devrait leur apprendre les dangers que présentent les maladies vénériennes, et les méthodes de prévention et de guérison. L'accroissement du bonheur humain qu'on peut espérer d'une telle éducation sexuelle est incommensurable.

On doit reconnaître que, en l'absence d'enfants, les relations sexuelles sont une affaire purement privée, qui ne concerne ni l'État ni les voisins. Il est certaines formes de sexualité qui n'impliquent pas l'engendrement et qui sont actuellement punies par la loi : c'est là pure superstition, car ce sujet ne regarde personne en dehors des intéressés. S'il y a des enfants, c'est une erreur d'imaginer que dans leur intérêt il est nécessaire de rendre le divorce très difficile. L'ivresse chronique, la cruauté, la folie sont des motifs qui rendent le divorce nécessaire aussi bien dans l'intérêt des enfants que dans l'intérêt de la femme ou du mari. L'importance particulière qu'on attache actuellement à l'adultère est parfaitement déraisonnable. Il est évident que l'inconduite, sous bien des formes, est plus fatale au bonheur conjugal qu'une infidélité occasionnelle. L'exigence de la part de l'homme d'avoir un enfant tous les ans, qui selon les conventions n'est pas une inconduite ou de la cruauté, est de toutes l'exigence la plus fatale à ce bonheur.

Les règles morales ne devraient pas être telles qu'elles rendent impossible le bonheur instinctif. Pourtant, c'est à quoi tend la pratique d'une stricte monogamie dans une société où le nombre des partenaires des deux sexes est très inégal. Naturellement, dans ces conditions, on transgresse les règles morales. Mais quand l'obéissance aux règles provoque une grande diminution du bonheur de la société, et quand il vaut mieux les transgresser que les observer, il est temps alors qu'on les change. Si on ne le fait pas, bien des êtres qui n'agissent pas de façon contraire à l'intérêt public continueront de se trouver placés devant la cruelle alternative de l'hypocrisie et de la mauvaise réputation. L'Église ne se préoccupe pas de l'hypocrisie, qui est un tribut flatteur offert à sa puissance. Il n'empêche que l'hypocrisie soit un mal qu'il ne faut pas infliger à la légère.

Plus nocive que la superstition religieuse, nous abordons le sujet de la superstition nationaliste, du devoir des hommes envers un seul État, à l'exclusion de tout autre. Mais je réserve pour l'instant cette question, me bornant à dire que se limiter à ses propres compatriotes, cela est contraire au principe d'amour, où nous voyons l'un des éléments de la vie bienheureuse, telle que nous la concevons. Cela est contraire aussi à un intérêt personnel bien compris, puisqu'un nationalisme exclusif n'est profitable à quiconque, pas même à des nations victorieuses.

Un autre point où notre société souffre de la conception théologique du *péché*, c'est dans la manière de traiter les criminels. L'opinion selon laquelle les criminels sont pervers et *méritent* d'être châtiés est de celles qu'une moralité rationnelle ne saurait défendre. Il est hors de doute que certains commettent des actes que la société réprouve, et qu'elle fait bien d'ailleurs d'interdire dans la mesure du possible. Prenons le meurtre comme exemple le plus frappant. Il est évident, si l'on veut maintenir la cohésion d'une société, si nous voulons profiter des plaisirs et des avantages qu'elle offre, que nous ne pouvons laisser les gens se tuer les uns les autres dès qu'ils ont envie de le faire. Mais ce problème devrait être traité dans un esprit purement scientifique. Nous devrions nous demander simplement : « Quelle est la meilleure façon de prévenir le meurtre ? » De deux méthodes également efficaces, on doit préférer celle qui implique le moindre mal envers le meurtrier. Le mal infligé au meurtrier est parfaitement regrettable, comme la souffrance née d'une opération chirurgicale. Elle peut être nécessaire, mais il n'y a pas lieu de s'en réjouir. Le sentiment de vengeance suscité par l'indignation n'est qu'une forme de cruauté. Faire souffrir un criminel ne saurait se justifier, fût-ce à titre de punition. Si des gestes éducatifs, empreints de bienveillance, montrent la même efficacité, il faut leur donner la préférence ; encore plus le doit-on s'ils sont plus efficaces. Naturellement, la prévention du crime et le châtiment du crime sont deux questions différentes. On fait souffrir le criminel dans le but présumé de le détourner du crime. Si on avait humanisé les prisons au point qu'un prisonnier pût y recevoir gratuitement une bonne éducation, les gens en viendraient à commettre des crimes afin d'être à même d'y entrer. Nul doute que la prison ne doive être moins agréable que la liberté ; mais le meilleur moyen d'obtenir ce résultat, c'est de rendre la liberté plus agréable qu'elle ne l'est à l'heure actuelle. Je ne vais toutefois pas m'embarquer sur la voie de la réforme pénale. Je désire simplement suggérer que nous devrions traiter les criminels comme nous traitons ceux qui sont atteints de la peste. Ils constituent les uns et les autres un danger public, et ils doivent être privés de liberté jusqu'à ce qu'ils cessent de constituer un tel danger. Mais l'homme frappé de la peste est un objet de sympathie et de pitié, tandis que le criminel est un objet d'exécration, ce qui est parfaitement illogique. Et c'est à cause de cette différence de traitement que nos prisons réussissent beaucoup moins à guérir les tendances criminelles que nos hôpitaux à guérir les maladies.

Salut individuel et salut social

L'un des défauts de la religion traditionnelle, c'est son individualisme. Ce même défaut entache également la morale qui lui est associée. A l'origine, la vie religieuse s'exprima d'abord dans un dialogue entre l'âme et Dieu. La vertu consistait à obéir à la volonté de Dieu ; et l'individu le pouvait sans se préoccuper des incidences possibles sur le plan social. Les sectes protestantes ont développé l'idée de la conquête du salut, mais cette idée fut toujours présente dans l'enseignement chrétien. Cet individualisme, centré sur l'âme prise isolément, a eu son intérêt à certains moments de l'histoire. Dans le monde moderne, nous avons plutôt besoin d'une conception sociale que d'une conception individuelle du bien-être.

Le christianisme est né dans l'Empire romain parmi des populations entièrement privées de tout pouvoir politique, vestiges de nations qu'on avait détruites, et qui se fondaient dans une vaste masse impersonnelle. Pendant les trois premiers siècles de l'ère chrétienne, les individus qui adoptèrent le christianisme ne purent modifier les institutions sociales et politiques sous lesquelles ils vivaient, bien qu'ils fussent profondément convaincus qu'elles étaient mauvaises. Dans ces conditions, il était naturel qu'ils crussent qu'un individu pouvait être parfait en un monde imparfait, et qu'une vie harmonieuse n'est pas compatible avec le monde tel qu'il est. Quand Platon, dans sa République, voulut donner corps à cette harmonie, il décrivit une société dans son ensemble, non pas un individu, et notamment pour définir la justice, qui est essentiellement une conception sociale. La citoyenneté à l'intérieur d'une république était pour lui une vieille habitude, et il savait ce que signifiait la responsabilité politique. Une fois la liberté perdue, apparaît chez les Grecs l'ère du stoïcisme. De même que le christianisme, et contrairement à Platon, cette philosophie est fondée sur une conception individualiste de l'harmonie humaine.

Pour nous qui appartenons à de grandes démocraties, c'est Athènes et sa liberté, plutôt que le despotisme de la Rome impériale, qui devraient nous offrir le type de morale qui nous convient. Aux Indes, où les conditions politiques ressemblent beaucoup à celles de la Judée au temps du Christ, nous trouvons Gandhi en train de prêcher une morale très proche de celle du Christ. Nous retrouvons aussi les successeurs de Ponce Pilate, convertis au christianisme, pour le punir de son littéralisme. Mais les insurgés hindous ne se contentent pas du salut individuel : ils veulent également le salut de leur nation. En quoi ils ont repris à leur compte le programme des libres démocraties occidentales. Je voudrais attirer l'attention sur la timidité et l'insuffisance d'un tel programme — influence du christianisme que la foi dans le salut individuel vient encore entraver.

Une vie harmonieuse, telle que nous la concevons, exige une multitude de conditions sociales, sans lesquelles elle ne peut se réaliser. C'est une vie qu'inspire l'amour et que la connaissance guide. Cette connaissance, pour qu'elle se développe et pour qu'elle soit diffusée, il faut que les gouvernements et les gens riches le veuillent et s'y emploient. Par exemple, le cancer se propage de façon alarmante. Qu'y faire ? Pour le moment, nul ne peut répondre, car on n'en sait rien, et il est peu vraisemblable que la réponse surgisse sans de longues recherches appuyées par de généreuses subventions. La connaissance, qu'elle soit d'ordre scientifique, historique, littéraire ou artistique, devrait être à la portée de quiconque le désire. Cela implique des dispositions appropriées de la part des autorités publiques, et il va sans dire que ce n'est pas la religion qui les encouragera dans cette voie. Il y a enfin le commerce extérieur, sans lequel la moitié de la population de Grande-Bretagne mourrait de faim ; et si nous étions affamés, il y aurait peu de gens parmi nous pour connaître une vie harmonieuse. Inutile de multiplier les exemples. Le point important, c'est que les différences entre la vie harmonieuse et celle qui ne l'est pas rendent manifeste l'unité du monde et prouvent que l'homme qui prétend vivre à l'écart des autres est un parasite conscient ou inconscient.

L'idée de salut individuel, qui consola les premiers chrétiens de leur soumission politique, devient impossible dès que nous donnons quelque ampleur à notre conception de la vie. Selon l'orthodoxie chrétienne, la vie harmonieuse correspond à la vie vertueuse, et la vertu consiste à obéir à la volonté de Dieu — la volonté de Dieu se révélant à chacun par la voix de la conscience. C'est là une conception d'hommes qui sont soumis à un despotisme étranger. Une vie harmonieuse implique beaucoup de choses en dehors même de la vertu — l'intelligence, par exemple. Ce qu'on nomme la conscience est un guide très trompeur, car elle est farcie de préceptes recueillis au cours de l'enfance, dont elle garde un vague souvenir. Pour mener une vie harmonieuse dans le plein sens du terme, il faut qu'un homme ait reçu une bonne éducation, qu'il ait des amis, qu'il connaisse l'amour, qu'il ait des enfants (s'il en désire), un revenu suffisant pour être à l'abri du besoin et des soucis graves, une bonne santé et une occupation habituelle qui ne manque pas d'intérêt. Tout cela, à des degrés variables, dépend de la société, et les événements politiques peuvent à cet égard constituer une aide ou un obstacle. Une vie harmonieuse s'épanouit dans une société harmonieuse. Le contraire serait impensable.

Là se révèle le principal défaut de l'idéal aristocratique. Il est des domaines tels que l'art, la science et l'amitié, qui trouvent un climat merveilleux dans une société aristocratique. Ils existaient en Grèce et reposaient sur l'esclavage ; ils existent chez nous et reposent sur l'exploitation. Mais l'amour, sous forme de sympathie ou de générosité, ne saurait librement exister dans une société aristocratique.

L'aristocrate cherche à se persuader que l'esclave, le prolétaire ou l'homme de couleur sont issus d'une argile inférieure, et que leurs souffrances n'ont pas d'importance. A l'heure actuelle, des Anglais d'une parfaite éducation fustigent des Africains avec une telle violence que ceux-ci en meurent. Même si ces messieurs sont bien élevés, ont du goût pour les arts et sont d'admirables causeurs, je ne puis admettre que leur vie puisse être considérée comme harmonieuse. La nature humaine impose une limite à la sympathie, mais pas à ce degré-là. Dans une société où règne un climat démocratique, seul un fou se conduirait de cette façon. La limite apportée à la sympathie qu'implique l'idéal aristocratique est la condamnation de cet idéal. Le salut de l'âme est un idéal aristocratique, car il procède de l'individualisme. Pour la même raison, l'idée de salut personnel, quelle qu'en soit l'interprétation et l'extension, ne saurait cadrer avec l'idée de vie harmonieuse.

Le salut personnel résulte, c'est une autre de ses caractéristiques, d'un bouleversement, comme dans le cas de la conversion de saint Paul. Les poèmes de Shelley offrent une image de cette conception appliquée aux sociétés ; le moment arrive où tout le monde est converti, les *anarchistes* s'enfuient, et le grand âge du monde recommence. On peut dire qu'un poète est une personnalité négligeable dont les idées sont sans conséquence. Mais je suis persuadé qu'un grand nombre de chefs politiques ont eu des idées très voisines de celles de Shelley. Ils ont estimé que la souffrance, la cruauté, l'humiliation étaient le fait des tyrans, des prêtres, des capitalistes, ou des Allemands, et que si l'on se débarrassait de ces sources du mal, un changement général se produirait dans les cœurs et que nous connaîtrions ensuite un bonheur sans fin. Pleins de cette croyance, ils ont décidé de faire la guerre pour *mettre fin à la guerre*. Ceux qui connurent la défaite ou la mort furent relativement heureux ; ceux qui furent assez malheureux pour figurer parmi les victorieux n'eurent d'autre ressource que le désespoir devant la mort de leurs illusions. L'origine de ces espoirs, on la trouve dans la doctrine chrétienne du bouleversement catastrophique considéré comme la route du salut.

Je ne veux pas dire que les révolutions ne sont jamais nécessaires, mais je ne pense pas que ce soient des raccourcis vers l'âge d'or. Il n'est pas de raccourci pour atteindre la vie bienheureuse, sur le plan individuel ou social. Pour édifier une vie bienheureuse, nous devons l'édifier sur l'intelligence, le sang-froid et la sympathie. C'est une affaire de quantité, une affaire d'amélioration progressive, d'habitudes tôt contractées, d'expérience dans le domaine de l'éducation. Seule l'impatience fait croire en la possibilité d'une brusque amélioration. Cette amélioration, et les méthodes grâce auxquelles on y parviendra, sont du ressort de la science future.

Science et bonheur

Le but du moraliste est d'améliorer le comportement des hommes. Louable ambition, car leur conduite est généralement déplorable ! Je ne puis toutefois louer le moraliste ni pour les améliorations particulières qu'il vise ni pour les moyens auxquels il a recours. Sa méthode, à première vue, consiste dans l'exhortation. Mais sa véritable méthode, s'il est orthodoxe, c'est un système de récompenses et de punitions. La première n'aboutit à aucun résultat important ; l'influence des *revivalistes*, de Savonarole à nos jours, ne fut jamais durable. La dernière — celle des récompenses et des punitions — a un effet considérable. Elle aboutit à ceci par exemple qu'un homme préfère rencontrer de temps à autre des prostituées plutôt que de vivre en permanence avec une maîtresse, parce qu'il faut adopter la méthode qui permet de dissimuler le mieux. Ainsi laisse-t-on libre cours à une profession très dangereuse, ainsi assure-t-on l'extension des maladies vénériennes. Ce n'est pas là le but qu'a en vue le moraliste, mais il n'a pas l'esprit logique assez développé pour s'apercevoir que ce sont les buts auxquels en fait il parvient.

Y a-t-il mieux à proposer pour remplacer ce mélange antiscientifique de prédication et de corruption ? Je le pense.

Si les actions de l'homme sont mauvaises, la cause en revient à son ignorance ou au caractère pernicieux de ses désirs. Du point de vue de la société, les désirs pernicieux peuvent se définir comme étant ceux qui tendent à contrecarrer les désirs d'autrui, ou plus exactement ceux qui contrecarrent plus de désirs qu'ils n'en favorisent. Il n'est pas nécessaire de s'appesantir sur le mal qui vient de l'ignorance ; ici, tout ce qu'on demande, c'est davantage de connaissance, de façon que la route qui mène au progrès passe par une recherche et une éducation plus poussées. Mais le mal qu'engendrent les désirs pernicieux est une affaire plus compliquée.

Chez l'homme et la femme dits normaux, il existe un potentiel de méchanceté toujours disponible, sous la forme d'une mauvaise volonté dirigée contre d'éventuels ennemis ; et d'une satisfaction qui s'exprime spontanément devant le malheur des autres. D'habitude on la dissimule sous des phrases aimables ; la morale conventionnelle lui sert de masque à demi. Mais il faut en prendre nettement conscience si l'on veut réaliser le but du moraliste — améliorer nos actes. Cette méchanceté se révèle en mille occasions, grandes et petites : dans la joie manifestée par ceux qui répandent le scandale et par ceux qui l'accueillent ; dans la façon regrettable dont on traite les criminels, alors qu'il est clairement prouvé qu'un meilleur traitement aurait de meilleurs résultats pour les réformer ; dans la barbarie incroyable avec laquelle les nègres sont traités par les hommes de race blanche ; et dans l'entrain avec lequel les vieilles dames et les pasteurs faisaient remarquer aux jeunes gens, pendant la guerre, que le service militaire est un devoir. Même les enfants peuvent être l'objet d'une cruauté gratuite : David Copperfield et Oliver Twist ne sont nullement des personnages fictifs. Cette méchanceté active est le trait le plus laid de la nature humaine, celui qu'il faut le tout premier changer pour rendre le monde plus heureux. Il est vraisemblable qu'elle cause à elle seule plus de guerres que tous les problèmes économiques et politiques accumulés.

Comment prévenir la méchanceté ? Cherchons d'abord à en saisir les causes. A mon avis, elles sont en partie d'ordre social et en partie d'ordre physiologique. Le monde, de nos jours aussi bien qu'autrefois, est fondé sur une concurrence qui met en jeu la vie et la mort. La question qui se posait pendant la guerre, c'était de savoir si ce seraient les enfants allemands ou ceux des Alliés qui mourraient de misère et de faim. (La haine mise à part, il n'y avait pas la moindre raison pour que ces enfants, de part et d'autre, ne dussent survivre.) Bien des gens sont, à l'arrière-plan de leurs pensées, obsédés par la crainte d'être ruinés ; cela est vrai surtout pour ceux qui ont la charge d'une famille. Les riches craignent que les bolcheviks ne confisquent leurs biens ; les pauvres craignent de perdre leur travail ou leur santé. Chacun est engagé dans une poursuite frénétique de la *sécurité* et s'imagine qu'il n'y parviendra qu'en assujettissant à titre préventif ses ennemis virtuels. C'est dans les moments de panique que la cruauté s'installe au cœur de chacun et s'exprime de la façon la plus atroce. Partout les réactionnaires battent le rappel de la crainte : en Angleterre, la crainte du bolchevisme ; en France, la crainte de l'Allemagne ; en Allemagne, la crainte de la France. Et les seuls résultats de leurs invocations, c'est d'accroître le danger contre lequel ils désirent se protéger.

Combattre la crainte doit être l'un des soucis essentiels du moraliste scientifique. On peut y parvenir de deux façons : en augmentant la sécurité et en développant le courage. Je parle de la crainte comme d'une émotion irrationnelle et non comme d'une supputation raisonnable d'éventualités en puissance. Quand un théâtre prend feu, l'homme raisonnable prévoit le désastre aussi clairement que l'homme frappé de panique, mais il adopte les moyens capables d'amoindrir le désastre, alors que l'homme frappé de panique fait le contraire. L'Europe, depuis 1914, ressemble à un public frappé de panique dans un théâtre en feu ; ce qu'il faut, c'est du calme, des instructions émanant de gens autorisés pour savoir comment en sortir sans se déchirer les uns les autres. L'ère victorienne, en dépit de son charlatanisme, fut une période de progrès rapide, parce que l'espoir plus que la peur dominait les hommes. Si nous devons progresser, l'espoir doit encore nous dominer.

Il est vraisemblable que tout ce qui renforce la sécurité générale diminuera la cruauté. Ceci implique les moyens de prévenir les guerres, que ce soit grâce à la Société des Nations, ou par tout autre moyen ; les moyens de conjurer la pauvreté, d'améliorer la santé en perfectionnant la médecine, l'hygiène et les conditions sanitaires, de recourir à toutes méthodes permettant d'affaiblir les terreurs que recèlent les abîmes de l'esprit humain et qui surgissent, tels des cauchemars, quand il dort. Mais le but n'est pas atteint si l'on tente de donner la sécurité à une partie de l'humanité aux dépens de l'autre partie — aux Français aux dépens des Allemands, aux capitalistes aux dépens des salariés, aux Blancs aux dépens des Jaunes, et ainsi de suite. Ces méthodes ne font qu'accroître la terreur au sein du groupe qui a la suprématie, à moins qu'un juste mécontentement n'incite les opprimés à se révolter. Seule la justice peut assurer la sécurité ; et par *justice* j'entends que les revendications de tous les êtres humains ont une valeur égale.

Outre les modifications sociales destinées à assurer la sécurité, il y a des moyens plus directs d'atténuer la peur, un entraînement destiné à accroître le courage chez les humains. Parce que le courage est un élément important pendant le combat, les hommes ont rapidement découvert les moyens de l'accroître grâce à l'éducation. On a considéré que manger de la chair humaine, par exemple, n'était pas sans utilité. Mais le courage militaire devait être le privilège de la classe dirigeante. Les Spartiates devaient en avoir plus que les ilotes, les officiers anglais plus que les soldats hindous, les hommes plus que les femmes, et ainsi de suite. Pendant des siècles on estima que c'était là un privilège de l'aristocratie. Tout redoublement de courage dans la classe dirigeante servait à alourdir le faix des opprimés, par conséquent à accroître les motifs de craindre chez les oppresseurs, et par conséquent à ne pas atténuer les raisons d'être cruel. Il faut démocratiser le courage si l'on veut qu'il rende les hommes humains.

Sur une grande échelle, on peut admettre que le courage s'est démocratisé sous l'effet d'événements récents. Les suffragettes ont montré qu'elles possèdent autant de courage que les hommes les plus braves ; cette démonstration fut capitale et leur permit d'obtenir le droit de vote. Le simple soldat pendant la guerre eut autant besoin de courage qu'un capitaine ou un lieutenant, et beaucoup plus qu'un général ; ce qui explique pour une grande part son absence de servilité après la démobilisation. Les bolcheviks, qui se proclament les défenseurs du prolétariat, ne manquent pas de courage, quoi qu'on puisse penser d'eux par ailleurs ; ce qu'ils ont fait avant la révolution le prouve. Au Japon, où le samouraï avait autrefois le monopole de l'ardeur guerrière, la conscription contraignit toute la population mâle à faire preuve de courage. Au sein de toutes les grandes puissances pendant le dernier demi-siècle, sous l'influence d'événements divers, le courage ne fut plus un monopole aristocratique ; si tel n'était pas le cas, la démocratie serait beaucoup plus menacée qu'elle ne l'est.

Mais le courage au combat n'est pas la seule forme sous laquelle il peut se manifester. Peut-être même n'en est-ce pas la forme la plus importante. Faire face à la pauvreté, au ridicule, à l'hostilité du groupe auquel on appartient, demande du courage. Sur ces points, le soldat le plus brave peut se montrer lamentable. Pardessus tout, il y a le courage de penser avec calme et raison en face du danger ; il importe de contrôler la terreur panique instinctive ou la colère folle dont on est la proie. L'éducation peut certainement nous y aider.

Cet enseignement est d'autant plus efficace qu'il s'adresse à un homme en bonne santé, dont le corps est vigoureux, qui se nourrit convenablement et voit ses impulsions vitales essentielles libres de s'épanouir. On pourrait sans doute découvrir les origines physiologiques du courage en comparant le sang d'un chat à celui d'un lapin. Selon toute vraisemblance, il n'est pas de limite à ce que pourrait la science pour accroître le courage, par exemple par l'expérience du danger, grâce à une vie athlétique et un régime approprié. Ces conditions, nos jeunes garçons de la classe supérieure en jouissent (car pour le moment elles constituent surtout la prérogative de la richesse). Le courage qu'on stimule dans les classes les plus pauvres de la société, c'est le courage qui agit par ordre et non pas celui qui implique initiative et commandement. Quand les qualifications actuellement requises d'un chef seront universelles, il n'y aura plus des chefs opposés à des exécutants, et la démocratie sera enfin réalisée.

Mais la peur n'est pas la seule origine de la méchanceté ; l'envie et la déception y entrent pour une part. L'envie qu'éprouvent les infirmes et les bossus est proverbiale en tant que source de méchanceté, mais d'autres infortunes physiques produisent des résultats semblables. Un homme ou une femme dont la vie sexuelle est entravée sont naturellement des envieux. Leur attitude se concrétise en général par la condamnation morale portée contre ceux qui ont plus de chance. Les forces mises en œuvre dans les mouvements révolutionnaires ont pour origine l'envie qu'on porte aux riches. La jalousie est, bien entendu, une forme d'envie — l'envie d'être aimé. La vieillesse envie souvent la jeunesse ; dans ce cas, les vieux ont tendance à traiter cruellement les jeunes.

Il n'existe pas, pour autant que je le sache, de moyen de traiter l'envie, sauf à rendre plus heureuse, plus pleine la vie de l'envieux, et à encourager chez les jeunes l'idée d'effort commun plutôt que celle de rivalité. La pire forme d'envie, on la trouve chez ceux qui n'ont pas eu une vie satisfaisante dans le domaine du mariage, des enfants ou de la situation. De meilleures institutions sociales pourraient, dans la plupart des cas, éviter de tels malheurs. Malgré tout, il faut reconnaître que l'envie persistera probablement à l'état de résidu. On trouve dans l'histoire plusieurs exemples de généraux jaloux les uns des autres au point de préférer la défaite plutôt que de voir rehaussée la gloire d'un rival. Deux hommes politiques d'un même parti, deux artistes de la même école seront à peu près fatalement jaloux l'un de l'autre. En de tels cas, il semble qu'il n'y ait rien à faire, sauf d'essayer d'empêcher dans la mesure du possible les rivaux de se nuire. Il faudrait aussi les habituer à n'admettre que la seule supériorité du mérite. La jalousie d'un artiste envers un rival ne provoque généralement que peu de dégâts, car il ne s'y livrera efficacement qu'en peignant mieux que son adversaire, dont il n'a pas la possibilité de détruire les œuvres. Quand l'envie est inévitable, il faut l'utiliser pour stimuler l'effort personnel, et non pour entraver les efforts d'un rival.

Ce que peut la science pour accroître le bonheur humain ne se limite pas à atténuer les aspects de la nature humaine qui travaillent à un échec réciproque, et que nous appelons *mauvais* pour cette raison. Il n'existe sans doute pas de limites à ce que peut la science dans le domaine de l'accroissement de la perfection positive. L'état de santé général a déjà été l'objet d'une amélioration considérable ; en dépit des pleurs de ceux qui idéalisent le passé, nous vivons plus longtemps, avec moins de maladies, que n'importe quelle classe sociale du XVIIIe siècle, par exemple. L'application un peu plus rigoureuse des connaissances que nous possédons déjà permettrait à nos contemporains d'être en meilleure santé encore. Et il est vraisemblable que de nouvelles découvertes donneront un énorme élan à ce processus.

Jusqu'à maintenant, ce sont les sciences physiques qui ont eu le plus d'effet sur notre vie, mais à l'avenir il est vraisemblable que la physiologie et la psychologie auront un pouvoir supérieur. Quand nous aurons découvert dans quelle mesure le caractère dépend de l'état physiologique, nous pourrons, si nous le voulons, produire beaucoup plus d'êtres humains conformes au type que nous admirons. L'intelligence, les tendances artistiques, la générosité — à n'en pas douter tous ces éléments, la science peut les accroître. Il semble qu'il n'y ait pour ainsi dire pas de limites à ce qu'on pourrait faire en vue d'établir un monde convenable, si seulement les hommes voulaient user avec sagesse des acquisitions de la science. J'ai exprimé ailleurs[5] mes craintes de voir l'homme faire un usage peu sage des pouvoirs qu'il tire de la science. Pour le moment, ce qui m'intéresse, c'est le bien que l'homme pourrait faire s'il le voulait, et non pas la question de savoir s'il ne choisira pas plutôt de faire le mal.

Il existe une attitude concernant l'application de la science à la vie humaine avec laquelle je me sens assez en accord, bien qu'en dernière analyse je ne m'y range point. C'est l'attitude de ceux qui craignent ce qui est *contraire à la nature*. Rousseau, bien entendu, est le grand protagoniste de cette opinion en Europe. En Asie, Lao Tseu l'a mise en valeur de façon encore plus persuasive, avec une avance de deux mille quatre cents ans. Je crois qu'il y a dans la superstition de la *nature* un mélange de vérité et d'erreur qu'il faut démêler. Et d'abord, qu'est-ce qui est *naturel* ? Approximativement, tout ce à quoi le partisan de cette théorie fut habitué depuis l'enfance. Lao Tseu est hostile aux voitures et aux bateaux, qui étaient probablement inconnus dans le village où il naquit. Rousseau les connaissait, et ne les considère pas comme contraires à la nature. Mais il aurait sans doute fulminé contre les chemins de fer s'il avait vécu assez longtemps pour les connaître. Les vêtements et la cuisine sont trop anciens pour que les dénoncent les défenseurs de la nature, bien qu'ils soient ennemis de toute nouveauté en ces matières. Les gens qui tolèrent le célibat considèrent le *birth control* comme pernicieux, car l'état de célibataire est une ancienne violation de la nature, et le *birth control* en est une récente. A tous ces points de vue, ceux qui exaltent la *nature* sont inconséquents, et l'on est tenté de les regarder comme de simples conservateurs.

L'on peut cependant présenter un argument en leur faveur. Prenons par exemple les vitamines, dont la découverte a provoqué une réaction en faveur des aliments *naturels*. Il semble que certaines vitamines puissent être fournies par l'huile de foie de morue et par la lumière électrique, qui, assurément, ne font pas partie du régime *naturel* de l'être humain. On voit dans ce cas que, par manque de savoir, un mal inattendu peut résulter de ce que l'on s'écarte de la nature ; mais quand on en vient à comprendre ce mal, un élément artificiel peut généralement

5. Voir *Icarus* (1924), réplique au *Daedalus* de Haldane (1923). (*N.d.E.*)

y porter remède. En ce qui concerne notre milieu physique et nos moyens physiques de satisfaire nos désirs, je crois que la doctrine de la *nature* ne légitime rien sinon une prudente expérimentation dans l'adoption de nouveaux expédients. Les vêtements, par exemple, sont contraires à la nature et il faut les compléter par une autre pratique qui n'est pas naturelle, je veux dire la toilette, si l'on ne veut pas qu'ils provoquent la maladie. Mais l'emploi de l'un et de l'autre donne une santé meilleure que celle du sauvage qui s'abstient des deux.

Il y a plus à dire en faveur de la *nature* dans le domaine des désirs humains. Imposer à l'homme, à la femme ou à l'enfant une vie qui entrave leurs impulsions les plus fortes est à la fois cruel et dangereux ; en ce sens, la vie *selon la nature* doit être recommandée sous certaines conditions. Rien n'est plus artificiel qu'un chemin de fer électrique souterrain, mais on ne fait nulle violence à la nature d'un enfant quand on lui en fait prendre un ; au contraire, presque tous les enfants trouvent cette expérience agréable. Les aspects artificiels de l'existence qui satisfont les désirs des êtres normaux sont bons, toutes choses égales d'ailleurs. Mais on ne peut défendre les façons de vivre artificielles, dès lors qu'une autorité ou une nécessité d'ordre économique les impose. A n'en pas douter, certaines sont jusqu'à un certain point nécessaires pour le moment : les voyages transocéaniques deviendraient très difficiles si les paquebots manquaient de soutiers. Mais des nécessités de ce genre sont regrettables et nous devrions chercher des moyens de les faire disparaître. Le travail n'est pas chose à éviter ; neuf fois sur dix, il rend plus heureux que l'oisiveté absolue. Mais le genre de travail que bien des gens exécutent actuellement constitue un mal grave. Il est spécialement mauvais d'être soumis, sa vie durant, à une routine. La vie ne devrait pas être trop étroitement, ni trop méthodiquement réglée ; nos impulsions, quand elles ne sont pas formellement destructives ou préjudiciables aux autres, devraient si possible pouvoir se donner libre cours ; il devrait y avoir de la place pour l'imprévu.

Nous devrions respecter la nature humaine, car nos impulsions et nos désirs sont le matériau dont est fait notre bonheur. Il ne sert à rien de donner aux hommes quelque chose de *bon* dans l'abstrait ; nous devons leur donner ce qu'ils désirent ou ce dont ils ont besoin, si nous voulons ajouter à leur bonheur. La science, avec le temps, pourra nous apprendre à modeler nos désirs de façon qu'ils n'entrent pas en conflit avec ceux d'autrui comme ils le font actuellement ; alors nous serons à même de donner plus largement satisfaction à nos désirs. En ce sens, mais en ce sens seulement, nos désirs seront alors devenus *meilleurs*. Un désir en soi n'est ni meilleur ni pire qu'un autre ; mais un ensemble de désirs est meilleur qu'un autre si ceux qui composent le premier peuvent être satisfaits simultanément, alors que dans le second il en est qui sont entre eux incompatibles. Voilà pourquoi l'amour vaut mieux que la haine.

Respecter la nature est ridicule ; la nature doit être étudiée en vue de la faire servir aux desseins de l'homme autant qu'il est possible, mais sur le plan éthique elle n'est ni bonne ni mauvaise. Et là où la nature et l'homme interfèrent, comme dans la question de la surpopulation, il n'est pas nécessaire de se croiser les mains en signe d'adoration passive et de considérer avec résignation la guerre, les épidémies et la famine comme les seuls moyens de faire face à une fécondité excessive. Les théologiens disent qu'il est épouvantable d'appliquer les enseignements de la science à l'aspect physique du problème ; nous devons (disent-ils) appliquer la morale au côté humain de ce problème et pratiquer l'abstinence. Tout le monde, y compris les théologiens, sait que leur conseil sera repoussé. Mais pourquoi serait-il épouvantable de résoudre le problème de la surpopulation par l'adoption de moyens physiques destinés à empêcher la conception ? Il n'y a pas de réponse à cette question, sauf celle qui se fonde sur des dogmes anciens. Et il est clair que la violence que les théologiens recommandent de faire à la nature est au moins aussi grande que celle qu'implique le *birth control*. Les théologiens préfèrent la violence *contre* la nature qui, lorsqu'elle est pratiquée avec succès, entraîne le désarroi, l'envie, un penchant à la persécution, et souvent la folie. Je préfère la violence *envers* la nature physique quand elle est du même ordre que celle impliquée par la machine à vapeur, ou par l'utilisation du parapluie. Par cet exemple, on voit combien est ambiguë, incertaine, l'application du principe selon lequel il faut suivre la nature.

La nature, même la nature humaine, sera de moins en moins un donné ; elle deviendra de plus en plus ce que les manipulations scientifiques en feront. La science peut, si elle le veut, rendre capables nos petits-enfants d'accéder à une vie équilibrée, en leur donnant le savoir, le sang-froid, et les éléments qui engendrent l'harmonie plutôt que la lutte. Pour le moment, elle apprend à nos enfants à se détruire mutuellement, parce que maints hommes de science préfèrent sacrifier l'avenir de l'humanité à leur prospérité immédiate. Mais ce stade sera dépassé quand les hommes sauront dominer leurs passions aussi bien qu'ils dominent les forces physiques du monde extérieur. Alors enfin nous aurons conquis notre liberté.

Table des matières

Ce volume,
le quarante et unième
de la collection « le goût des idées »,
publié aux Éditions Les Belles Lettres,
a été achevé d'imprimer
en avril 2014
par l'imprimerie SEPEC
01960 Peronnas - France

Dépôt légal : mai 2014
N° d'édition : 7829 - N° d'impression : 05425140404
Imprimé en France

BERTRAND
RUSSELL